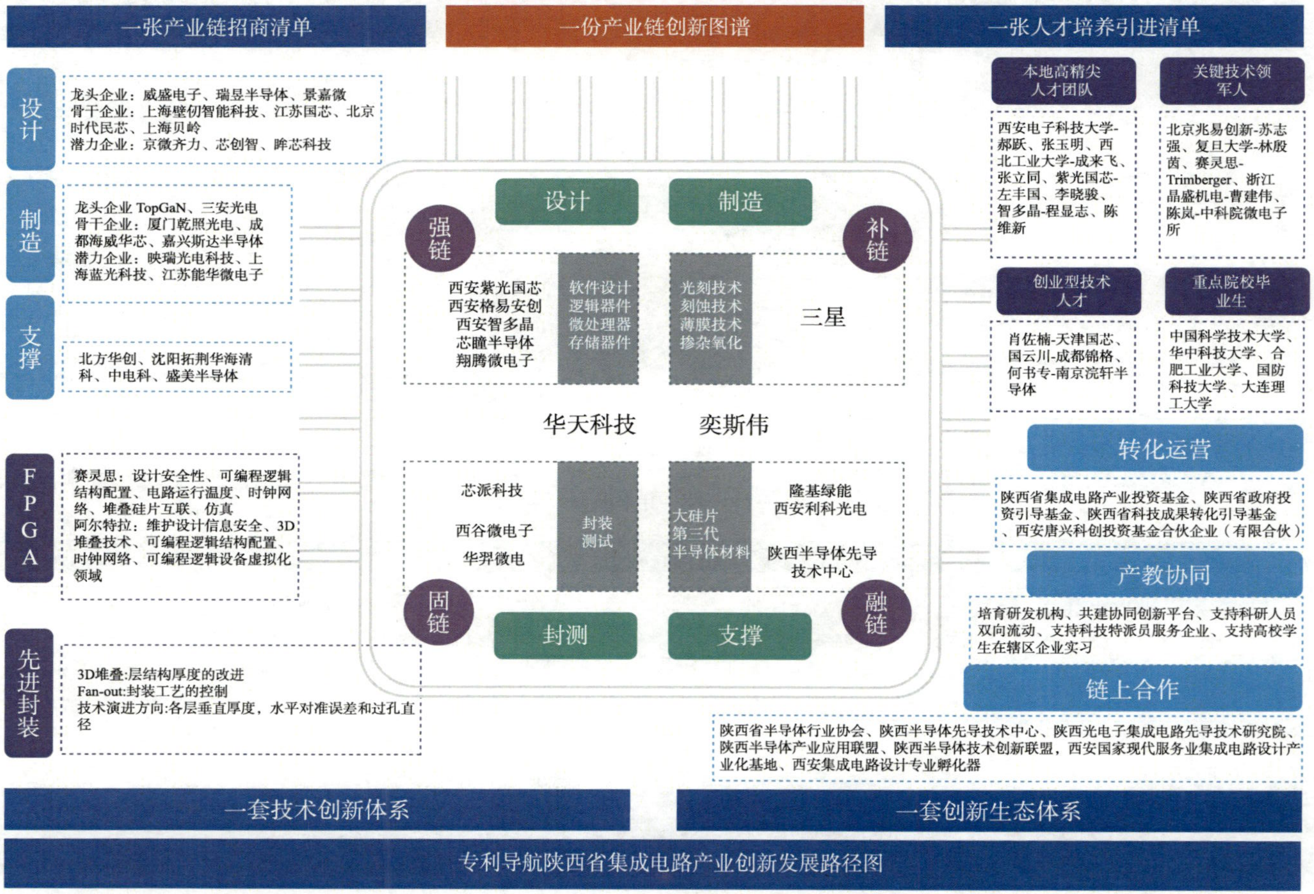
一张产业链招商清单
一份产业链创新图谱
一张人才培养引进清单
设计
龙头企业：威盛电子、瑞昱半导体、景嘉微
骨干企业：上海壁仞智能科技、江苏国芯、北京时代民芯、上海贝岭
潜力企业：京微齐力、芯创智、睐芯科技
制造
龙头企业 TopGaN、三安光电
骨干企业：厦门乾照光电、成都海威华芯、嘉兴斯达半导体
潜力企业：映瑞光电科技、上海蓝光科技、江苏能华微电子
支撑
北方华创、沈阳拓荆华海清科、中电科、盛美半导体
FPGA
赛灵思：设计安全性、可编程逻辑结构配置、电路运行温度、时钟网络、堆叠硅片互联、仿真
阿尔特拉：维护设计信息安全、3D堆叠技术、可编程逻辑结构配置、时钟网络、可编程逻辑设备虚拟化领域
先进封装
3D堆叠:层结构厚度的改进
Fan-out:封装工艺的控制
技术演进方向:各层垂直厚度，水平对准误差和过孔直径
设计
制造
强链
补链
西安紫光国芯
西安格易安创
西安智多晶
芯瞳半导体
翔腾微电子
软件设计
逻辑器件
微处理器
存储器件
光刻技术
刻蚀技术
薄膜技术
掺杂氧化
三星
华天科技
奕斯伟
芯派科技
西谷微电子
华羿微电
封装
测试
大硅片
第三代
半导体材料
隆基绿能
西安利科光电
陕西半导体先导技术中心
固链
融链
封测
支撑
本地高精尖人才团队
西安电子科技大学-郝跃、张玉明、西北工业大学-成来飞、张立同、紫光国芯-左丰国、李晓骏、智多晶-程显志、陈维新
关键技术领军人
北京兆易创新-苏志强、复旦大学-林殷茵、赛灵思-Trimberger、浙江晶盛机电-曹建伟、陈岚-中科院微电子所
创业型技术人才
肖佐楠-天津国芯、国云川-成都锦格、何书专-南京浣轩半导体
重点院校毕业生
中国科学技术大学、华中科技大学、合肥工业大学、国防科技大学、大连理工大学
转化运营
陕西省集成电路产业投资基金、陕西省政府投资引导基金、陕西省科技成果转化引导基金、西安唐兴科创投资基金合伙企业（有限合伙）
产教协同
培育研发机构、共建协同创新平台、支持科研人员双向流动、支持科技特派员服务企业、支持高校学生在辖区企业实习
链上合作
陕西省半导体行业协会、陕西半导体先导技术中心、陕西光电子集成电路先导技术研究院、陕西半导体产业应用联盟、陕西半导体技术创新联盟，西安国家现代服务业集成电路设计产业化基地、西安集成电路设计专业孵化器
一套技术创新体系
一套创新生态体系
专利导航陕西省集成电路产业创新发展路径图

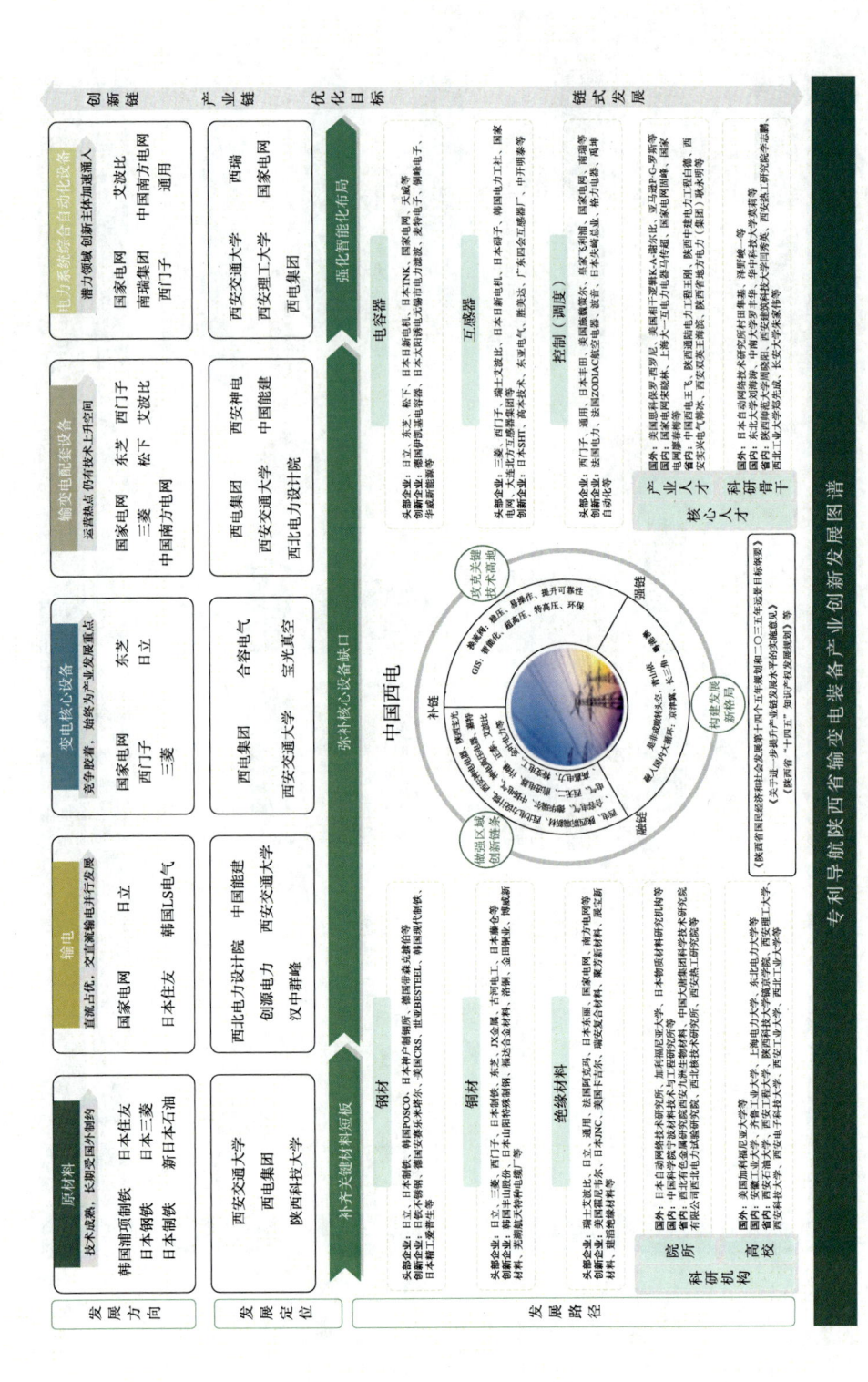

专利导航陕西省输变电装备产业创新发展图谱

创新链 / 产业链 优化目标 / 链式发展

发展方向

原材料	输电	变电核心设备	输变电配套设备	电力系统综合自动化设备
技术成熟，长期沿用国外制约	直流占优，交直流输电并升发展	竞争胶着，始终为产业发展重点	运维热点 伺伏技术上升空间	潜力领域 伺伏主体加速推入
韩国浦项制铁 日本三菱 日本制铁 日本石油	国家电网 日立 日本住友 韩国LS电气	国家电网 东芝 西门子 日立	国家电网 东芝 西门子 南瑞集团 三菱 松下 艾波比 中国南方电网 西门子	国家电网 艾波比 南瑞集团 中国南方电网 西门子 通用

发展定位

| 西安交通大学 西电集团 陕西科技大学 | 西北电力设计院 中国能建 创源电力 西安交通大学 汉中群峰 | 西电集团 西安交通大学 合容电气 宝光真空 | 西电集团 西安交通大学 中国能建 西安神电 西北电力设计院 | 西电 国家电网 西安交通大学 西安理工大学 西电集团 |

发展路径

补齐关键材料短板

钢材 头部企业：日立、日本制铁、韩国POSCO、日本神户制钢、加利福尼亚大学、日本材料研究所、德国弗劳恩霍费尔研究所等；国内：中国科学院宁波材料技术与工程研究所、西安有色金属研究院西北有色金属研究院、西北工业大学、中国大唐集团科学技术研究院、西北核技术研究所、西安技术研究院等；省内：西安交通大学、西安理工大学、西北工业大学、东北大学等

铜材 头部企业：日立、三菱、西门子、日本制铁、通用、东芝、JX金属、古河电工、日本神户、金田铜业、稻达合金材料、西门子等；国内：陕西有色金属集团、中国大唐集团有限公司电力能力建设股份有限公司、西北有色金属研究院、中国船舶重工集团公司第九研究所、西北技术研究所、西安交通工程研究所等

绝缘材料 头部企业：日立、三菱、陶氏、日本制铁、日立、通用、法国阿克玛、日本东丽、国家电网、南方电网等；国内：美国陶氏、日东电工、日本山阳株式会社、美国卡尔、美国杜邦、南征复合材料、莫方新材料、晟立创新等；省内：陕西科技大学、西安交通大学、西安理工大学、陕西建造绝缘材料等

弥补核心设备缺口

中国西电

攻克关键技术高地 / 做强区域创新链 / 强链 / 补链 / 延链 / 构建发展新格局 / 强化智能化布局

电容器
头部企业：日立、东芝、松下、日本新电机、美国布莱曼再努尼、西马建G-G罗等；国内：国家电网京电保、国网电科院、中国电力科学研究院、上海江一互感器制造、国家电网、国家电网湖南省电力工程咨询有限公司、中开明泰等

互感器
头部企业：三菱、西门子、瑞士艾波比、国家电网电容器、日本群马、韩国电力工程、科力尔、广东海原电气公司、日本华瑞电力研究所、中开明泰等

控制（调度）
头部企业：西门子、通用、日本住电、美国魏德米勒、法国ZODIAC航空电器、瑞士、日本迪A CIAC电气、乌家飞利安、南瑞、电力工程、格力电器、艾纳、日本爱知电力（集团）艾物明等

科研骨干人才 核心人才

院所科研机构
国际：日本自动网络技术研究所、加利福尼亚大学、日本电力中央研究所、东北大学沈阳材料、上海大学等
国内：中国科学院宁波材料技术与工程研究所、西北有色金属研究院、中国大唐集团科学技术研究院、华中科技大学、西北工业大学、西北工业大学、西安交通大学等
省内：西安交通大学、西安理工大学、西安科技大学、西安工业大学等

高校
国际：美国麻省理工学院、法国巴黎高等师范大学、上海电力大学、东北大学、西安交通大学等
国内：安徽工业大学、齐鲁工业大学、西安工程大学、西安电子科技大学、陕西科技大学、西安理工大学、西北工业大学等
省内：西安科技大学、西安交通大学、陕西科技大学、长安大学等

《陕西省国民经济和社会发展第十四个五年规划和二〇三五年远景目标纲要》《关于进一步推动产业链发展的若干实施意见》《陕西省"十四五"知识产权发展规划》等

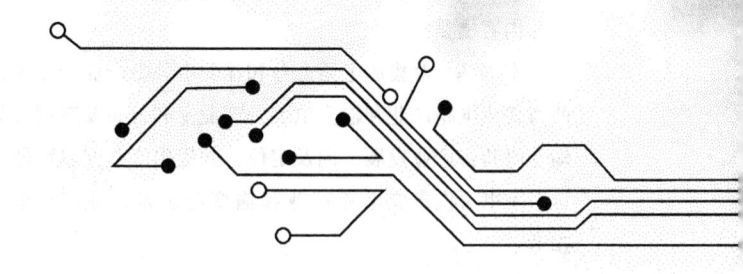

陕西省集成电路产业和输变电装备产业专利导航报告

陕西省知识产权保护中心　组织编写

图书在版编目（CIP）数据

陕西省集成电路产业和输变电装备产业专利导航报告/陕西省知识产权保护中心组织编写. —北京：知识产权出版社，2023.9

ISBN 978-7-5130-8700-1

Ⅰ. ①陕… Ⅱ. ①陕… Ⅲ. ①集成电路产业-专利-研究报告-陕西②电力工业-专利-研究报告-陕西 Ⅳ. ①F426.63-18②F426.61-18

中国国家版本馆 CIP 数据核字（2023）第 048685 号

内容提要

本书基于对集成电路产业和输变电装备产业的发展现状、发展方向的分析，结合陕西省集成电路产业和输变电装备产业专利分布及专利态势，研判陕西省集成电路产业和输变电装备产业发展方向及定位，并提出产业发展路径。

本书可供集成电路产业和输变电装备产业经营管理者和相关政府部门工作人员参考。

责任编辑：安耀东　　　　　　责任印制：孙婷婷

陕西省集成电路产业和输变电装备产业专利导航报告

陕西省知识产权保护中心　组织编写

出版发行：知识产权出版社有限责任公司	网　　址：http://www.ipph.cn
电　　话：010-82004826	http://www.laichushu.com
社　　址：北京市海淀区气象路 50 号院	邮　　编：100081
责编电话：010-82000860 转 8534	责编邮箱：laichushu@cnipr.com
发行电话：010-82000860 转 8101	发行传真：010-82000893
印　　刷：北京中献拓方科技发展有限公司	经　　销：新华书店、各大网上书店及相关专业书店
开　　本：720mm×1000mm　1/16	印　　张：16.75
版　　次：2023 年 9 月第 1 版	印　　次：2023 年 9 月第 1 次印刷
字　　数：265 千字	定　　价：88.00 元
ISBN 978-7-5130-8700-1	

出版权专有　侵权必究

如有印装质量问题，本社负责调换。

前言

近年来，陕西省对照高质量发展要求，集中力量打造了 24 条重点产业链，陕西省知识产权局集中组织实施了 24 项产业规划类专利导航项目，旨在增强关键领域自主知识产权创造和储备，助力重点产业强链补链延链，充分发挥专利导航在服务陕西省创新发展和高质量发展中的重要作用。集成电路产业和输变电装备产业是陕西省在"十四五"时期重点发展的产业链，本书围绕这两个产业，分别开展专利导航研究。

集成电路产业导航部分，以专利的视角，研判集成电路产业链和创新链的发展方向，横向对比陕西省集成电路产业发展的优势与不足，深度剖析陕西省集成电路产业的创新主体和内在网络联接，立足于促进点状的产业分布发展成链状的产业联动，进而达成网状的产业集群发展生态的战略目标。

输变电装备产业导航部分，以全球输变电装备产业的专利文献数据为基础，分析输变电装备产业现状、发展趋势、政策环境、市场竞争等，以明晰区域产业发展方向和定位，提出优化产业创新资源配置的具体路径等系列目标。

我们衷心希望《陕西省集成电路产业和输变电装备产业专利导航报告》的出版能够进一步发挥专利导航在集成电路产业和输变电装备产业的专利布局、招商引资、招才引智中的导向作用，促进产业链与创新链深度融合，助推陕西省经济高质量发展。

目录

第1章 集成电路产业发展现状

1.1 产业简介 ………………………………………………………… 1

1.2 产业链 …………………………………………………………… 2

1.3 企业链 …………………………………………………………… 4

1.4 技术链 …………………………………………………………… 7

1.5 数据检索说明 …………………………………………………… 9

第2章 集成电路产业发展方向

2.1 产业专利态势 …………………………………………………… 10

2.2 产业发展方向研判 ……………………………………………… 16

第3章
陕西省集成电路产业发展定位

3.1 我国集成电路产业分布情况 ··· 35
3.2 陕西省集成电路产业专利态势 ··· 40
3.3 陕西省集成电路产业定位 ·· 46

第4章
陕西省集成电路产业发展路径

4.1 陕西省集成电路产业链创新图谱 ····································· 72
4.2 陕西省集成电路产业链招商清单 ····································· 74
4.3 陕西省集成电路产业技术创新体系 ································· 82
4.4 陕西省集成电路产业人才培养引进清单 ························· 95
4.5 陕西省集成电路产业创新生态体系 ······························· 108
4.6 小结 ··· 117

第5章
输变电装备产业概述

5.1 输变电装备产业简介 ··· 123
5.2 研究目标 ·· 124
5.3 技术分解 ·· 124
5.4 数据检索说明 ·· 126

第6章
输变电装备产业发展方向

6.1 输变电装备产业专利态势 ··· 127
6.2 输变电装备产业发展方向 ··· 137
6.3 产业发展方向导航的基本结论 ····································· 149

第7章
陕西省输变电装备产业定位

7.1 陕西省输变电装备产业专利态势 ………………………… 150
7.2 陕西省输变电装备产业发展定位 ………………………… 161

第8章
陕西省输变电装备产业发展路径

8.1 优化产业结构，推动产业链式发展 …………………… 185
8.2 锻造优势长板，提升产业链竞争力 …………………… 187
8.3 攻克关键技术，抢占产业链制高点 …………………… 194
8.4 补齐弱项短板，实施产业链式招引 …………………… 201
8.5 强化科技赋能，促进产业链开放合作 ………………… 205

附录

附录1　可对接的国外、省外的输变电装备产业头部企业 ………… 211
附录2　可引进的国外、省外的输变电装备产业创新企业 ………… 225
附录3　可合作的国外、省外的输变电装备产业科研机构 ………… 236
附录4　可关注的省内外输变电装备产业核心人才清单 …………… 240
附录5　术语缩略语表 ……………………………………………… 247
附录6　机构缩略语表 ……………………………………………… 250

第 1 章 集成电路产业发展现状

集成电路产业专利导航部分采用的专利文献数据主要来自中国专利文摘数据库和德温特世界专利数据库。数据检索日截至 2021 年 10 月 20 日。

1.1 产业简介

集成电路也称芯片，是 20 世纪 50 年代发展起来的一种新型半导体器件，其主要原理是通过一定的工艺，将完整电路中所需的二极管、晶体管、电容、电阻等元件及布线互连制作在半导体晶片或者介质基片之上，然后封装在一个管壳内，最终形成完整的微型电路结构。[1] 集成电路的出现使电子元件向微小型化、低功耗、智能化和高可靠性方面迈进了一大步。

集成电路产业是现代信息技术产业的基础与核心，对于推动国民经济发展具有十分重要的战略意义。集成电路长期占据全球半导体产品销售额的 80%，被誉为"工业粮食"，涉及计算机、数码电子、家用电器、自动化、电气、通信、交通、医疗、航空航天等领域，在几乎所有的电子设备中都有使用。对于未来社会的发展方向，包括 5G、人工智能、物联网、自动驾驶等，集成电路都是必不可少的基础，只有在集成电路的支持下，这

---

[1] 王鹏飞. 中国集成电路产业发展研究 [D]. 武汉：武汉大学，2014：19-20.

些应用才可能得以实现。❶

随着全球信息化的深入发展，集成电路产业已成为衡量一个国家综合实力的标志，是当前国际政治、经济竞争的重要砝码。自2018年中美贸易争端以来，美国接连采取非常规手段对我国集成电路产业进行打压，企图卡住芯片这一关键命脉，阻碍我国的经济与科技发展。面对国际竞争和国家安全的双重需要，我国政府近年来高度重视集成电路产业发展。2020年7月27日，国务院发布《新时期促进集成电路产业和软件产业高质量发展的若干政策》，制定了财税、投融资、研究开发、进出口、人才、知识产权、市场应用、国际合作等8个方面37项政策，支持集成电路产业高质量发展❷，体现了国家大力发展集成电路产业的决心与意志。2021年，我国开启了"十四五"奋斗新征程，集成电路产业作为我国在国际政治、经济竞争中"突围"的关键点，在国家政策的持续推动下有望在阻碍与碰撞中逆势成长。

1.2 产业链

集成电路的产业链是以产品的生产和服务的提供过程为主的要素产业链。这个产业具有技术复杂性和产业结构高度专业化特征，随着产业规模的迅速扩张，产业竞争加剧，分工模式进一步细化。❸ 如图1.1所示，一条完整的集成电路产业链可以分为上游设计业、中游制造业、下游封装测试业，以及与之相配套的关键设备和材料的支撑业，呈现进入门槛高、投资规模大、技术创新快、产品应用广等特点。

---

❶ 锌刻度. 集成电路投资加速，国产替代势在必行[EB/OL]. (2019-08-28)[2022-01-12]. https://baijiahao.baidu.com/s?id=16431240200963400022&wfr=spider&for=pc.

❷ 陈虹. 在全球视野中加快上海集成电路产业集聚发展的几点构想[J]. 集成电路应用，2013（11）：4-7.

❸ 李传志. 我国集成电路产业链：国际竞争力，制约因素和发展路径[J]. 山西财经大学学报，2020（4）：61-79.

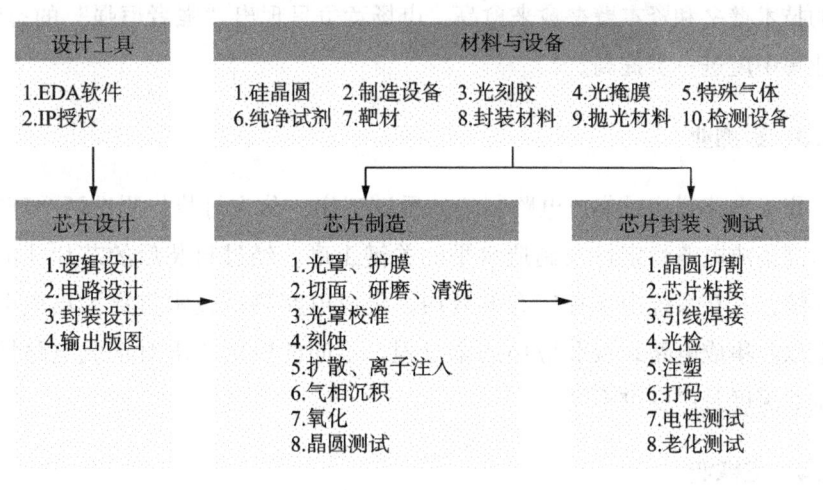

```
设计工具                材料与设备
1.EDA软件       1.硅晶圆   2.制造设备  3.光刻胶   4.光掩膜   5.特殊气体
2.IP授权        6.纯净试剂 7.靶材     8.封装材料 9.抛光材料 10.检测设备

芯片设计              芯片制造                 芯片封装、测试
1.逻辑设计    1.光罩、护膜           1.晶圆切割
2.电路设计    2.切面、研磨、清洗     2.芯片粘接
3.封装设计    3.光罩校准             3.引线焊接
4.输出版图    4.刻蚀                 4.光检
              5.扩散、离子注入       5.注塑
              6.气相沉积             6.打码
              7.氧化                 7.电性测试
              8.晶圆测试             8.老化测试
```

图 1.1 集成电路产业链

1.2.1 设计业

集成电路设计是将系统、逻辑与性能的设计要求转化为具体的物理版图的过程，也是把产品从抽象过程一步步具体化直至最终物理实现的过程。集成电路设计业处于集成电路产业的上游位置，是集成电路产品创新和技术进步的核心[1]，属于技术与知识密集型产业，具有高毛利、高壁垒和行业敏感性的特性，也是集成电路产业知识产权最密集的部分。

1.2.2 制造业

集成电路制造是由所谓的晶圆代工厂完成。集成电路制造为设计提供了基础及准则约束，在整个集成电路产业链中占据重要的地位。制造工艺的进步可以拓宽设计空间，不仅为集成电路设计业提供产品，也支撑着庞大的集成电路专用设备和专用材料市场。集成电路制造企业的产能主要受限于晶圆厂生产线规模，晶圆的品控又与技术密切相关。因此，集成电路制造业属于技术密集型和资本密集型产业，不仅需要大量的资本投入，还需要大量的研发支出。近年来，随着设计的复杂化和制程的不断推进，制

---

[1] 贾卫华. 集成电路设计的项目管理应用研究[EB/OL].(2010-09-02)[2022-04-20]. https://jz.docin.com/p-76578658.html.

造的技术壁垒和资本壁垒愈来愈高，市场竞争呈现出"强者恒强"的态势，产业集中度进一步提高。

1.2.3 封测业

集成电路封测是集成电路制造的后道工序，分为封装与测试两个环节，是提高集成电路稳定性及制造水平的关键工序。经过封装后的芯片才能装入系统，并在系统中发挥应有的效用。集成电路测试技术贯穿了集成电路制造以及集成电路封装和应用的全过程。不同的应用要求对集成电路性能测试的深度及广度也不同。

1.2.4 支撑业

集成电路材料与设备，贯穿了集成电路设计、硅片生产、芯片制造、封装测试整个产业生产过程，与集成电路行业整体景气程度密切相关。❶集成电路材料是指在集成电路器件制造工艺中所需要的材料，其产业规模大、细分行业多、技术门槛高，是整个集成电路产业的先导基础，对集成电路制造业的安全可靠发展以及持续技术创新起到至关重要的支撑作用。据估算，材料对芯片性能提升的贡献已超过六成，在摩尔定律的发展进程中，性能提升的70%来源于新材料的应用。

1.3 企业链

根据集成电路产业链，集成电路企业主要包括 IDM（integrated design and manufacture，垂直整合制造）、Fabless（无晶圆厂半导体企业）、Foundry（专业晶圆代工企业）、OSAT（outsourced semiconductor assembly and test，半导体封装与测试代工企业）以及材料与设备企业，集成电路企业模式如图1.2所示。

---

❶ 赛迪顾问. 中外半导体产业发展模式研究［EB/OL］.（2020-12-06）［2022-04-20］. https://www.docin.com/p-2541721969.html.

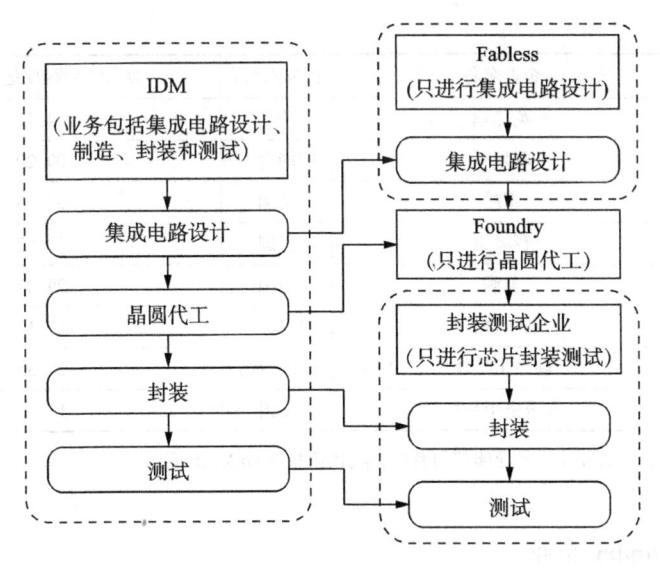

图 1.2 集成电路企业模式

1.3.1 IDM 企业

IDM 企业指一家企业同时拥有集成电路设计、制造、封装测试等多个环节。IDM 企业有资源整合、高利润以及技术领先等优势,处于市场的主导地位,但企业投入最大,对市场的反应也不够迅速。全球知名的英特尔、三星电子株式会社(以下简称"三星电子")、SK 海力士、美光科技有限公司(以下简称"美光科技")、德州仪器等半导体厂商均是典型的 IDM 企业。

1.3.2 Fabless 企业

Fabless,指没有晶圆加工厂的集成电路企业。这种模式的企业将资源聚焦在最终产品设计研发,而不需投放资源于半导体制造技术。高通、博通、英伟达、联发科、超威等企业均属于 Fabless 企业,2020 年全球 Fabless 企业营收十强企业见表 1.1。

表 1.1 2020 年全球 Fabless 企业营收 TOP10

排名	企业名称	国家/地区	2020 年营收/亿美元
1	高通	美国	194.07
2	博通	美国	177.45

续表

排名	企业名称	国家/地区	2020年营收/亿美元
3	英伟达	美国	154.12
4	联发科	中国台湾	109.29
5	超威	美国	97.63
6	赛灵思	美国	30.53
7	美满	美国	29.42
8	联咏科技	中国台湾	27.12
9	瑞昱半导体	中国台湾	26.35
10	戴乐格半导体	英国	13.76

注：高通、博通仅计入半导体部门营收，英伟达扣除OEM/IP营收。

1.3.3 Foundry 企业

Foundry，指的是专注于芯片生产制造、接受委托加工的集成电路专业制造企业。这种企业专注于芯片制造工艺的研发，以及生产制造管理能力提升，为无工厂芯片企业提供委托加工服务。例如台湾积体电路制造有限公司（以下简称"台积电"）就是全球著名的企业，2020年全球Foundry企业营收十强企业如表1.2所示。

表1.2 2020年全球Foundry企业营收TOP10

排名	企业名称	国家/地区	2020年营收/亿元
1	台积电	中国台湾	2924
2	联华电子	中国台湾	387
3	格罗方德	美国	360
4	中芯国际	中国	251
5	华虹集团	中国	135
6	力积电	中国台湾	102
7	高塔	以色列	79
8	世界先进	中国台湾	71
9	东部高科	韩国	61
10	稳懋	中国台湾	57

注：营收单位亿元，指人民币。以下如无特别说明，均指人民币。
中国数据未包括中国台湾数据。以下同。

1.3.4 OSAT 企业

OSAT 企业，是指专业的芯片封装、封装后测试的代工企业。中国台湾地区的日月光、力成科技，中国大陆地区的长电科技、通富微电以及美国的安靠等企业均是全球领先的 OSAT 企业。2020 年全球 OSAT 企业营收十强企业如表 1.3 所示。

表 1.3　2020 年全球 OSAT 企业营收 TOP10

排名	企业名称	国家/地区	2020 年营收/亿元
1	日月光	中国台湾	643.28
2	安靠	美国	312.36
3	长电科技	中国	255.63
4	力成科技	中国台湾	174.83
5	通富微电	中国	107.89
6	华天科技	中国	84.00
7	京元电子	中国台湾	66.46
8	南茂	中国台湾	52.81
9	顾邦	中国台湾	51.12
10	联合科技	新加坡	46.00

1.3.5 设备与材料企业

集成电路设备制造公司，是指可以供应各种芯片制造、封装、测试、检测的设备或仪器，并提供相应技术支持与服务的企业。集成电路材料制造商，除了指供应各种规格的半导体衬底材料晶圆的制造商，还包括供应芯片制造和封装测试过程所需的电子级的气体、化学品、金属靶材、光刻胶、研磨液等材料的企业。

1.4　技术链

产业链中的每个环节乃至每个环节上的不同产品都要运用到不同技术。一般地，某种产品的生产往往是多种技术组合的结果，物化于不同产品中的技术依据产品的上下游关系链接成链。❶ 集成电路产业的细分领域,可按技术分解,具体见表1.4。

表1.4 集成电路产业技术分解表

一级分支	二级分支	三级分支	四级分支
集成电路	设计	软件设计	
		逻辑器件	FPGA
			CPLD
		微处理器	CPU
			GPU
		存储器件	DRAM
			NAND Flash
	制造	光刻技术	
		刻蚀技术	
		薄膜技术	
		掺杂氧化	
	封测	封装	
		测试	
	支撑	大硅片	拉晶
			成型
			抛光
			清洗
			外延
			退火
			评估
			SOI
		第三代半导体材料	SiC
			GaN

❶ 王发明,毛荐其. 基于全球技术链的我国产业技术安全研究 [J]. 经济与管理研究, 2009 (10): 43-50.

1.5 数据检索说明

　　本书采用的集成电路产业专利文献数据主要来自中国专利文摘数据库和德温特世界专利数据库(Derwent World Patents Index，DWPI)，还综合利用了部分其他专利数据库，通过初步检索、扩展检索和补充检索等，以保证数据检索的全面性。数据检索日截至 2021 年 10 月 20 日（以下简称"检索日"）。由于 2021 年非全年数据，检索到的数据可能比全年数据少，导致在相关图表中 2021 年数据表现为下降。

　　下述原因导致了 2021—2022 年提出的专利申请统计不完全：①PCT 专利申请可能自申请日起 30 个月甚至更长时间之后进入国家阶段，导致与之相对应的国家公布时间晚；② 发明专利申请的延迟公布，即自申请日（有优先权的自优先权日）起 18 个月（要求提前公布的申请除外）被公布；③实用新型专利在授权后才能被公布。因此，在本书的数据分析中，2021—2022 年可能出现专利申请量明显下降的现象，这与该时间阶段内的专利数据无法完整检索有很大的关系，不能反映真实的申请量变化情况。对于该情况，在此加以统一说明。

第 2 章 集成电路产业发展方向

2.1 产业专利态势

本部分以全景模式分析全球集成电路产业专利态势,从而归纳、梳理出集成电路产业及具体技术环节发展方向。

2.1.1 申请趋势:螺旋式上升的发展态势

作为现代信息技术产业的基础与核心,集成电路产业对于推动国民经济发展具有十分重要的战略意义,其相关关键技术专利申请整体呈上升趋势。截至 2021 年 12 月 31 日,全球集成电路领域共计专利申请 696 359 件,按扩展同族取一后,共有 387 829 件专利,含授权专利 202 993 件,有效专利 95 065 件。其中,发明专利共计申请 369 981 件,占比 95.4%,含授权专利 186 421 件,授权率达 50.4%。本书将以此 387 829 件专利为基础,分析集成电路产业技术发展情况。

如图 2.1 所示,全球集成电路相关专利申请起步于 20 世纪 50 年代,之后 20 余年相关关键技术专利申请数量缓慢上升,处于缓慢发展阶段。直至 1978 年,专利年申请量突破 1 000 件,进入快速发展阶段。现今,集成电路关键技术专利年申请量稳定在 1 万~1.3 万件。20 世纪 50 年代至今,全球集成电路关键技术专利年申请量分别于 1987 年、1991 年、2004 年、2012 年经历了四次短暂的回落，而后又迅速上升，整体呈现出螺旋式上升的发展态势。

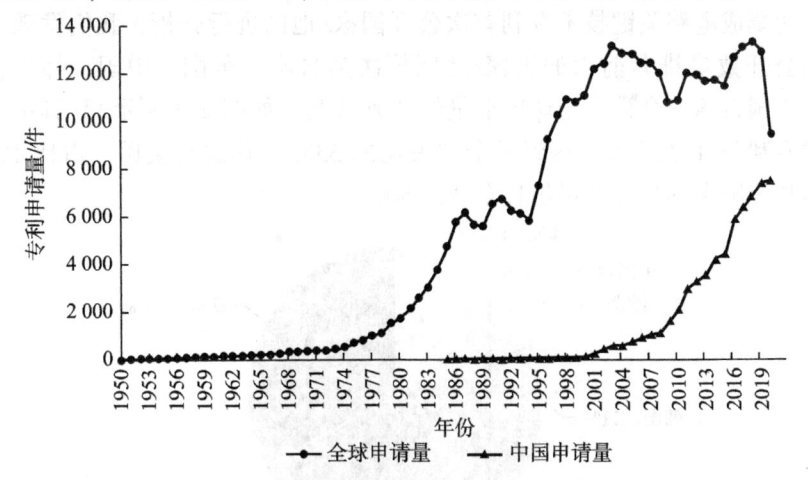

图 2.1　全球/中国集成电路相关专利申请量

比较来看，我国集成电路领域的专利申请量相比全球趋势有一定的滞后性，但发展迅速。2014 年，国务院印发《国家集成电路产业发展推进纲要》，我国进入快速增长阶段，同年专利申请量占比超过全球申请的 30%。此后，我国集成电路领域关键技术专利年申请量占全球申请量的比值逐年增大，我国逐步成为全球集成电路专利申请的主导力量之一。中国集成电路相关专利申请情况如图 2.2 所示。

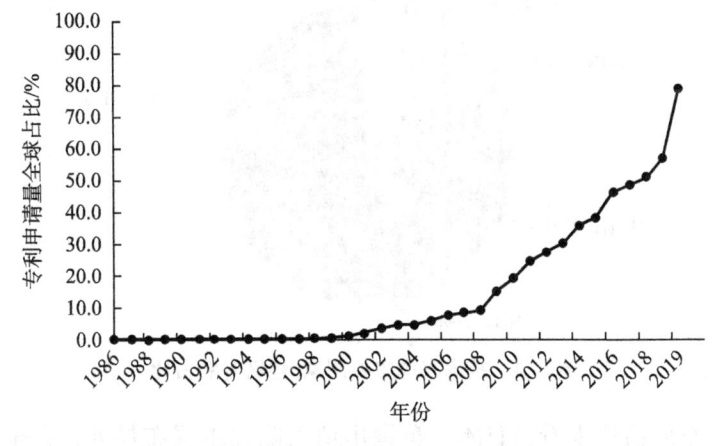

图 2.2　中国集成电路相关专利申请量全球占比

2.1.2 国际分工：美日实力强劲，多方竞相布局

对集成电路关键技术专利首次公开国家/地区进行分析，我们发现全球专利公开数量排名前六的国家/地区依次为日本、美国、中国、韩国、欧盟、中国台湾，合计占全球申请量的九成以上（如图2.3所示）。其中，日本的专利公开量最大，达到了全球占比的33%，其次是美国，占比19%，日本与美国专利公开总量超过全球的50%。

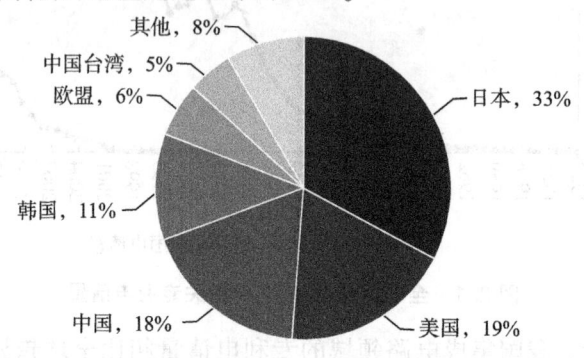

图2.3 集成电路关键技术专利公开主要国家/地区专利占比

从技术来源国看，集成电路关键技术专利来源数量排名前六的国家/地区依次为日本、美国、中国、韩国、欧盟、中国台湾，合计占全球专利的98%（如图2.4所示）。

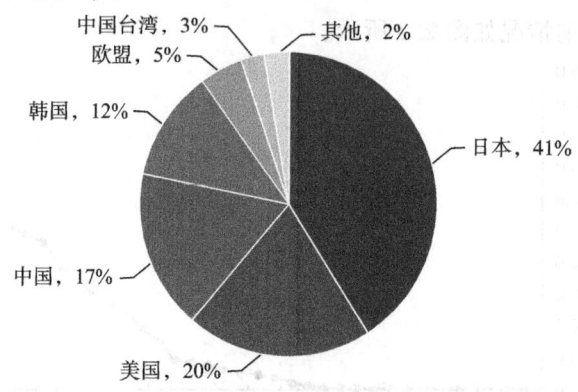

图2.4 技术来源主要国家/地区专利占比

结合布局趋势来看，日本、美国申请人除在本国布局外，在全球主要发达国家/地区均进行了大量的专利布局，积极抢占海外市场。如图2.5所示，中国虽然申请排名仅次于日本和美国，但技术创新主体基本在本国布

局，很少进行海外专利布局，中国申请人专利布局意识较差，技术创新主体用来与外国同行竞争的有价值的核心技术较少，专利质量有待提高。

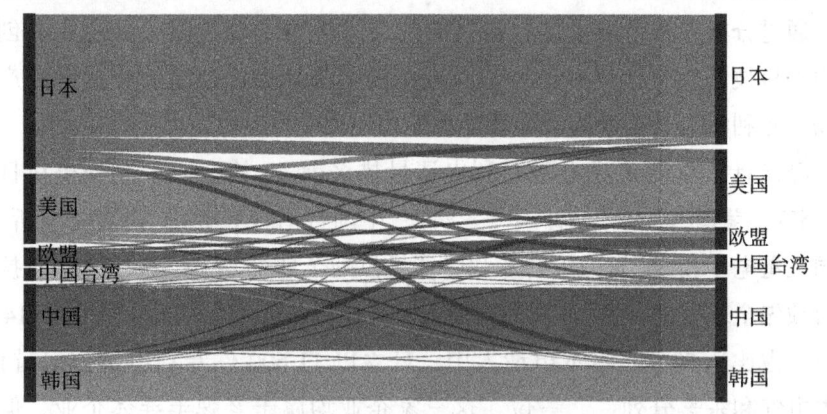

图2.5 集成电路领域技术流向图

综观全球，日本、美国、中国、韩国、欧盟、中国台湾在集成电路领域处于技术领先地位，产业发展也各有所长。如图2.6所示，作为集成电路技术的发源地，美国在集成电路领域全面发展，技术方面始终处于领先地位，逻辑器件、微处理器、存储器件技术领跑全球。得益于早期对美国技术的大规模引进，日本在集成电路领域也是全面发展，光刻技术、蚀刻技术、封装测试、第三代半导体材料等处于领先地位。基于本国政策的支持，韩国在光刻技术、薄膜技术、测试等领域具有一定优势，特别是在掺杂氧化、测试等技术分支的专利数量远高于其他技术分支。欧盟集成电路产业结构以制造和支撑为主，专注于光刻技术和第三代半导体材料技术提升。中国台湾的封测领域专利数量高于其他领域。

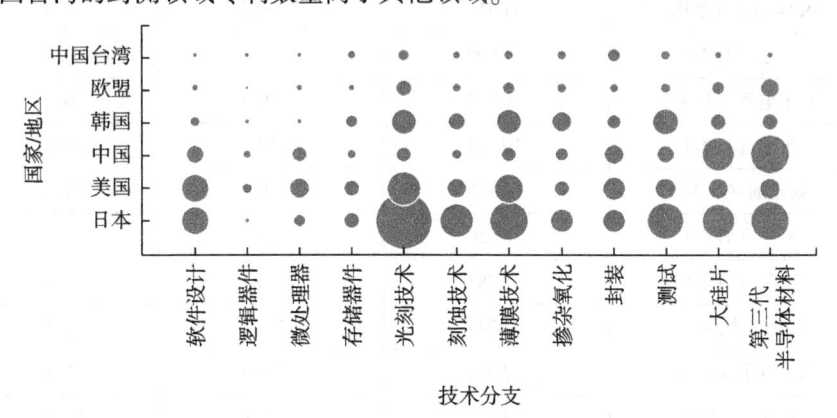

图2.6 集成电路技术国家/地区发展特色

2.1.3 创新主体

通过分析专利申请量排名前列的申请人可以了解各国头部企业的创新实力。科技巨头充分利用专利布局抢占技术制高点，控制核心技术和产品市场，专利实力与企业的市场竞争地位相一致。

经统计，目前集成电路专利申请量排名前20的企业主要分布在日本（14家）、美国（3家）、韩国（2家）、中国台湾（1家）。如表2.1所示，韩国三星电子和SK海力士的专利申请量位列全球第一、第二位，综合技术实力领先全球其他国家/地区的申请人。日本申请人数量居多，占据了14个席位，占比达70%。日本申请人中，日立以11 600件专利申请位居首位，日本电气和东芝分列二、三位，这三家企业均属于老牌半导体企业。但从专利的法律状态来看，日本除东京电子、信越、佳能、住友、瑞萨科技、富士胶片等企业外，其他老牌半导体企业的有效专利占比普遍较低。美国主要的集成电路企业有国际商业机器公司、应用材料和格罗方德，专利申请量分别排在全球第12、第17和第20位。中国申请人仅有中国台湾地区的台积电跻身全球前20位。我国大陆地区的技术水平和企业实力相较于国际发达国家/地区还存在一定差距。

表2.1 全球集成电路领域申请人申请专利数量TOP20

专利申请人	申请数量/件	有效专利拥有量/件	有效专利占比/%
三星电子（韩国）	13 460	3 233	24.0
SK海力士（韩国）	11 716	988	8.4
日立（日本）	11 600	703	6.1
日本电气（日本）	10 748	100	0.9
东芝（日本）	10 310	405	3.9
富士通（日本）	9 256	424	4.6
松下（日本）	8 050	318	4.0
三菱（日本）	7 983	684	8.6
台积电（中国台湾）	7 249	3 705	51.1
东京电子（日本）	7 034	2 339	33.3
佳能（日本）	5 853	723	12.4

续表

专利申请人	申请数量/件	有效专利拥有量/件	有效专利占比/%
国际商业机器公司（美国）	5 430	1 015	18.7
尼康（日本）	5 390	448	8.3
住友（日本）	4 643	894	19.3
索尼（日本）	4 269	155	3.6
信越（日本）	4 263	1 764	41.4
应用材料（美国）	4 230	1 107	26.2
瑞萨科技（日本）	3 436	448	13.0
富士胶片（日本）	3 174	857	27.0
格罗方德（美国）	2 998	1 024	34.2

选取全球集成电路产业专利申请量排名前列的三星电子为研究对象，可以看到，IDM企业通过资源整合、高利润以及技术领先等优势，不断完善产业结构，扩大产业优势，处于市场的主导地位。

三星集团是韩国最大的跨国企业集团，旗下三星电子是韩国最大的电子工业企业，同时也是三星集团旗下最大的子公司。如表2.2所示，1991—2000年，三星电子的布局主要集中于中、下游的芯片制造与封测，关键技术专利申请集中于光刻技术、刻蚀技术、薄膜技术、掺杂氧化、测试五个技术分支，但在设计与支撑领域布局不足，尤其是逻辑器件领域布局尚属空白。随着"垂直整合"战略的逐步实现，三星电子加快技术研究步伐，不断完善产业结构。2011—2020年，三星电子在软件设计、逻辑器件、微处理器、存储器件、大硅片、第三代半导体材料专利申请占比分别达到6.1%、0.4%、4.8%、5.5%、2.2%、2.6%，逐步完成了集成电路全领域的布局，成为全球电子领域的领导者。

表2.2 三星电子集成电路技术分支专利申请占比趋势　　　单位：%

技术分支	1981—1990年	1991—2000年	2001—2010年	2011—2020年
软件设计	5.2	3.2	3.0	6.1
逻辑器件	0.0	0.0	0.2	0.4
微处理器	0.8	1.1	0.6	4.8

续表

技术分支	1981—1990 年	1991—2000 年	2001—2010 年	2011—2020 年
存储器件	23.6	7.6	7.7	5.5
光刻技术	15.2	16.4	20.3	20.5
刻蚀技术	11.6	12.1	8.3	5.8
薄膜技术	15.6	13.9	17.3	14.2
掺杂氧化	14.0	12.5	8.5	2.4
封装	1.6	4.1	8.4	20.1
测试	7.6	24.9	17.9	15.5
大硅片	2.4	3.0	3.2	2.2
第三代半导体材料	2.4	1.1	4.5	2.6

2.2 产业发展方向研判

集成电路作为现代信息技术产业的基础与核心，对其发展方向的研判是一个系统工程，需要深度融合产业链、创新链、资金链和人才链。从产业、技术、企业、投资机构、科研院所、人才等不同角度综合把握产业发展方向。

2.2.1 产业链

统计专利数据中的产业主体情况，反映了集成电路产业的结构变化、产业参与主体的竞争合作态势变化，有助于了解集成电路产业的产业链调整方向。

2.2.1.1 集成电路产业从 IDM 模式演变为垂直分工

集成电路是资本与技术密集型产业，在全球形成了垂直整合和垂直分工两种商业模式，龙头企业的类型分布能够充分体现该国家/地区的产业结构特点。随着互联网的兴起，集成电路产业跨入以竞争为导向的阶段，国际竞争由原来的资源竞争、价格竞争转向人才知识竞争、密集资本竞争。20世纪90年代，美国英特尔主动放弃存储器件芯片，集中发展微处理器设计，并重新夺回集成电路产业霸主的地位。越来越庞大的集成电路产业体系并不利于整个产业发展，"分"才能精。在 IDM 公司继续发挥重大作用的基础上，集成电路产业结构向高度专业化转化成为一种趋势，形成了设计业、制造业、封装业、测试业独立成行的局面❶，由原来"大而全"形式的产业演化成目前"专而精"的多个细分子产业。

我国集成电路产业起步较晚，产业布局的合理性需求不断调整、核心技术受制于人，产业分工的深化有利于提升产业链各环节的效率，更有利于我国突破技术壁垒。如图 2.7 所示，我国集成电路产业 TOP30 申请人中仅有中国电子科技集团与长江存储科技有限责任公司为 IDM 型企业，占比不足 10%。其余 28 家企业分属于 Fabless、Foundry、OSAT 和设备与材料企业，占比分别为 17%、23%、17% 和 36%，我国集成电路产业主要为垂直分工型。

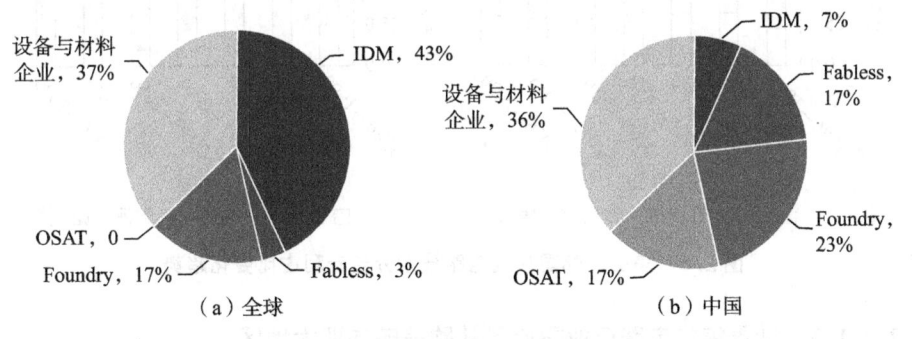

图 2.7 全球与我国集成电路龙头企业类型分布

2.2.1.2 从全球化分工迈向区域性产业链整合成为趋势

从全球来看，集成电路产业由 IDM 模式演变为垂直分工的多个专业细分产业，未来将从全球化分工迈向区域性产业链整合。

集成电路产业作为国家战略性新兴制造业或国家支柱产业等重点产业，必须形成从研发、设计到物流、金融等产业配套的全产业链集群，从而大大提高集成电路产业的抗风险能力。该产业链集群市场规模巨大，增加了其在全球产业生态中的话语权，用市场规模能有效避免关键技术被卡脖子

---

❶ 北京普华有策信息咨询有限公司. 集成电路封装行业三大阶段存在问题及三大壁垒[EB/OL]. (2020-04-23)[2022-04-20]. https://baijiahao.baidu.com/s?id=16647566659422022046 & wfr=spider & for=pc.

导致的经营风险。[1] 未来国家之间的竞争越来越体现为科技实力的竞争，半导体产业作为科技发展的基础产业，现已成为各国的竞争焦点。《瓦森纳协定》(*The Wassenaar Agreement*) 以及美国对华为不公正的制裁说明了在国内形成自主可控的半导体产业链的重要性，半导体制造是产业链中最关键的一环，未来产业链区域化整合是必然趋势。

从图2.8可以看出，美国一直重视均衡发展集成电路各分支领域，韩国已逐步加强布局自己弱势领域，例如韩国为避免上游材料受制于日本的被动局面，持续加强支撑领域设备材料的布局，减少外部依赖。

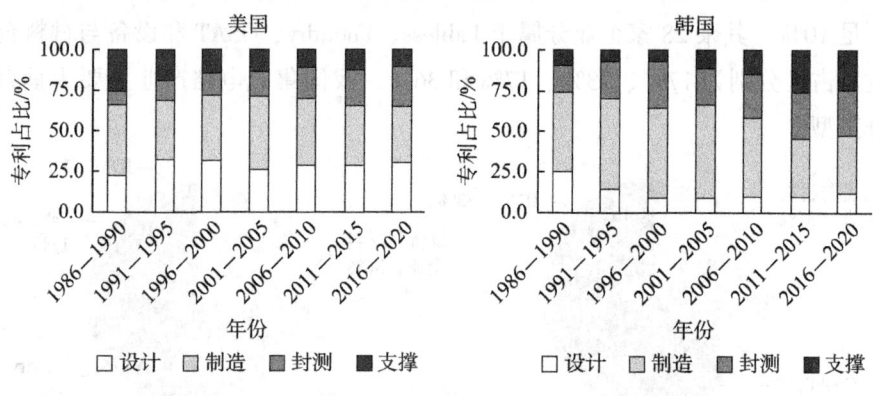

图2.8 美国、韩国集成电路技术分支专利占比变化趋势

2.2.1.3 世界集成电路产业重心已从欧美转向亚太地区

全球集成电路产业发展的历史不是线性的，而是有起伏的；其地域分布也是不平衡的、动态变化的。自1958年美国科学家杰克·基尔比（Jack Kilby）发明集成电路以来，以不同国家/地区半导体产业销售额占全球比重来衡量，世界集成电路产业发展中心发生了数次明显转移[2]：美国独领风骚（1958—1984年），日本短暂逆袭（1985—1992年），美国再度领先（1993—2000年），东亚产业新势力崛起（2001年至今）。

与产业发展格局演变相匹配，1981—1990年，日本凭借在动态存储器

---

[1] 黄奇帆. 疫情之下的全球产业链重构——发展水平分工与垂直整合相结合的产业链集群 [J]. 中国经济周刊, 2020 (7): 24-29.

[2] 李鹏飞. 全球集成电路产业发展格局演变的钻石模型 [EB/OL]. (2019-07-26) [2022-04-20]. https://www.sohu.com/a/329737384_807373.

上的突破，带动整个集成电路产业爆发式成长，设计、制造、封测和支撑领域的专利申请量全球占比均超过70%，制造与封测的专利申请量占比甚至超过了全球的3/4，实现了对美国全方位的逆袭（如图2.9所示）。

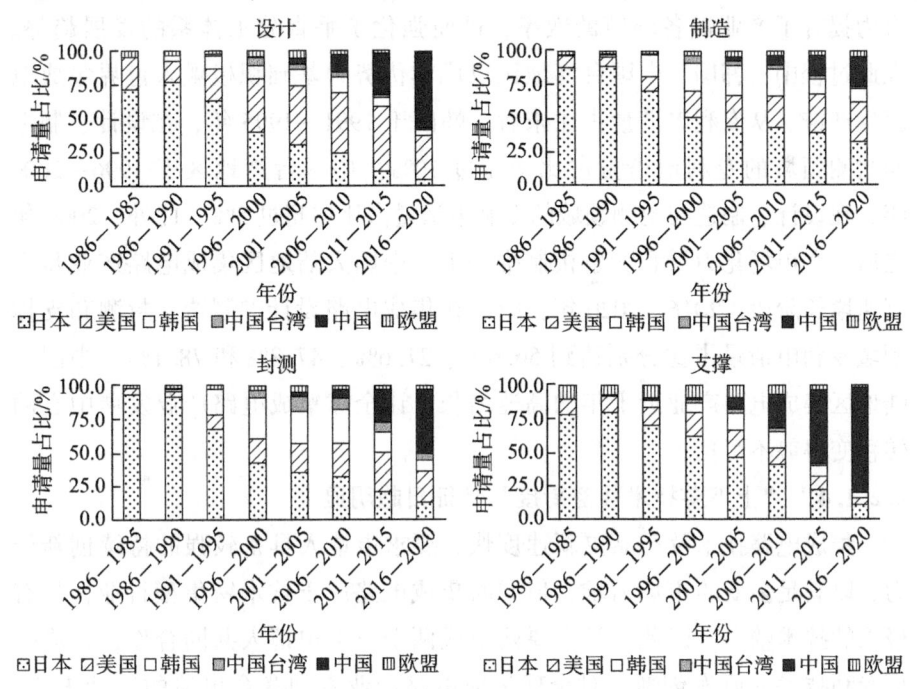

图2.9 主要国家和地区集成电路技术分支分工转移

1991—1995年，美国在集成电路各领域全面发力，专利申请量占比明显提升，设计、制造、封测与支撑领域专利申请占比较1986—1990年分别增长7.5%、4%、6.4%与2.7%。由于美国敏锐地抓住了计算机行业对微处理器等新兴集成电路产品需求的转换机会，通过加强与其国内世界级软件企业的协作，巩固了在这类新兴产品上的领先优势，使得微处理器等产品领域的壁垒越来越高。此外，为了克服在集成电路制造领域投资不足的劣势，美国集成电路企业在全球化持续推进的背景下，积极推动中国台湾地区等经济体发展芯片代工厂，建立以垂直分工为主要特征的全球集成电路生产新体系。在这一新型产业生态中，许多美国企业甩掉了集成电路产能投资重担，专注于集成电路设计和知识产权模块供应等知识密集型业务，并逐步形成了强大的竞争优势。美国的一系列操作也成功使其于1996—

2000年在设计领域的专利申请量占比超过日本，重回世界第一，2011—2015年专利申请量占比更是达到了47.6%。

全球集成电路垂直分工体系在20世纪90年代形成后，产业分工的深化有力提升了产业链各环节的效率，进而强化了垂直分工体系的发展趋势。在此过程中，韩国、中国台湾地区以成本优势为基础积极融入世界集成电路生产链。从专利申请量占比来看，韩国于1991—1995年，在设计、制造与封测领域的专利申请量占比均超过10%。中国台湾地区于1996—2000年，在设计、制造与封测领域的专利申请量占比均超过5%。此外，2000年之后，在市场化力量和竞争机制推动下，中国大陆地区集成电路产业步入高速增长阶段。2016—2020年，中国在集成电路设计、制造、封测和支撑领域专利申请量占比分别达到56.6%、21.6%、47.8%和78.1%。中国大陆地区集成电路产业近十年的高速增长，让全球集成电路产业发展中心的转移变得势不可挡。

2.2.1.4 "上下游技术紧密衔接"特征日趋明显

集成电路技术及产品更新速度快，要求申请人具备较强的持续创新能力，以满足多变的市场需求，但同时集成电路属于技术密集型行业，具有极强的技术壁垒，因此，常需要两个或两个以上申请人共同合作，完成一项专利技术的研发创新。对全球集成电路产业专利联合申请的统计表明，三级技术分支的联合申请量占比分布于6.6%~11.5%，均值达到9%，产业整体协同创新占比较高。全球集成电路三级分支专利联合申请量和申请率如图2.10所示。

随着集成电路产业分工高度专业化，集成电路产业各环节之间的关联性、协同性要求越来越高，集成电路"上下游技术紧密衔接"的特征尤为显著（见表2.3）。目前，部分集成电路设计、制造企业达成上下游合作，促进产业共同发展。例如，德国制造型企业英飞凌科技公司（Infineon，以下简称"英飞凌"）与美国设计型企业国际商业机器公司联合开发了磁性随机存储器（magnetic RAM，MRAM），这种内存芯片依靠磁性来存储数据，能够显著提高内存技术的存储状态；德国西门子、美国国际商业机器公司和日本东芝于20世纪90年代就采用沟道单元技术、扫描曝光技术、化学机械研磨的平坦化技术等共同开发256M DRAM与64M DRAM的第二代版。

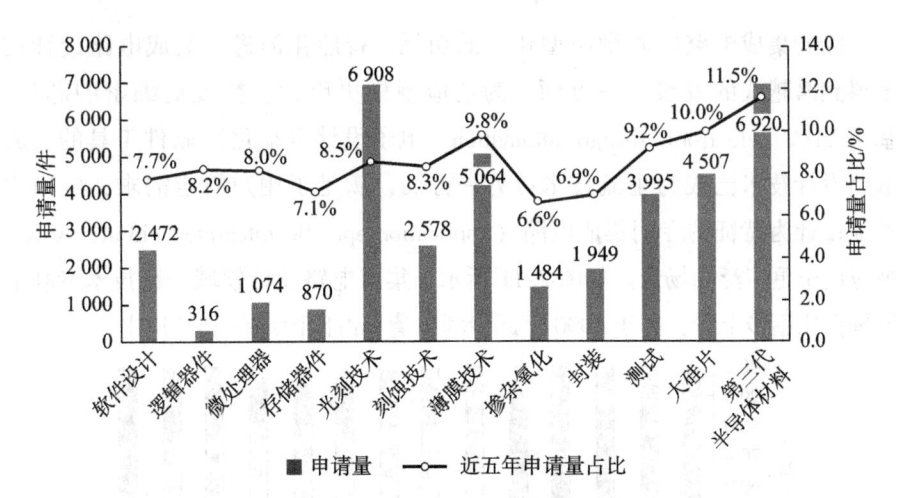

图2.10 全球集成电路三级分支专利联合申请量、申请量占比

表2.3 国际商业机器公司上下游协同创新

申请人	公开号	标题
英飞凌国际商业机器公司	US6518151B1	用于eDRAM栅刻蚀工艺的双层硬掩膜
英飞凌国际商业机器公司	EP0854510A2	用于蚀刻DRAM电容器沟槽的掩膜去除
西门子公司 国际商业机器公司	CN1196179C	半导体芯片的制造和布线设计方法
国际商业机器公司 西门子公司	EP0933811A2	铝化学抛光的虚拟图形
国际商业机器公司 西门子公司	CN1238556A	超密集动态随机存取存储单元及其制造方法

2.2.2 创新链

专利数据作为技术创新的主要产物，其变化趋势反映技术的热点、难点和重点。本书通过不同领域的专利分布，了解集成电路设计、制造、封测、支撑等领域的技术变化趋势。

2.2.2.1 制造工艺迭代速度逐渐降低，设计业比重不断增大

集成电路各领域发展不均衡，从集成电路各二级分支的专利技术生命周期来看，集成电路设计、制造、封测、支撑领域都经历了快速发展时期，设计与封测领域呈现"螺旋式上升"的发展模式。

随着集成电路向着微小型化、低功耗、智能化演进，集成电路设计技术得到跨越式的发展。一方面，为适应规模更庞大、精度更细密的芯片，基于EDA（electronic design automation，电子设计自动化）软件工具的集成电路设计技术已成为主流技术；另一方面，满足于用户特定需求，以用户参加设计为特征的专用集成电路（application specific integrated circut，ASIC）被应用于更广泛的场景。如图2.11所示，集成电路设计领域关键技术专利申请量占比逐步上升，并于1990年起专利申请量占比稳定在15%以上。

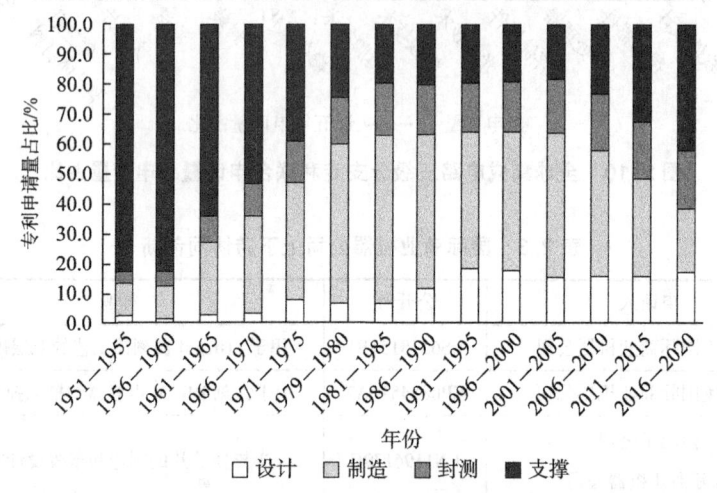

图 2.11 全球集成电路二级分支每五年专利申请量占比情况

2.2.2.2 光刻、薄膜等制造工艺是核心关键技术，硬件设计、先进封装和大硅片成为热点

从集成电路各三级技术分支申请量来看，设计领域的软件设计，制造领域的光刻技术与薄膜技术，封测领域的测试技术，支撑领域的第三代半导体材料近五年专利申请量❶超过30 000件，是集成电路的研究重点。如图2.12所示，集成电路各三级技术分支近五年的申请量占比在4%~27%，设计领域的逻辑器件、微处理器，封测领域的先进封装，支撑领域的大硅片、第三代半导体材料申请量占比超过20%，是集成电路当期的热点方向。

---

❶ 近五年的申请量指首次专利申请时间为2017—2021年。其中2021年截至检索日10月20日。下文同。

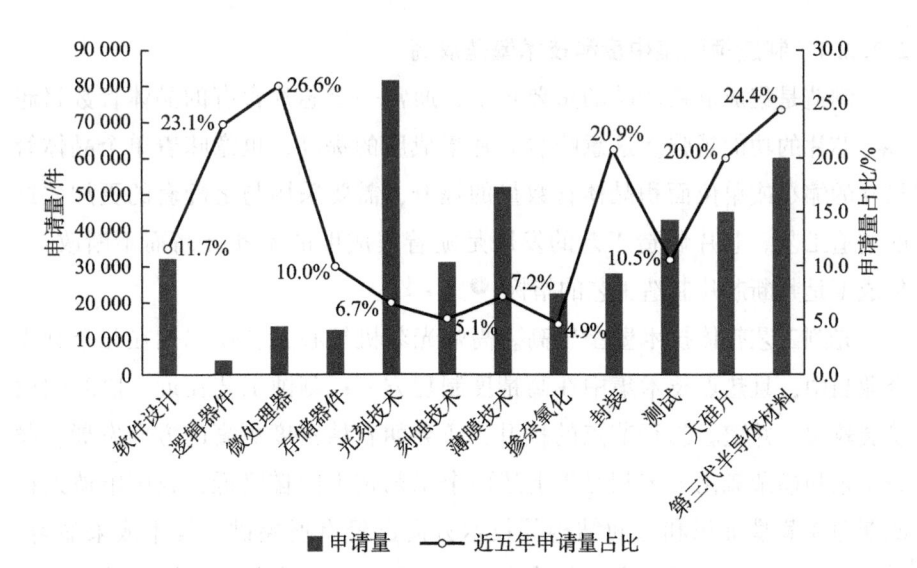

图 2.12 集成电路三级技术分支 2017—2021 年申请量与占比

2.2.2.3 设计领域微处理器和逻辑器件势头强劲

设计是集成电路产业的核心，体现了集成电路整体构思，也是集成电路产业发展的基础。从专利数据来看，2001—2020 年，集成电路设计专利申请量占比由 14.8% 上升至 16.7%，整体稳步上升。如图 2.13 所示，近 20 年，软件设计技术申请量占比逐渐下降，但始终不低于设计领域的 50%，说明软件设计一直以来都是各国申请人关注的重点。2001—2020 年，逻辑器件、存储器件始终保持稳定的技术占比，微处理器创新迅猛，申请量占比逐年增高，微处理器和逻辑器件势头强劲。

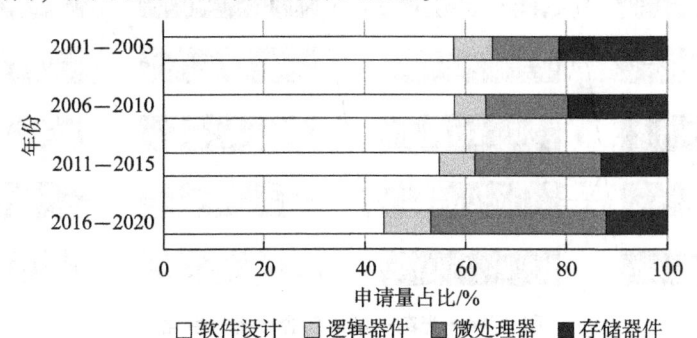

图 2.13 集成电路设计领域三级技术分支专利占比变化趋势

2.2.2.4 制造领域集中度和技术壁垒双高

制造是集成电路产品的重要环节，通常一个芯片含有的晶体管数目越多，芯片的功能越强。这意味着芯片集成度的提高，也意味着单个晶体管尺寸的缩小或单位面积晶体管数量的提升，需要采用与之配套的更加先进的制造工艺。芯片制造工艺的发展是随着集成度的不断提高而不断改进，集成度是判断芯片制造工艺的指标。❶

光刻工艺整体技术壁垒较高。高端光刻机核心工艺仅掌握在几个领先企业当中，且热点技术集中在高精度制程方面；刻蚀工艺在近一段时间内发展较快，并随着制程节点的提升，还会朝着精密度更高的方向发展；薄膜工艺和掺杂氧化工艺相对于上述两个工艺技术门槛略低，我国申请人在此期间在薄膜沉积和层间结构等技术方向已经有所突破，技术成果显著。不过，目前我国和国际先进集成电路制造技术仍存在较大差距，技术水平一直处于追赶的状态，如图 2.14 所示，核心热点技术仍掌握在少数技术优势国家或企业手中，要想获得热点技术的持续突破进而取得领先优势，我国企业还有很长的路要走。

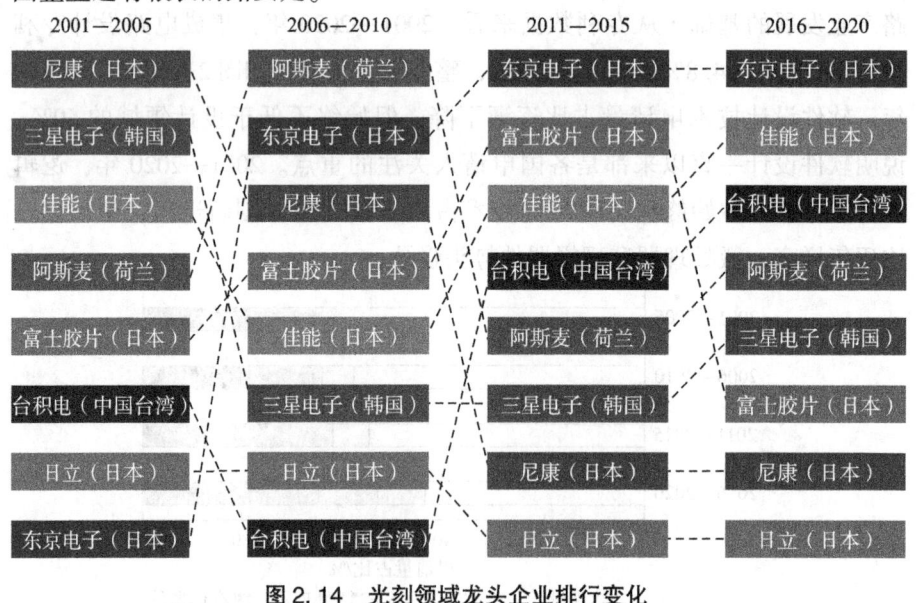

2001—2005	2006—2010	2011—2015	2016—2020
尼康（日本）	阿斯麦（荷兰）	东京电子（日本）	东京电子（日本）
三星电子（韩国）	东京电子（日本）	富士胶片（日本）	佳能（日本）
佳能（日本）	尼康（日本）	佳能（日本）	台积电（中国台湾）
阿斯麦（荷兰）	富士胶片（日本）	台积电（中国台湾）	阿斯麦（荷兰）
富士胶片（日本）	佳能（日本）	阿斯麦（荷兰）	三星电子（韩国）
台积电（中国台湾）	三星电子（韩国）	三星电子（韩国）	富士胶片（日本）
日立（日本）	日立（日本）	尼康（日本）	尼康（日本）
东京电子（日本）	台积电（中国台湾）	日立（日本）	日立（日本）

图 2.14 光刻领域龙头企业排行变化

---

❶ 解读工艺节点的演进，为啥说 7nm 是一个转折点 [EB/OL]．(2017-07-27)[2022-04-20]．https://www.eefocus.com/component/388650.

通过《专利合作条约》(Patent Cooperation Treaty，PCT)途径提交的国际申请量占该技术分支总量的百分比既是体现该产业技术分支创新能力的重要标志，也是衡量该技术分支的专利国际控制力的重要标尺。从集成电路各二级技术分支PCT申请情况来看（见图2.15），制造领域PCT申请量、占比均为最高。龙头企业通过国际布局巩固自己的技术壁垒。

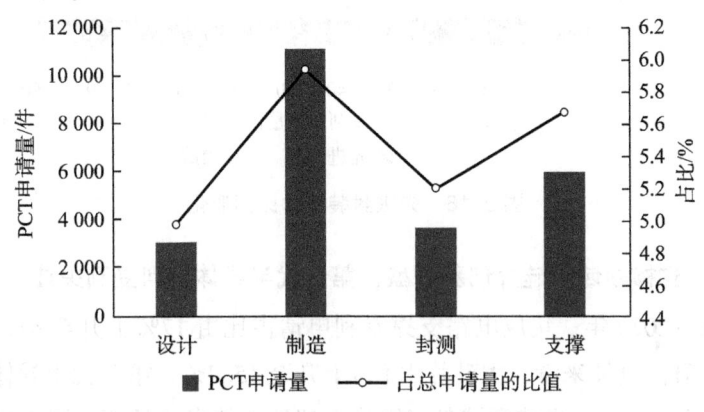

图 2.15 集成电路二级分支 PCT 专利申请分布

2.2.2.5 封测领域景气度较高，先进封装是未来趋势

封测是晶圆制造的后续流程。近年来，由于晶圆代工厂订单饱满，产能满载，封测未来几年预计也将保持高景气度。封测是国内集成电路与国外差距最小的环节，也是技术壁垒相对较低的环节。

随着摩尔定律发展趋缓，满足系统微型化、多功能化的先进封装技术成为了集成电路产业发展的新引擎。先进封装是传统平面封装向 2.5D/3D 堆叠异构集成封装技术的升级跃迁。❶ 2001—2020 年，集成电路封测专利申请量占比由 7.0% 上升至 18.4%，基本保持稳定。由图 2.16 可知，封装由 21.4% 上升至 51.6%，而测试则是由 78.6% 下降至 48.4%。包括倒片封装、系统级封装、晶圆级芯片规模封装、面板级封装以及硅通孔等先进封装技术，顺应行业发展趋势，增长潜力巨大。

---

❶ 半导体投资联盟. 被"误解"的先进封装，中国大陆才刚刚起步[EB/OL].
(2022-03-14)[2022-04-20]. https://baijiahao.baidu.com/s?id=1714733787387706660&wfr=spider&for=pc.

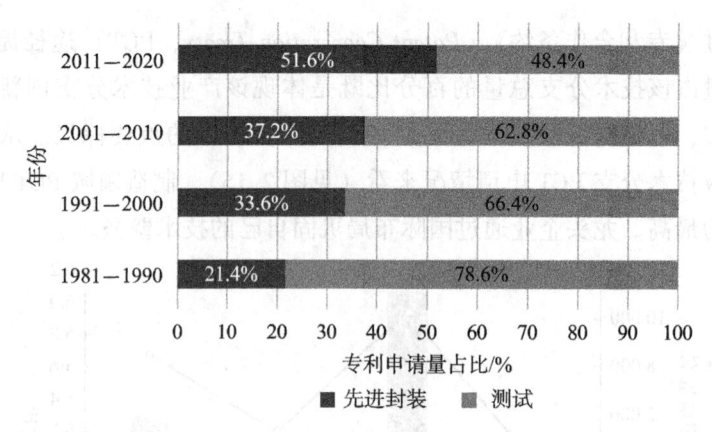

图2.16 先进封装技术比例变化

2.2.2.6 支撑领域大硅片创新旺盛，第三代半导体材料受到关注

2001—2020年，集成电路支撑专利申请占比由17%上升至41.1%，整体大幅上升。具体来看，大硅片由8%上升至15.7%，第三代半导体材料由9%上升至25.5%，支撑领域各三级分支都处于技术成长期，第三代半导体材料为目前的热点方向。

大硅片是制造材料中唯一成本占比最高的核心材料。在摩尔定律的影响下，半导体硅片正在不断向大尺寸方向发展。从大硅片近五年各四级分支技术分布来看，拉晶、成型和SOI（silicon-on-insulator，绝缘衬底上的硅）占比分别为20.8%、23.6%和20.6%，超过20%，是集成电路支撑领域大硅片的研发重点，如图2.17所示。

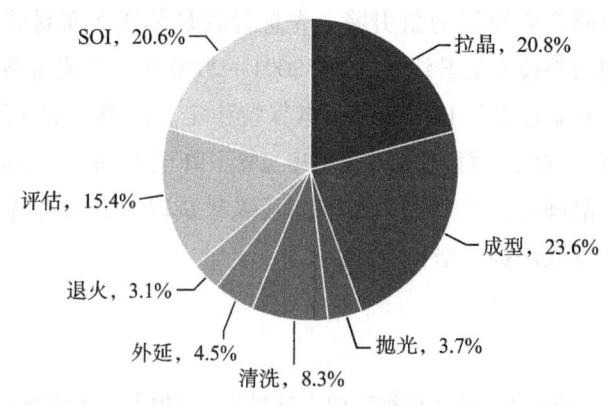

图2.17 大硅片近五年专利技术分布

随着"碳中和"趋势不断推动,第三代半导体材料逐渐成为市场的热门话题。从第三代半导体材料近五年各四级分支技术分布来看,SiC 材料、GaN 材料申请量占比分别为 70.1%、29.9%,SiC 材料占比较大,是集成电路支撑领域第三代半导体材料的研发重点,如图 2.18 所示。SiC 与 GaN 相比较,SiC 发展得更早一些,技术成熟度也更高。SiC 与 GaN 的主要区别是导热率,这使得在高功率应用中,SiC 占据统治地位,同时由于 GaN 具有更高的电子迁移率,因而能够比 SiC 具有更高的开关速度,在高频率应用领域具备优势。❶

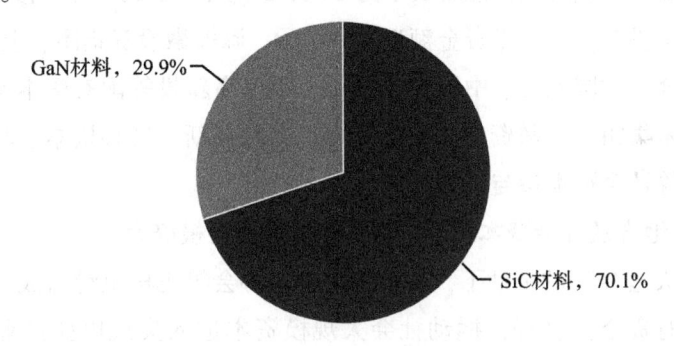

图 2.18　第三代半导体材料近五年专利技术分布

2.2.3　资金链

集成电路产业是重资产产业,长期困扰集成电路产业发展的一个重要问题就是投融资瓶颈。资本市场的动向有助于判断集成电路产业的政策导向和业界关注点。

2.2.3.1　国家资金率先进场,产业政策导向性明显

国家和地方政府颁布的政策、规划引导着资源、资金、人才向行业倾斜,是产业发展的向导。集成电路产业资金需求大,投资回报周期长,由国家牵头建立的产业基金率先进场,从资本市场寻找更多资源,用政策引导社会资金投入。❷

---

❶ 刘翔. 宽禁带半导体行业深度:SiC 与 GaN 的兴起与未来[EB/OL].(2020-04-24)[2022-04-20]. https://www.sohu.com/a/390632921_423129.

❷ 王苗. 中国集成电路产业发展与投资分析[J]. 集成电路应用,2021,38(5):184-185.

2014年9月24日，由财政部牵头，国开金融、中国烟草、亦庄国投、中国移动、上海国盛、中国电科、紫光通信、华芯投资等国有企业共同发起的国家集成电路产业投资基金一期正式设立，投资总规模达1387亿元。在国家大基金的带动下，相关的新增社会融资（含股权融资、企业债券和银行、信托及其他金融机构贷款）达到5145亿元，据大基金管理机构华芯投资表示，按照基金实际出资结构，中央财政资金撬动各类出资放大比例高达约1∶19。2018年，国家大基金一期投资完毕，大基金二期已于2019年10月22日正式成立，注册资本为2041.5亿元。2020年，国家大基金总计发起8次投资，带动投资金额近400亿元，除安徽投资集团、上海集成电路产业基金、中国人寿、中国农业银行、中国高新投等国有资本参与投资，还带动小米集团、君联资本、中金资本、兆易创新、红杉资本、联想创新、闻泰科技等社会资本参与投资。

2.2.3.2 地方及社会资本踊跃入场，入局资金规模庞大

在"大基金"的带动下，各地方政府和协会等机构也纷纷成立子基金，实现以政府资金为杠杆，撬动社会大规模资本进入集成电路产业的目的。截至2021年，北京、湖北、广东、上海、陕西、江苏、安徽、重庆、浙江等二十余省、市已成立集成电路产业专项基金，规模合计已高达5200亿元（如表2.4所示）。❶

表2.4 国内部分省、市集成电路产业基金规模

区域	成立年份	规模/亿元	区域	成立年份	规模/亿元
北京	2013	300	石家庄	2016	100
湖北	2015	300	南京	2016	500
深圳	2015	200	无锡	2017	200
上海	2016	500	昆山	2017	100
四川	2016	120	安徽	2017	300
厦门	2016	500	青岛	2017	100
辽宁	2016	100	重庆	2018	500

---

❶ 李俊豪. 2021中国集成电路投资市场研究报告［R］. 北京：亿欧智库，2021：21-22.

续表

区域	成立年份	规模/亿元	区域	成立年份	规模/亿元
广东	2016	150	浙江	2019	150
福建	2016	500	广东	2020	200
陕西	2016	300	苏州	2021	100

数据来源：李俊豪.2021中国集成电路投资市场研究报告[R].北京：亿欧智库，2021：21-22.

2.2.3.3 投融资事件多为战略性投资，对企业全局影响重大

如图2.19所示，从融资轮次来看，集成电路领域战略性融资较多，战略轮次投融资案件总计148宗，占比49%，其次是A轮融资（56宗），占比18%。集成电路产业作为国家战略性产业，资金需求远超其他产业，同时投资回报周期也较长，而战略性投资具有规模大、周期长、基于企业发展的长期目标、分阶段等特征，对企业全局有重大影响，大量的战略性投资反映了资本市场对集成电路产业的重视。

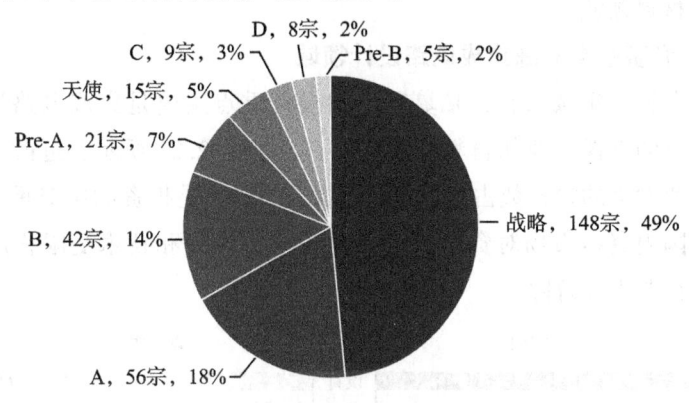

图2.19 2020年集成电路产业融资轮次分布情况

2.2.3.4 大基金一期主要着力点是制造领域，二期将向设备材料等支撑业倾斜

国家集成电路产业投资基金（2014年9月—2018年5月）已经投资完毕，共募得普通股987.2亿元，同时发行优先股400亿元，总投资额为1387亿元（相比于原先计划的1200亿元超募15.6%）。大基金一期公开投资公司为23家，累计有效投资项目达到70个左右，投资范围涵盖集成电路产业上、中、下游各个环节（如图2.20所示）。

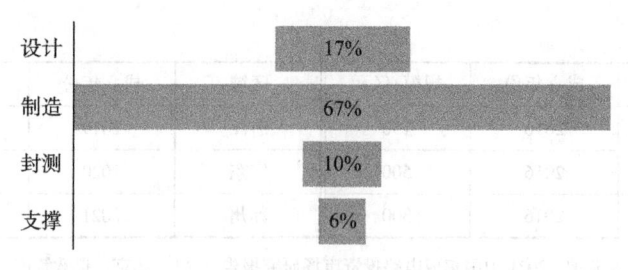

设计	17%
制造	67%
封测	10%
支撑	6%

图 2.20　大基金（一期）投资领域占比

大基金一期投资项目中，集成电路制造占 67%，设计占 17%，封测占 10%，支撑占 6%。可以看出，大基金一期的第一着力点是制造领域，首先解决国内代工产能不足、晶圆制造技术落后等问题，投资方向集中于存储器和先进工艺生产线，投资于产业链环节前三位企业的比重达 70%。❶ 在大基金二期投资布局的时候，将从"面覆盖"向"点突破"转变，大基金将提高对设计业的投资比例，并明确主要投资的领域为半导体制造设备领域和半导体材料领域。

2.2.3.5　私募基金青睐集成电路设计领域

从投资细分领域来看，私募基金的投资重点主要是集成电路设计和集成电路产业的支撑产业如材料与设备制造。如图 2.21 所示，近两年集成电路设计行业发生的投资数占比均超过总数的 2/3，是投资的绝对重点。这反映了目前国内资本市场对资金投入相对较小、设备和技术受限程度较低的芯片设计行业更加青睐。

	2019年		2020年
设计	79%		69%
制造	5%		9%
封测	3%		3%
支撑	13%		19%

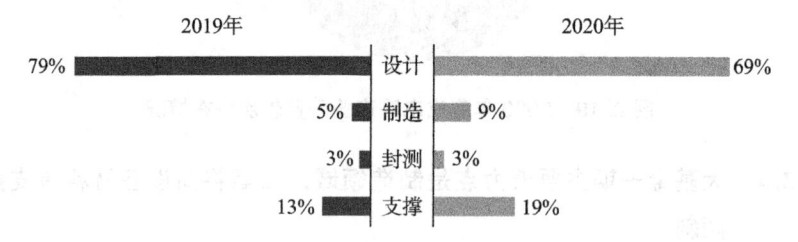

图 2.21　2019—2020 年集成电路私募基金投资细分行业占比

---

❶ 天风证券. 半导体行业周报：把握半导体投资四维变量　关注三季报披露［EB/OL］.（2019-10-12）［2022-03-15］. https://www.doc88.com/p-7408736440010.html？r=1.

2.2.4 人才链

2.2.4.1 我国集成电路产业研发人才逐年增长，人才需求持续攀升

集成电路是资金密集与技术密集的产业，对企业管理人员以及技术研发人员的需求巨大，因此也是人才密集型的产业。从产业关键技术专利发明人趋势变化看，自进入21世纪以来，我国集成电路产业人才呈逐年增长趋势。如图2.22所示，2020年相关专利发明人已达到历史峰值17 400余人，近十年增长率稳定在10%左右。

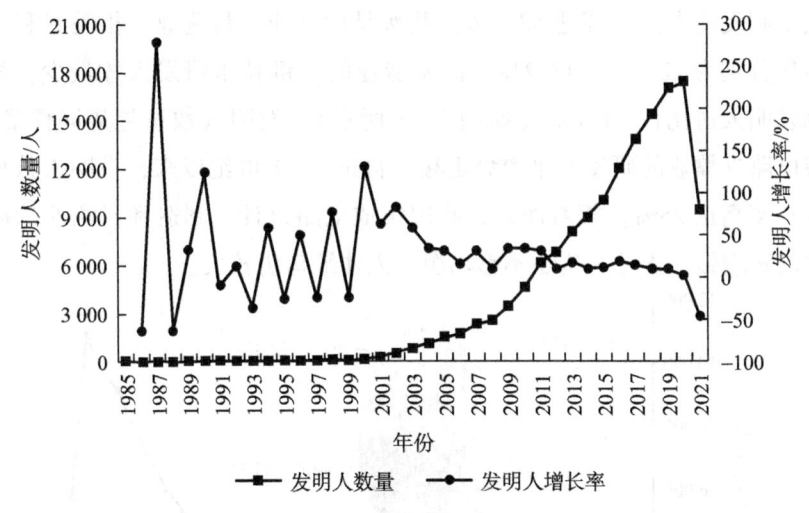

图2.22 我国集成电路产业专利发明人增长趋势

集成电路产业人才的快速增长得益于国家长期的政策支持与庞大的市场需求。2011年，国务院印发《进一步鼓励软件产业和集成电路产业发展的若干政策》，强调加快完善期权、技术入股、股权、分红权等多种形式的激励机制，充分发挥研发人员和管理人员的积极性和创造性。2014年，《国家集成电路产业发展推进纲要》将集成电路列为国家重要战略产业。随后，工信部、教育部、国家发展和改革委员会等部委发布了《关于支持有关高校建设示范性微电子学院的通知》《关于加强集成电路人才培养的意见》。2020年8月，国务院在《新时期促进集成电路产业和软件产业高质量发展的若干政策》中正式确认，将集成电路提升为一级学科。鼓励有条件的高校采取与集成电路

企业合作的方式,加快推进示范性微电子学院建设。❶

当前,我国集成电路产业正处于战略布局和快速发展期,进入本行业的从业人员增多。据中国电子信息产业发展研究院等机构研究统计,2020年我国直接从事集成电路产业的人员约54.1万人,同比增长5.7%;预计到2023年前后全行业人才需求将达到76.65万人左右,集成电路产业人才需求将持续攀升。❷

2.2.4.2 设计、制造和封测业研发人才增长相对缓慢,人才缺口较大

从产业链各环节来看,我国集成电路关键技术人才主要集中于支撑业,相关专利发明人占比高达53.7%,其次是设计业、封测业,相关专利发明人占比分别为22.0%、13.2%,而制造业的关键技术研发人才最少,相关专利发明人占比仅11.1%(如图2.23所示)。发明人数量趋势同样显示,集成电路支撑业的研发人才增势迅猛,自进入21世纪以来,发明人数量复合增长率高达25%。相对而言,我国集成电路设计、制造和封测业的研发人才增长缓慢,人才结构还不够均衡,人才缺口仍较大。

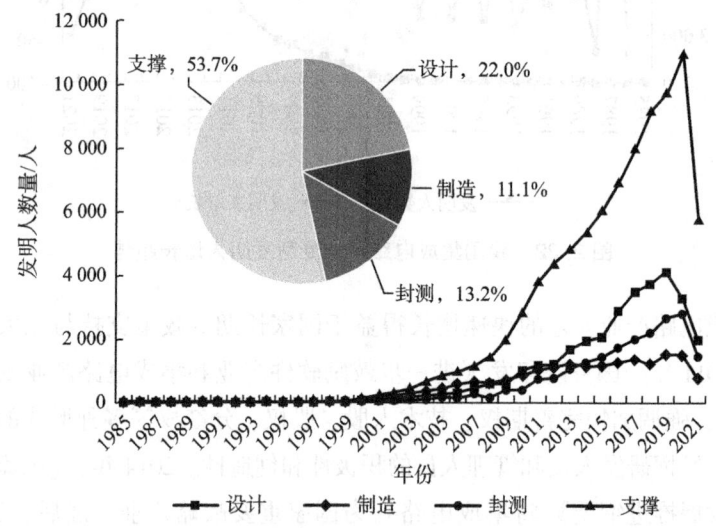

图2.23 我国集成电路产业各二级分支领域发明人数量及占比

---

❶ 邓子立. 我国集成电路产业人才可发展现状、问题及建议 [J]. 中国人事科学, 2021 (7): 66-73.

❷ 芯片人才之渴何解:从10年不涨薪到应届生年薪五六十万 [EB/OL]. (2021-10-08) [2022-03-15]. https://m.thepaper.cn/baijiahao_15531443.

2.2.4.3 政府指导下的产教融合是集成电路产业人才培养的新模式

高校不仅是培养集成电路专业人才的主要力量，也是研究集成电路技术的重要机构。2003年，随着集成电路设计与集成系统专业的设置，教育部先后批准建设三批国家集成电路人才培养基地，包括北京大学、清华大学等20所高校成为我国培养集成电路人才的骨干力量（如图2.24所示）。截至检索日，20所国家集成电路人才培养基地的集成电路产业关键技术专利发明人总数占全国高校科研院所的26.8%。

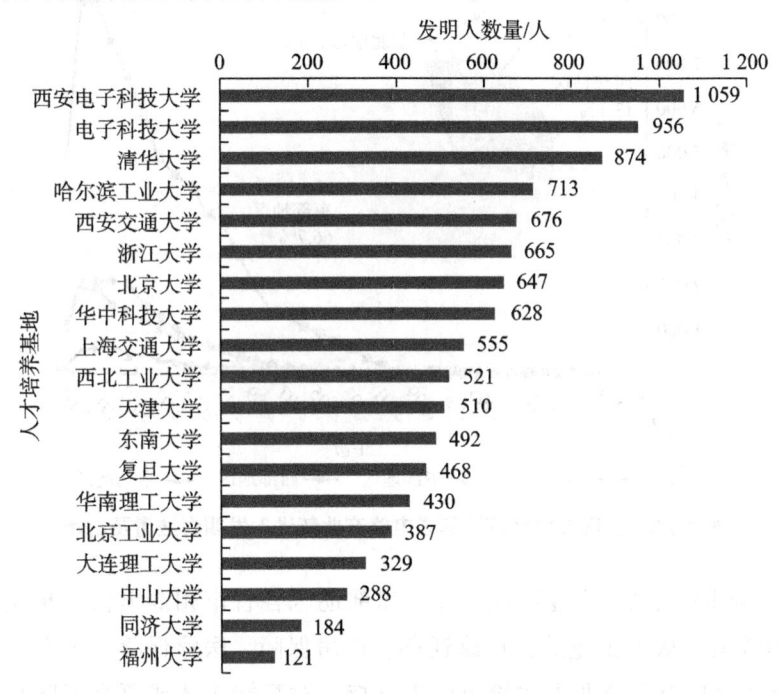

人才培养基地	发明人数量/人
西安电子科技大学	1 059
电子科技大学	956
清华大学	874
哈尔滨工业大学	713
西安交通大学	676
浙江大学	665
北京大学	647
华中科技大学	628
上海交通大学	555
西北工业大学	521
天津大学	510
东南大学	492
复旦大学	468
华南理工大学	430
北京工业大学	387
大连理工大学	329
中山大学	288
同济大学	184
福州大学	121

图2.24 国家集成电路人才培养基地集成电路关键技术发明人数量

在政府的引导与支持下，高校在逐步完善集成电路学科体系构建与基础科研人才培养的同时，开始加快推进产教融合，探索高端产业人才培养新模式。2019年，为贯彻落实全国教育大会精神，统筹推进"双一流"建设和深化产教融合改革，加强集成电路"卡脖子"技术领域人才培养，国家发展和改革委员会、教育部对部分高校申报的国家集成电路产教融合创新平台进行评审和遴选，清华大学、北京大学、复旦大学、厦门大学、电子科技大学、南京大学、西安电子科技大学、华中科技大学先后入选国家

集成电路产教融合创新平台建设高校。❶

2.2.4.4 东部沿海地区对人才吸引力强，是集成电路产业人才集聚地

从人才的区域分布看，我国集成电路关键技术人才主要集中于东部地区，相关专利发明人占比高达 66.7%，其次是中部地区、西部地区，专利发明人占比分别为 15.6%、13.1%，东北地区的关键技术研发人才最少，相关专利发明人占比仅 4.7%（如图 2.25 所示）。

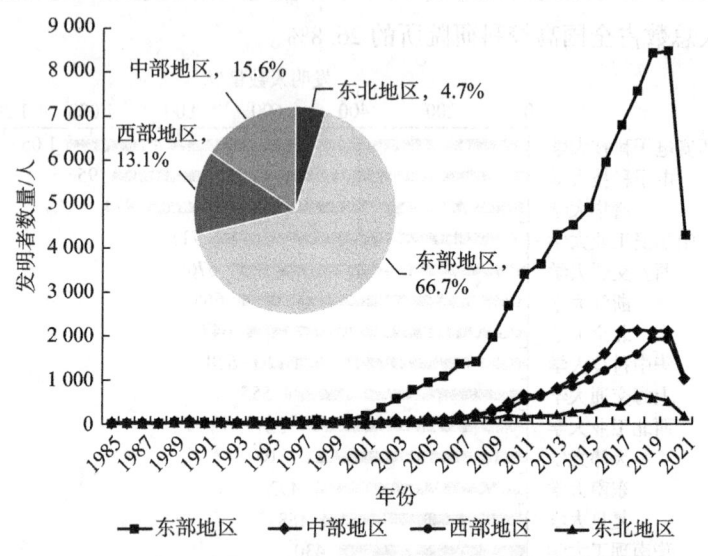

图 2.25 我国四大经济区集成电路产业新进入发明者数量及占比

为吸引集成电路产业高端人才，东部地区各省市相继出台了相应的人才招引政策，从个税免减、户籍迁移、住房保障、医疗保障、子女入学等多方面对集成电路产业人才给予优先支持，对高端人才或研究团队给予资助、表彰、奖励。例如，上海市对集成电路企业核心团队专项奖励最高 3 000 万元，对集成电路企业设计人员奖励个人最高 50 万元，对集成电路企业人才在居住证、户籍等政策上予以支持，同时鼓励相关产业园区支持集成电路企业自建人才公寓，通过贷款贴息、房租补贴等形式，实施人才安居计划，对引进的高校应届毕业生给予一次性的安家补贴。

---

❶ 程辉. 为创新要素深度融合提供载体　为推进政策组合创新开展试验　兰花园里的"双园丁"[N]. 中国经济导报，2019-10-11（2）.

第 3 章　陕西省集成电路产业发展定位

3.1　我国集成电路产业分布情况

本章立足陕西省集成电路产业发展现状，将其与全国各省市的产业发展趋势做对比，以定位陕西省集成电路产业在全国所处的地位和水平，进而明确陕西省集成电路产业发展定位，掌握陕西省产业发展中存在的产业结构、技术布局等方面的优势和差距。

3.1.1　集群化成为产业发展主趋势

我国作为全球最大的新兴经济体，集成电路产业从无到有，不断壮大，但受制于人的情况严重。自2015年起集成电路的进口金额连续4年超过原油，成为我国第一大进口商品。现阶段，国家强力推行芯片国产化，对集成电路领域扶持力度极强，产业发展势头良好，产业向上游行业聚拢。

经过多年的发展，目前产业布局主要集中在以北京市为核心的京津冀地区、以上海市为核心的长三角、以深圳市为核心的粤港澳，以及以陕西、四川、湖北、安徽等省份为核心的中西部地区。

目前，集成电路产业集聚效应明显，一批国内领先产业园区不断涌现。多地积极布局发展集成电路产业，基本形成了以京津冀、长三角、珠三角、中西部特色突出的产业集群分布，优势集群产业聚集效应明显。以北京为例，亦庄经济技术开发区集成电路产业链生态发展已较为完备，涵盖芯片设计、晶圆制造、封装测试、专用装备、核心零部件及关键材料等产业环节；中关村集成电路设计园以集成电路设计为核心，聚集上下游企业形成一体化产业链，并延伸到软件应用、智能硬件、互联网、物联网领域；中关村顺义园覆盖第三代半导体产业全链条，实现从衬底、外延、芯片及器件、封装检测以及设备和材料研发。从产业链看，北京已形成涵盖EDA、设计、制造、封装、设备、材料等较为完整的集成电路产业链，汇集了众多知名集成电路企业。

从专利数据来看，截至检索日，我国31个省份（不含港澳台三地，下同）均有集成电路相关专利申请。对各省份的专利申请数量进行横向比较，大致可以分为三个梯队。江苏、上海、北京、广东位于第一梯队，专利申请超过9 000件；浙江、陕西、山东、安徽、湖北位于第二梯队，专利申请超过2 000件；其余省份均不足2 000件。可以看出，陕西省的集成电路产业相关专利数量在全国处于中上游的位置，产业相关专利数量在全国排名第六位，占全国总申请量的5.2%，虽与江苏、上海、北京、广东第一梯队相比还有一定差距，但与其余省份相比已处于领先位置（如图3.1所示）。

从图3.1可以看出，申请量居前列的省份主要集中在北京、广东和东南沿海以及陕西、山东、安徽等地区，与产业集聚趋势基本吻合。以江苏、上海为代表的长三角地区，以广东、湖南、福建为代表的泛珠三角地区，以北京为核心的京津冀地区和以陕西、四川、湖北、安徽等省份为代表的中西部地区，集成电路创新规模居全国前列，产业创新能力强劲，在打造世界级产业集群方面具备一定的发展基础。值得肯定的是，陕西省是排名最靠前的中西部省份，在集成电路产业空间布局战略地位上具有重大意义。

3.1.2　各省均强化全产业链均衡发展

我国集成电路产业发展迅速，但一方面受各地产业发展水平的限制，另一方面受国家宏观引导的影响，各地发展差距较大。如表3.1所示，设计、制造、封测、支撑四个领域的专利申请量前四位均被江苏、上海、北京、广东四省份占据，四省份全方位领先。湖北省在设计、制造领域，浙江省在封测、支撑领域分别占据第五位；陕西省在设计、支撑领域分别占据第六位。第二梯队省份浙江、陕西、山东、安徽、湖北占据各领域专利数量第五、六、七位。这体现了集成电路产业强者恒强、各领域协调发展的局面。

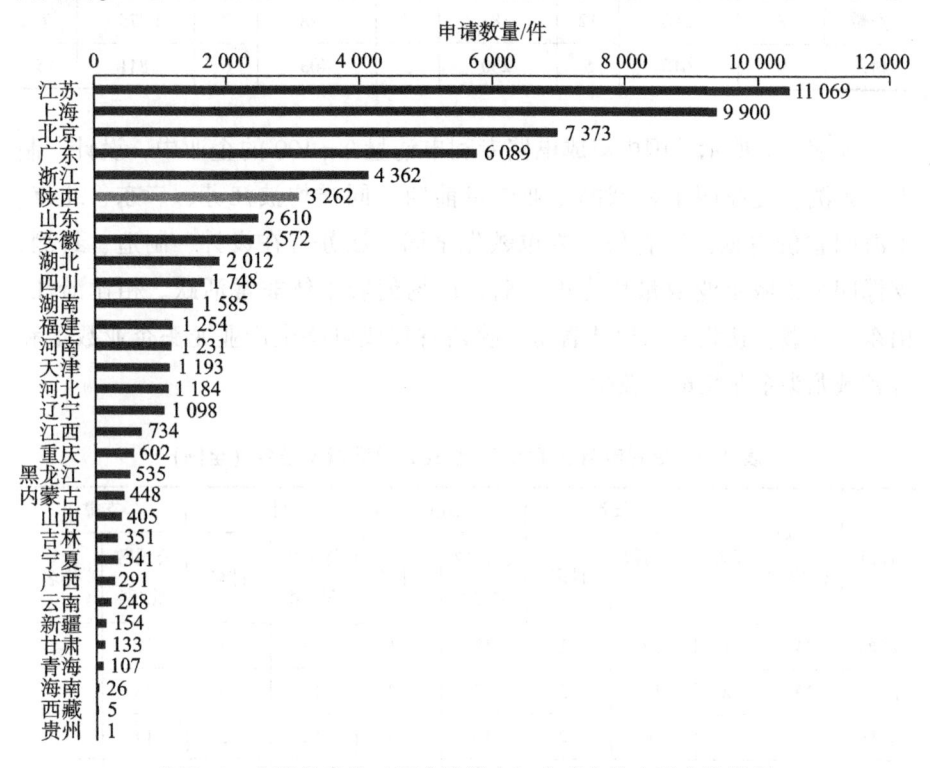

```
申请数量/件
         0      2 000    4 000    6 000    8 000   10 000   12 000
江苏                                                    11 069
上海                                                9 900
北京                                    7 373
广东                                6 089
浙江                        4 362
陕西                  3 262
山东              2 610
安徽              2 572
湖北            2 012
四川           1 748
湖南          1 585
福建         1 254
河南         1 231
天津         1 193
河北         1 184
辽宁         1 098
江西       734
重庆       602
黑龙江     535
内蒙古     448
山西      405
吉林      351
宁夏      341
广西      291
云南      248
新疆      154
甘肃      133
青海      107
海南      26
西藏      5
贵州      1
```

图 3.1　全国各省份（不含港澳台）集成电路专利申请数量

表 3.1　九省份二级分支专利申请数量及排名（全国）

省份	总排名	设计		制造		封测		支撑	
		专利数量/件	排名	专利数量/件	排名	专利数量/件	排名	专利数量/件	排名
江苏	1	1 060	4	785	3	2 640	1	6 830	1
上海	2	1 624	2	3 489	1	1 989	2	3 348	3
北京	3	2 062	1	1 425	2	798	4	3 363	2
广东	4	1 342	3	488	4	1 124	3	3 253	4
浙江	5	497	8	225	6	634	5	3 098	5
陕西	6	575	6	172	8	290	8	2 323	6

续表

省份	总排名	设计 专利数量/件	排名	制造 专利数量/件	排名	封测 专利数量/件	排名	支撑 专利数量/件	排名
山东	7	572	7	109	10	184	10	1 765	8
安徽	8	260	12	183	7	378	7	1 775	7
湖北	9	610	5	230	5	403	6	841	15

如表3.2所示，国内集成电路专利申请量Top100的企业中，设计、制造、封测、支撑四个领域的企业数量前四位同样均被江苏、广东、北京、上海四省份占据，四省份全方位领先全国。江苏省在设计、制造、封测、支撑四个领域企业数量均为第一名，市场创造主体非常活跃。相比浙江、山东、安徽、湖北第二梯队省份，陕西省集成电路全产业龙头企业数量和各领域龙头企业数量均较少。

表3.2 专利申请量Top100企业公司数量及排名（全国）

省份	公司数量/家	排名	设计 公司数量/家	排名	制造 公司数量/家	排名	封测 公司数量/家	排名	支撑 公司数量/家	排名
江苏	34	1	19	1	18	1	23	1	29	1
广东	20	2	12	3	12	2	14	2	13	4
北京	19	3	16	2	10	3	12	3	14	2
上海	18	4	12	3	10	3	11	4	14	3
浙江	9	5	6	4	5	4	6	6	7	6
天津	9	5	6	4	5	4	6	6	6	9
河南	9	5	4	6	1	18	2	17	7	6
山东	8	6	5	5	5	4	3	13	7	6
河北	8	6	2	8	3	6	4	9	8	5
四川	8	6	5	5	3	6	4	9	4	12
安徽	7	7	7	2	3	6	7	5	4	12
福建	7	7	4	6	3	6	3	13	5	10
陕西	7	7	3	7	3	6	6	6	3	16

续表

省份	公司数量/家	排名	设计 公司数量/家	排名	制造 公司数量/家	排名	封测 公司数量/家	排名	支撑 公司数量/家	排名
湖北	5	8	5	5	4	5	4	9	5	10

总的来看，随着集成电路技术的国产化进程加速，各省份间产业发展差距进一步拉大。以江苏、上海为代表的长三角地区、以北京为代表的京津冀地区、以广东为代表的珠三角地区作为目前国内三大综合性集成电路产业聚集区，企业分布密集，高校及科研院所众多，并拥有资金、市场等优势，集成电路产业的高端要素将继续不断聚集。

3.1.3 细分领域部分省份发展特色突出

具体到三级分支可以发现，由于我国各省份的资源禀赋、经济结构和发展速度不同，目前在集成电路产业上也呈现出了不同的产业特色（如表3.3所示）。

表3.3 九省份三级分支专利申请数量　　　　　　　单位：件

省份	软件设计	逻辑器件	微处理器	存储器件	光刻技术	刻蚀技术	薄膜技术	掺杂氧化	封装	测试	大硅片	第三代半导体材料
江苏	614	114	330	18	275	135	305	223	1 783	865	3 213	3 635
上海	1 011	134	329	164	1 099	522	1 474	1 129	667	1 336	2 106	1 249
北京	1 092	215	674	117	503	215	626	345	274	530	1 255	2 117
广东	600	167	537	62	182	50	218	93	764	364	690	2 570
浙江	238	41	201	19	63	30	80	85	463	173	1 549	1 558
陕西	233	82	236	32	25	13	107	46	185	108	663	1 663
山东	362	54	139	28	44	18	42	25	123	63	440	1 332
安徽	123	25	52	65	87	36	63	39	218	166	646	1 132
湖北	146	21	115	328	93	44	112	33	128	277	294	548

第一梯队省份在多数三级技术分支仍占据领先位置。江苏省在封装、大硅片、第三代半导体材料领域，上海在光刻技术、刻蚀技术、薄膜技术、掺杂氧化、测试多个领域均领先，北京在软件设计、逻辑器件、微处理器领域领先。三个省份包揽了11个技术分支的领先地位。同时，第一梯队四个省份均无短板技术领域。

第二梯队省份整体表现较为逊色，但在特定领域具有自身优势。浙江省在大硅片、第三代半导体材料领域，陕西省在逻辑器件、第三代半导体材料领域，山东省在软件设计、第三代半导体材料领域，安徽省在第三代半导体材料领域，都处于中上位置。值得一提的是湖北省在存储器件领域专利申请量排名第一，是第二梯队中唯一在某一领域处于领先地位的省份。同时，第二梯队省份出现零星短板领域，比如浙江省在逻辑器件领域与存储器件领域、陕西省在光刻领域、山东省在大硅片领域、安徽省在微处理器领域、湖北省在大硅片领域专利申请数量有所欠缺。

3.2 陕西省集成电路产业专利态势

3.2.1 陕西省已形成较为完整的产业链

陕西省作为集成电路研发优势省份，研发创新能力居全国前列。截至检索日，陕西省集成电路领域相关专利申请量共3 262件，处在快速发展时期。从历年专利申请趋势来看，陕西省在集成电路领域前期稳步积累，于2010年进入快速增长期，2013年、2015年、2016年经历了短暂的波动期，在2019年达到专利申请量的高峰437件，2020年与2019年申请量基本持平（如图3.2所示）。2020年陕西省集成电路相关专利共申请432件，是2010年申请专利的8倍有余。软件产业和集成电路产业是陕西省信息技术产业发展的核心和关键，是改造和提升传统产业的重要引擎和基石，未来在政策带动与资金推动双重作用下陕西省集成电路领域专利申请的增长趋势将会更加明显。

陕西省集成电路产业的专利申请在设计、制造、封测、支撑四个领域均有涉及，形成了从半导体设备和材料的研制与生产，到集成电路设计、制造、封测及系统应用较完整的产业链。但专利占比差距较大，形成了以支撑技术为主,设计技术、封测技术为辅,制造技术补充的局面;且专利申请的技术结构基本稳定,未随时间发生较大改变。

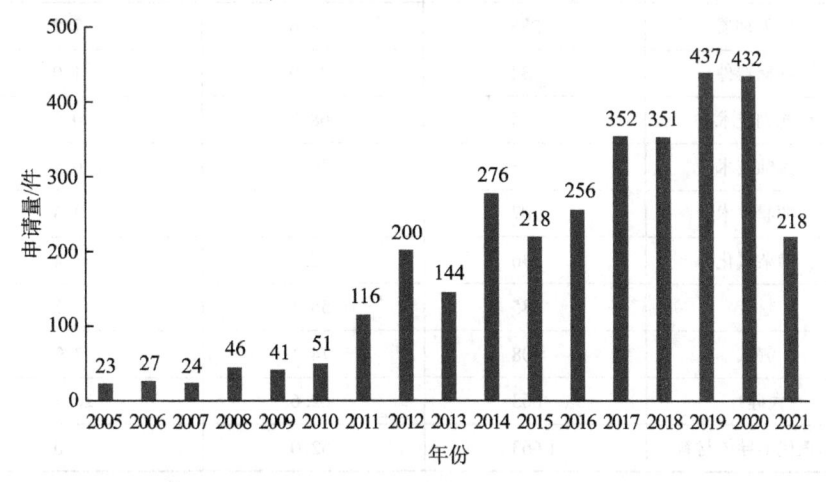

图 3.2 2005—2021 年陕西省集成电路产业专利申请量

陕西省在设计领域共申请专利 575 件,其中近五年申请 320 件,占比 55.7%;在制造领域共申请专利 172 件,其中近五年申请 63 件,占比 36.6%;在封测领域共申请专利 290 件,其中近五年申请 180 件,占比 62.1%;在支撑领域共申请专利 2 323 件,其中近五年申请 1 279 件,占比 55.1%。可见,封测领域在近五年得到快速发展,专利申请增长快于其他领域。

深入分析陕西省集成电路技术三级分支专利申请情况,整体来看,各技术方向分布差异明显,且有所侧重。大硅片、第三代半导体材料方向的专利申请量明显多于其他技术方向,尤其是在第三代半导体方面,专利申请量达 1 663 件,占总申请量 51.0%。如表 3.4 所示,刻蚀技术、微处理器、光刻技术近五年专利申请占比均超过 65%,是陕西省近五年来集成电路产业发展的重点,并已在专利申请上初见成果。

表 3.4 陕西省集成电路领域各技术分支专利申请情况

分支	申请量/件	近五年申请占比/%	总量占比/%
软件设计	233	44.6	7.1
逻辑器件	82	61.0	2.5

续表

分支	申请量/件	近五年申请占比/%	总量占比/%
微处理器	236	68.6	7.2
存储器件	32	25.0	1.0
光刻技术	25	68.0	0.8
刻蚀技术	13	76.9	0.4
薄膜技术	107	24.3	3.3
掺杂氧化	46	52.2	1.4
封装	185	55.1	5.7
测试	108	74.1	3.3
大硅片	663	62.6	20.3
第三代半导体材料	1 663	52.0	51.0

3.2.2 西安市在陕西省内具有产业核心地位

如表3.5所示，陕西省下辖地级市中，除铜川市没有集成电路产业相关专利申请外，其余各地级市均有集成电路相关专利分布。从省内各地级市专利申请数量可以看出，西安市是陕西省集成电路产业的排头兵与核心力量。

表3.5 陕西省各地级市集成电路产业二级分支专利申请数量　　单位：件

地级市	设计	制造	封测	支撑	专利申请量
西安市	568	170	284	2 244	3 169
咸阳市	0	1	3	32	35
宝鸡市	1	0	0	17	18
渭南市	0	1	0	11	12
汉中市	4	0	0	5	9
延安市	0	0	2	4	6
榆林市	1	0	0	5	6
杨凌示范区	1	0	0	3	4
商洛市	0	0	0	2	2

续表

地级市	设计	制造	封测	支撑	专利申请量
安康市	0	0	1	0	1
总计	575	172	290	2 323	3 262

陕西省着力打造中国集成电路产业"新一极",发展规划位列中西部首位。2020年陕西省集成电路产业实现销售收入约1 250亿元,2020年西安市集成电路产业销售收入约1 200亿元,西安市的省内核心地位可见一斑。

3.2.3 高校实力强劲,企业在设计、封测、支撑环节研发活跃

陕西省集成电路排名前十五的申请主体包括西安电子科技大学、西北工业大学、西安交通大学等6所大学,西安微电子技术研究所与西安航空计算技术研究所2个研究所,西安奕斯伟材料技术有限公司(以下简称"西安奕斯伟")、华天科技(西安)有限公司(以下简称"华天西安")、隆基绿能科技股份有限公司(以下简称"隆基绿能")、西安紫光国芯半导体有限公司(以下简称"西安紫光国芯")等7家企业,如表3.6所示。专利申请排名前三的主体均为高校,分别是西安电子科技大学、西北工业大学与西安交通大学。有效专利排名前三的企业分别是陕西半导体先导技术中心有限公司、西安紫光国芯和隆基绿能。陕西省集成电路产业贡献主力军三星(中国)半导体有限公司(以下简称"西安三星"),因其制造工厂的定位和相对封闭的生态环境,对陕西省集成电路产业的创新贡献效应尚不明显。

表3.6 陕西省集成电路TOP15申请主体专利申请量及省内排名

TOP15申请主体	专利申请量/件	有效专利量/件	有效专利比例/%
西安电子科技大学	892	333	37.3
西北工业大学	266	124	46.6
西安交通大学	262	129	49.2
西安奕斯伟	220	70	31.8
西安微电子技术研究所	103	43	41.7

续表

TOP15 申请主体	专利申请量/件	有效专利量/件	有效专利比例/%
西安航空计算技术研究所	103	29	28.2
西安理工大学	89	32	36.0
华天西安	89	13	14.6
隆基绿能	82	52	64.4
陕西科技大学	71	40	56.3
西安紫光国芯	41	28	68.6
长安大学	40	6	15.0
西安智盛锐芯	38	8	21.1
西安智多晶微电子有限公司	29	10	34.5
陕西半导体先导技术中心有限公司	27	25	92.6

如表 3.7 所示，西安电子科技大学在设计、制造、支撑领域均为行业龙头，专利申请量排名第一，在封测领域排名第三；华天西安在封测领域排名第一。西北工业大学在支撑领域，西安交通大学在制造、支撑领域，西安奕斯伟在封测、支撑领域，西安航空计算技术研究所、西安微电子技术研究所在设计领域，隆基绿能在支撑领域，西安微电子技术研究所在封测领域，西安紫光国芯在设计领域均有优异表现。

表 3.7　陕西省集成电路 TOP15 申请主体二级分支专利申请量及省内排名

申请主体	设计 专利数量/件	排名	制造 专利数量/件	排名	封测 专利数量/件	排名	支撑 专利数量/件	排名
西安电子科技大学	128	1	97	1	26	3	690	1
西北工业大学	26	6	2	9	0	56	238	2
西安交通大学	34	5	14	2	5	10	213	3
西安奕斯伟	0	85	2	9	15	4	210	4
西安航空计算技术研究所	103	2	0	30	0	56	0	242

续表

申请主体	设计		制造		封测		支撑	
	专利数量/件	排名	专利数量/件	排名	专利数量/件	排名	专利数量/件	排名
西安微电子技术研究所	47	3	6	4	41	2	21	14
西安理工大学	9	11	3	7	8	7	71	6
华天西安	3	20	1	15	88	1	0	242
隆基绿能	0	85	0	30	1	22	82	5

上述省内行业龙头在全国范围内也有不俗表现。如西安电子科技大学集成电路相关的专利申请量在全国排名前列，位居第四，在支撑领域位居全国第二（如表3.8所示）。西安电子科技大学、西北工业大学、西安交通大学、西安奕斯伟进入全国集成电路专利申请量TOP50主体；西安电子科技大学在设计与支撑领域、华天西安在封测领域进入全国专利申请量TOP10主体。

表3.8 陕西省集成电路TOP10申请主体二级分支全国排名情况

申请主体	全国排名				
	全领域	设计	制造	封测	支撑
西安电子科技大学	4	10	16	50	2
西北工业大学	27	61	415		11
西安交通大学	29	47	60	280	14
西安奕斯伟	35	995	441	72	15
西安理工大学	88	168	261	171	60
华天西安	50	216	277	9	1 934
隆基绿能	94			1 579	54
陕西科技大学	107		147		63
西安微电子技术研究所	115	65	135	41	344
西安航空计算技术研究所	115	14			

3.3 陕西省集成电路产业定位

3.3.1 产业结构定位

产业结构是产业发展在宏观层面的反映，合理的产业结构对产业发展具有重要的作用。产业结构定位基于专利视角，本书从陕西省的专利申请量入手，分析陕西省集成电路产业中存在的产业结构方面的优势和差距。

3.3.1.1 陕西省集成电路跻身全国十强，专利申请集中度高

陕西省位于西部，是沟通西北、西南的交通枢纽之地。2020年，陕西省生产总值总额为26 181.86亿元，经济体量处于全国中游水平。陕西省集成电路产业规模快速增长，技术水平持续进步，人才储备明显居优，2019年，陕西省半导体产业规模排名全国第五。如图3.3所示，与国内集成电路专利申请排名前列的省份比较，可以进一步把握陕西省的产业优势与不足。

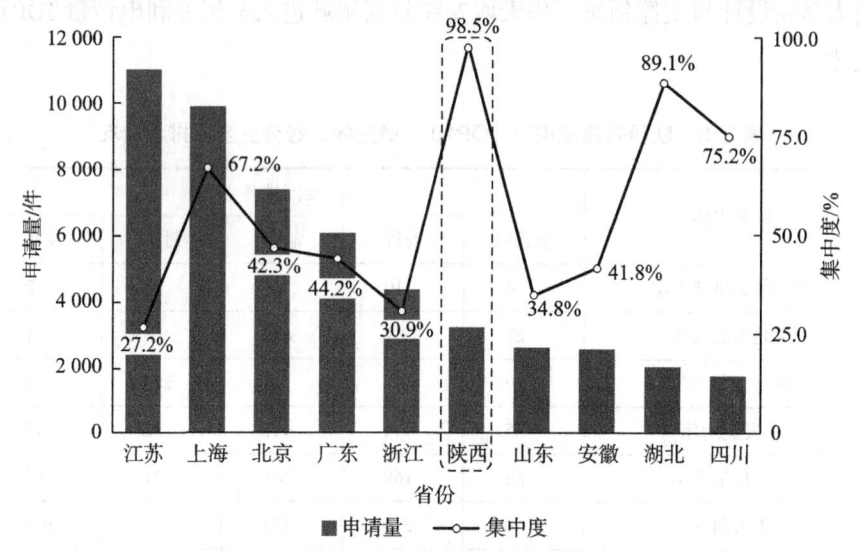

图3.3 全国集成电路产业专利申请十强省份

经统计，全国集成电路专利申请量排名前十的省份分别为江苏省、上海市、北京市、广东省、浙江省、陕西省、山东省、安徽省、湖北省和四川省，陕西省以3 262件专利申请量跻身集成电路全国十强，位居第六名。

值得肯定的是，在中西部18个省份中，陕西省集成电路专利申请量排名第一。当前，陕西省集成电路产业整体创新成果资源已处于国内前列，但与东部沿海省份相比，仍有一定的差距。

对比十强省份专利申请集中度❶，陕西省以98.5%的占比位居十强省份首位，省会西安市的专利申请高度集中，与东部沿海省份（例如江苏、浙江）的多点发展格局不同。陕西省积极响应国家区域发展战略，选择"强省会"战略作为省内集成电路产业发展的主导性空间逻辑。西安市目前已形成以西安高新技术产业开发区、西安国家民用航天产业基地、西安经济技术产业开发区为核心的产业聚集区❷，陕西省内90%以上的集成电路企业集中于该聚集区，产业集群化发展的趋势明显。

3.3.1.2 陕西省产业结构整体上呈现"支撑强，制造弱"的态势，产业结构待优化升级

从二级分支来看，全球及日本、美国在制造领域专利申请占比最高，均超过40%，而陕西省集成电路制造领域专利申请量仅占5.1%，申请人仅占7.0%，远低于全球与国内平均水平，陕西省制造领域人才储备与创新实力明显不足，有待进一步加强，如图3.4所示。陕西省封测领域专利申请占8.6%，不足全球平均水平的一半，但值得注意的是，陕西省封测领域申请人占13.7%，略低于全球平均水平的15.3%，说明陕西省在封测领域具有一定的创新基础，但平均专利申请量较低，创新能力有待提升。

聚焦到国内，如图3.5所示，湖北省、北京市的集成电路设计专利占比较高，均超过了25%，是设计领域的领先省份，陕西省的设计占比在全国十强省市中排名第六，处于国内中游水平；上海市是集成电路制造领域的领军省份，专利占比33.4%，高出第二名北京市14.8%，在国内一骑绝尘；陕西省以5.1%的占比与浙江省并列排名第六，仅高于山东省，相关产业水平较为落后；江苏省的封测领域占比在十强省份位列第一，处于国内领先地位，而陕西省以8.6%排名第九，略高于山东省，相关产业缺乏竞争力，但陕西省封测领域申请人占比在十强省份位列第四，具有一定的创新基础；

---

❶ 省（市）内申请量排名第一的地级市（区）的专利申请量占所在省份（市）专利的占比。

❷ 陕西省半导体行业协会. 迈向高端的陕西省集成电路产业［J］. 中国集成电路，2019（11）：31-32，40.

十强省份支撑占比普遍较高，其中浙江、陕西、安徽、山东、江苏五个省份占比超过60%，相关专利占比排名靠前。

国家/地区	设计	制造	封测	支撑
全球	15.3%	40.5%	17.8%	26.4%
日本	10.6%	51.2%	16.1%	22.0%
美国	27.6%	40.0%	17.4%	15.0%
中国	16.3%	13.1%	15.1%	55.4%
陕西	17.1%	5.1%	8.6%	69.1%

（a）二级分支申请量占比

国家/地区	设计	制造	封测	支撑
全球	18.9%	22.2%	15.3%	43.6%
日本	12.1%	31.5%	19.8%	36.6%
美国	24.7%	26.8%	18.5%	30.0%
中国	18.3%	7.3%	15.3%	59.2%
陕西	20.5%	7.0%	13.7%	58.8%

（b）二级分支申请人占比

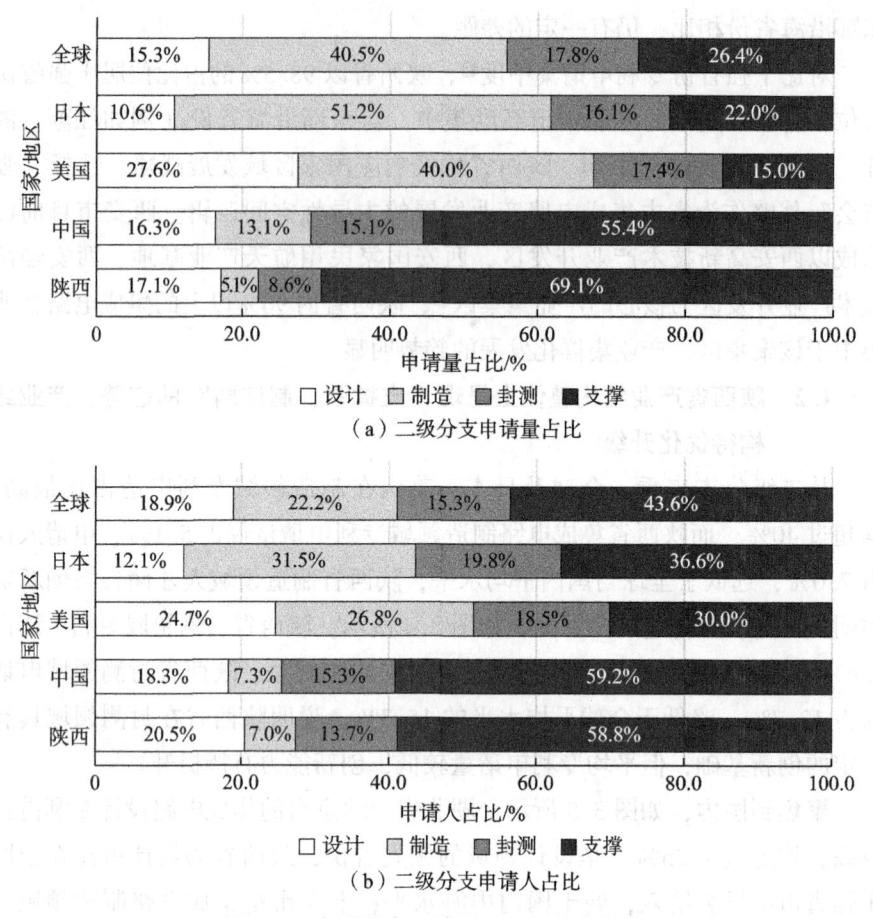

图3.4 主要国家（地区）二级分支结构

根据以上分析，陕西省集成电路产业结构整体上呈现"支撑强，制造弱"的态势。设计方面，陕西省申请量占比高于全球与国内平均水平，但与湖北、北京等设计强省份相比，缺乏竞争优势；制造方面，陕西省制造领域人才储备与创新实力明显不足，与国内外相比仍有较大差距；封测方面，陕西省具有一定的人才储备，但创新研发布局相对薄弱，专利申请量占比低于全球、国内平均水平，制造与封测是陕西省集成电路产业兼顾发展的重点；支撑方面，陕西省专利申请量占比高于国内乃至全球水平，具有竞争优势。整体来看，陕西省集成电路产业结构待优化升级。

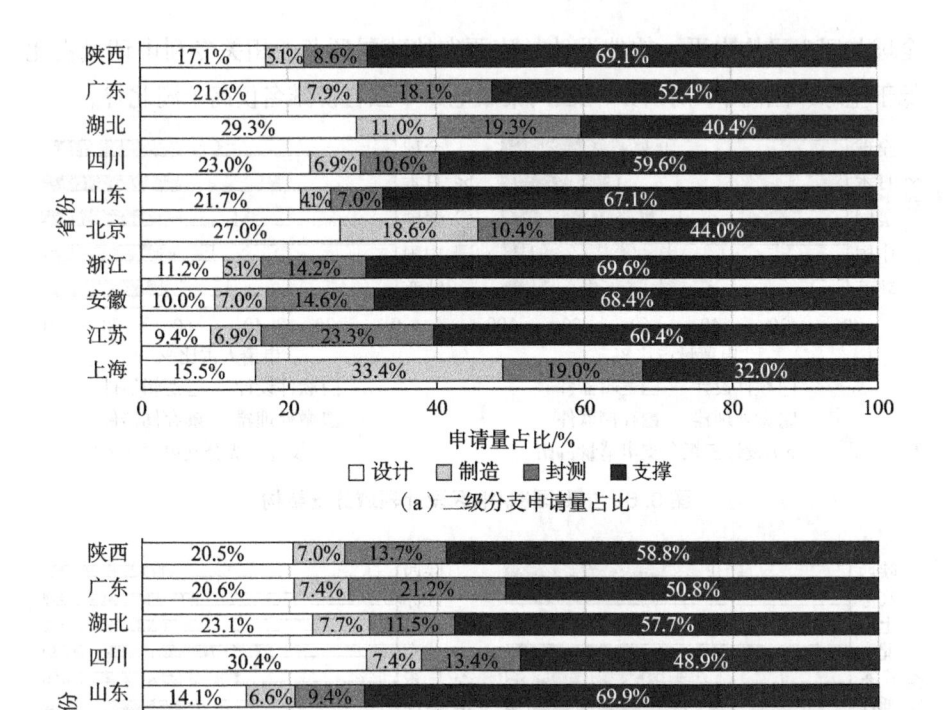

第3章 陕西省集成电路产业发展定位

（a）二级分支申请量占比

（b）二级分支申请人占比

图3.5 国内集成电路产业二级分支结构十强省份

3.3.1.3 陕西省的微处理器、逻辑器件、薄膜技术等存在比较优势，光刻等技术需要重点关注，微处理器的创新技术急需产业化

具体到集成电路设计三级技术分支，如图3.6所示，陕西省的微处理器与逻辑器件是优势领域，相关专利申请量占比超过全球平均水平的两倍，高于全国、日本、美国等集成电路产业发达国家占比水平。

如图3.7所示，与国内集成电路十强省份相比，陕西省的微处理器与逻辑器件相关专利申请占比分别位列第一、第二名。陕西省的存储器件相关专利申请占比在国内集成电路十强省份中位列第五，处于中游水平，但远低于全球与国内平均水平。软件设计是陕西省的薄弱环节，相关专利申请量占比低于全球、国内平均水平，在国内集成电路十强省份排名仅高于湖北省。

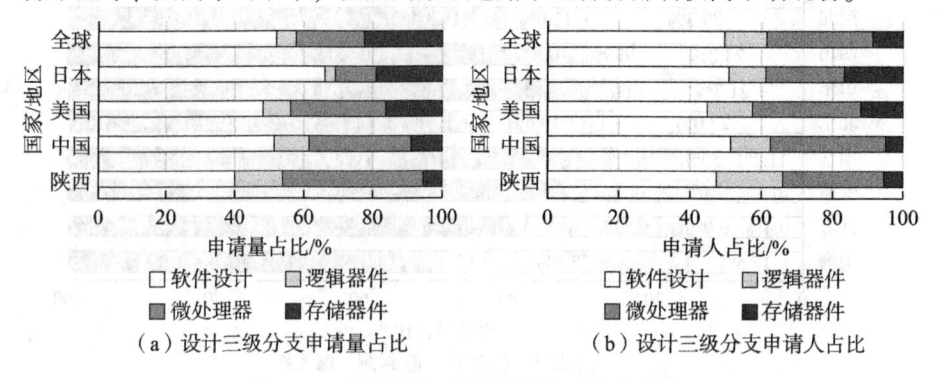

(a) 设计三级分支申请量占比　　(b) 设计三级分支申请人占比

图3.6　主要国家/地区设计领域分支结构

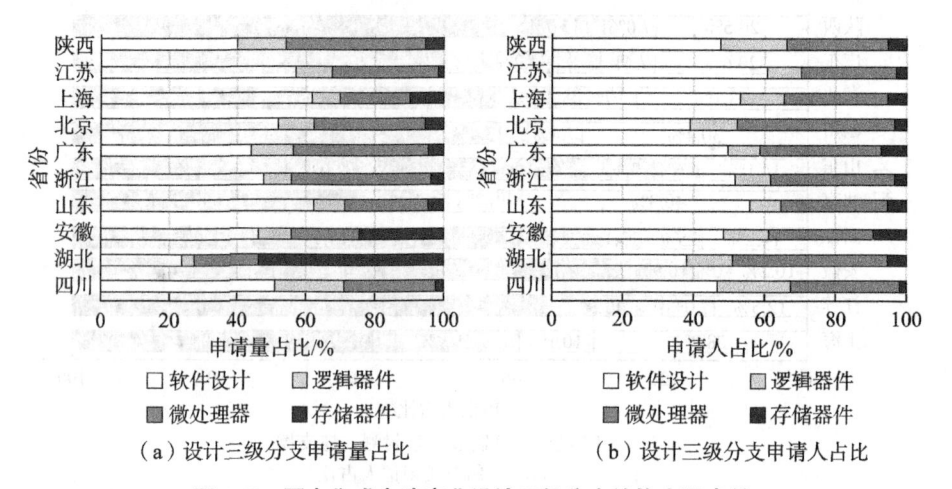

(a) 设计三级分支申请量占比　　(b) 设计三级分支申请人占比

图3.7　国内集成电路产业设计三级分支结构十强省份

从申请人数量配置情况来看，陕西省在逻辑器件领域，申请人数量同样占据优势，但微处理器申请人占比低于全球、国内平均水平，位列国内集成电路十强省份第九，仅高于江苏省，专利申请集中于头部申请人。需要注意的是，陕西省超过3/4的微处理器专利集中在高校院所，创新技术急需产业化。软件设计的申请人占比在国内集成电路十强省份中位列第六，低于全球、国内平均水平，呈现产业技术上的弱势。

集成电路制造方面，如图3.8、图3.9所示，陕西省薄膜技术专利申请量占比高于美国、日本等集成电路产业强国，位列国内集成电路十强省份

第3章 陕西省集成电路产业发展定位

第一，是陕西省的优势领域；掺杂氧化专利申请占比高于全球、国内平均水平，在集成电路十强省份中排名第四，处于中游水平；光刻技术与刻蚀技术专利申请占比低于全球、国内平均水平（在国内集成电路十强省份中排名第十），是陕西省的弱势领域。从申请人数量配置情况来看，陕西省制造领域专利申请分布与申请人数量分布基本趋于一致。

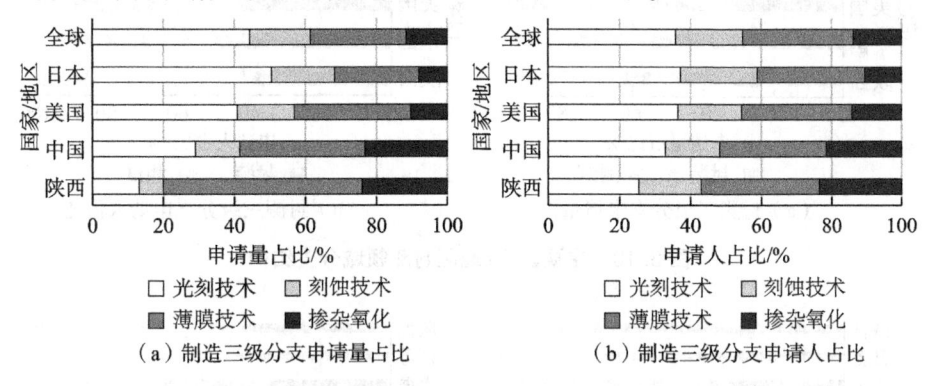

图3.8 主要国家/地区集成电路产业制造领域分支结构

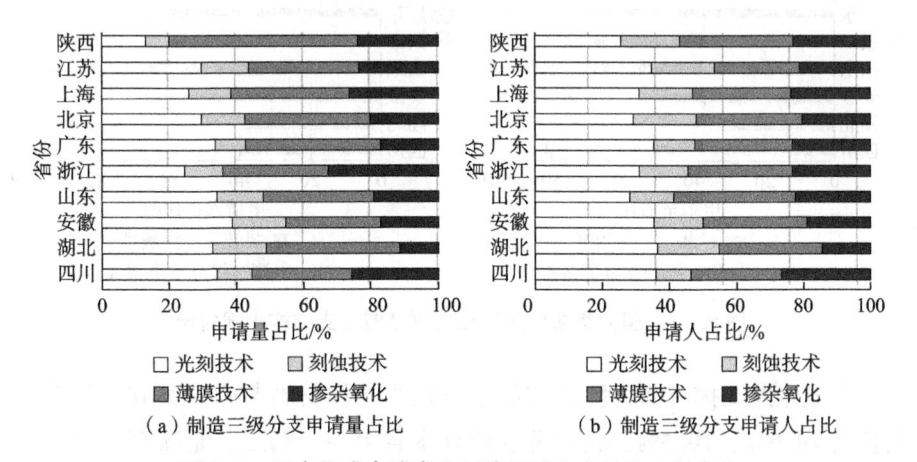

图3.9 国内集成电路产业制造领域分支结构十强省份

集成电路封测方面，陕西省最具优势的领域是封装，相关专利申请占比优于全球、国内平均水平，在国内十强省份中仅次于浙江、广东、江苏；如图3.10、图3.11所示，陕西省的测试领域相对弱势，专利申请占比低于全球、国内平均水平，在国内十强省份中处于中游水平。从申请人数量分布情况来看，陕西省申请量分布具有优势的封装领域，申请人数量呈现弱势，占比位列十强省份第十名，反映出头部企业带动产业化的发展特征。

而申请量分布处于相对弱势的测试领域，申请人数量在十强省份中排名第一，反映出陕西省集成电路测试领域专利人均产出较低。

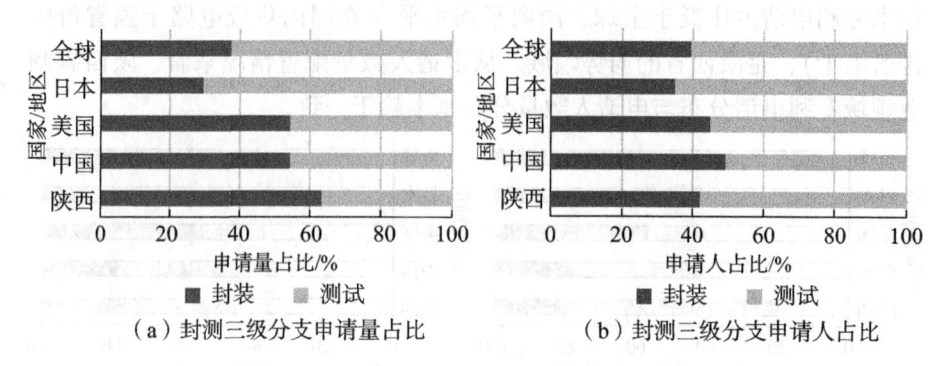

(a) 封测三级分支申请量占比

(b) 封测三级分支申请人占比

图 3.10 主要国家/地区封测领域分支结构

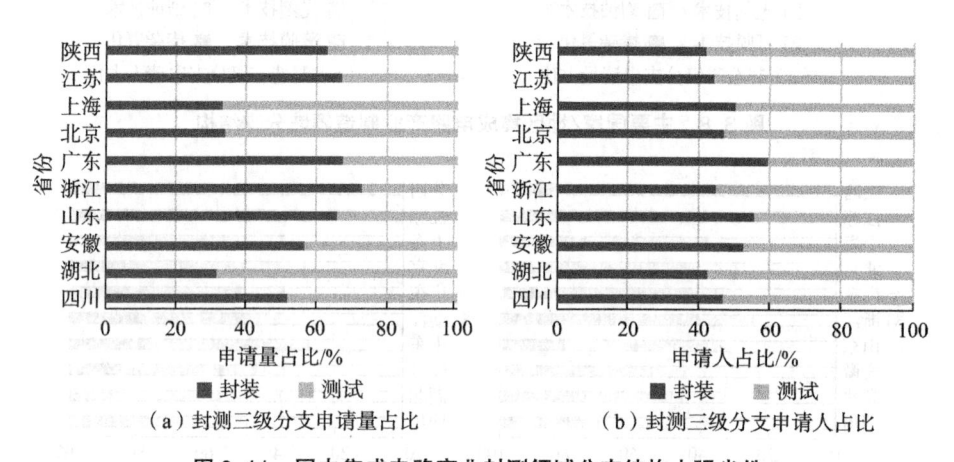

(a) 封测三级分支申请量占比

(b) 封测三级分支申请人占比

图 3.11 国内集成电路产业封测领域分支结构十强省份

集成电路支撑方面，陕西省的第三代半导体材料与大硅片在三级分支占比为49.0%、19.5%，占比分别位列本省第一、第二，是陕西省的优势领域（如表3.9所示）。尤其是第三代半导体材料，陕西省相关专利占比位列国内十强省份第二名，仅次于山东省。

表 3.9 国内集成电路产业三级分支结构十强省份　　　　　　　单位：%

省份	软件设计	逻辑器件	微处理器	存储器件	光刻技术	刻蚀技术	薄膜技术	掺杂氧化	封装	测试	大硅片	第三代半导体材料
陕西	6.9	2.4	7.0	0.9	0.7	0.4	3.2	1.4	5.5	3.2	19.5	49.0

续表

省份	软件设计	逻辑器件	微处理器	存储器件	光刻技术	刻蚀技术	薄膜技术	掺杂氧化	封装	测试	大硅片	第三代半导体材料
江苏	5.3	1.0	2.9	0.2	2.4	1.2	2.6	1.9	15.5	7.5	27.9	31.6
上海	9.0	1.2	2.9	1.5	9.8	4.7	13.1	10.1	5.9	11.9	18.8	11.1
北京	13.7	2.7	8.5	1.5	6.3	2.7	7.9	4.3	3.4	6.7	15.8	26.6
广东	9.5	2.7	8.5	1.0	2.9	0.8	3.5	1.5	12.1	5.8	11.0	40.8
浙江	5.3	0.9	4.5	0.4	1.4	0.7	1.8	1.9	10.3	3.8	34.4	34.6
山东	13.6	2.0	5.2	1.0	1.6	0.7	1.6	0.9	4.6	2.4	16.5	49.9
安徽	4.6	0.9	2.0	2.5	3.3	1.4	2.4	1.5	8.2	6.3	24.4	42.7
湖北	6.8	1.0	5.4	15.3	4.3	2.1	5.2	1.5	6.0	12.9	13.7	25.6
四川	11.7	4.7	6.1	0.5	2.7	0.8	2.3	2.0	5.4	5.0	23.2	35.7

总的来看，陕西省在设计领域的逻辑器件与微处理器、制造领域的薄膜技术、封测领域的封装、支撑领域的第三代半导体方面优势明显。陕西省集成电路整体发展趋势贴合集成电路创新发展方向，形成了自身布局特点。与此同时，陕西省也存在产业短板，设计领域的软件设计与存储器件、制造领域的光刻技术与刻蚀技术、封测领域的测试是产业薄弱环节，特别是光刻技术是当前集成电路发展的重点与热点，是陕西省急需补强的领域。

3.3.2 企业实力定位

企业实力是企业在技术和各种实践活动领域中不断提供具有经济价值、社会价值、生态价值的新思想、新理论、新方法和新发明的实力。以下将对陕西省企业进行创新实力定位，旨在掌握陕西省集成电路企业发展的优势和不足，从而提出更有针对性的企业培育建议。

3.3.2.1 陕西省缺少制造领域创新领军企业，设计与封测领域领军企业需进一步强化

从专利申请排名前十的企业类型分布来看，陕西省70%的创新领军企业为设备与材料企业，如表3.10、图3.12所示。专利申请排名第一的西安奕斯伟是目前国内极少数能量产12英寸大硅片的半导体材料企业，其西安第一工厂设计产能为50万片/月，产品为抛光片和外延片，主要用于逻辑芯片、闪存芯片等。陕西省专利申请排名第二的华天科技为我国半导体封装

领军企业，2017年华天西安投资累计达34亿元，形成具有封装测试23亿块TSSOP、QFB、DFN等系列集成电路的能力。此外陕西省还拥有西安紫光国芯和西安智多晶微电子有限公司2家Fabless型骨干企业。2020年西安紫光国芯自主研发的异质集成嵌入式DRAM（SeDRAM）技术取得成功，基于此技术的超高宽带、超低功耗的数据分析芯片产品量产上市，为国产DRAM芯片带来曙光。

表3.10 陕西省集成电路创新链主企业及企业类型

排名	链主企业	企业类型
1	西安奕斯伟	设备与材料企业
2	华天西安	OSAT
3	隆基绿能科技股份有限公司	设备与材料企业
4	西安紫光国芯	Fabless
5	西安智盛锐芯半导体科技有限公司	设备与材料企业
6	西安智多晶微电子有限公司	Fabless
7	西安创联新能源设备有限公司	设备与材料企业
8	陕西半导体先导技术中心有限公司	设备与材料企业
9	西安神光皓瑞光电科技有限公司	设备与材料企业
10	西安华晶电子技术股份有限公司	设备与材料企业

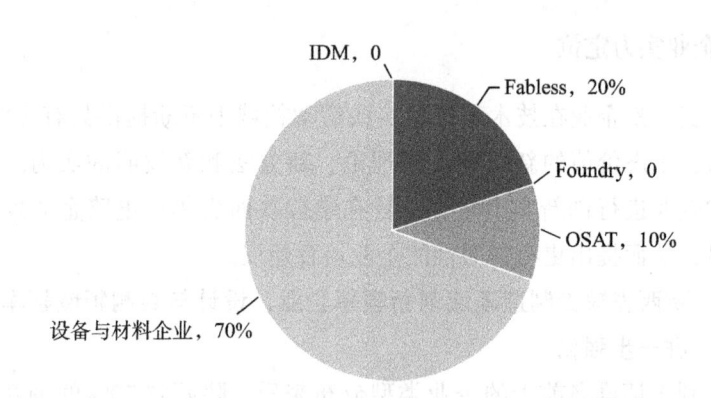

图3.12 陕西省集成电路创新链主企业及类型分布

整体来看，陕西省坐拥实力较强的设计、封测与支撑的创新领军企业，但目前缺少制造领域的创新领军企业。陕西省集成电路产业贡献主力军三星西安半导体工厂,因其制造工厂的定位和相对封闭的生态环境,对陕西省集成电路产业的创新贡献效应尚不明显。

结合国内集成电路产业分布,选取东部地区的江苏省、上海市,中部地区的安徽省、湖北省等 4 个产业规模与创新实力强劲省份作为陕西省的对标省份,对区域企业实力进行分析,如表 3.11 所示。

表 3.11 江苏省、上海市、陕西省集成电路创新领军企业专利申请量 单位:件

省份	设计	制造	封测	支撑
江苏	167	212	1 002	659
上海	556	3 018	1 315	1 458
陕西	66	8	118	407

对比东部强省,江苏省在集成电路设计、制造、封测与支撑领域均拥有一家或多家实力强劲的创新领军企业,如制造领域的华润上华,封测领域的华进半导体、盛合晶微,支撑领域的华灿光电等,如表 3.12、图 3.13 所示。而上海市虽缺少设计领域的链主企业,但华虹集团与中芯国际两大集成电路制造龙头在设计领域仍有 500 余件的专利申请,凭借在制造环节的突出实力全面提升了产业链创新水平,如表 3.13、图 3.14 所示。

表 3.12 江苏省集成电路创新链主企业及企业类型

排名	链主企业	企业类型
1	华进半导体	OSAT
2	华润上华	Foundry
3	盛合晶微	OSAT
4	长电科技	OSAT
5	通富微电	OSAT
6	华灿光电	设备与材料企业
7	协鑫集团	设备与材料企业
8	浪潮	Fabless
9	苏州宏久航空防热材料科技有限公司	设备与材料企业
10	华虹集团	Foundry

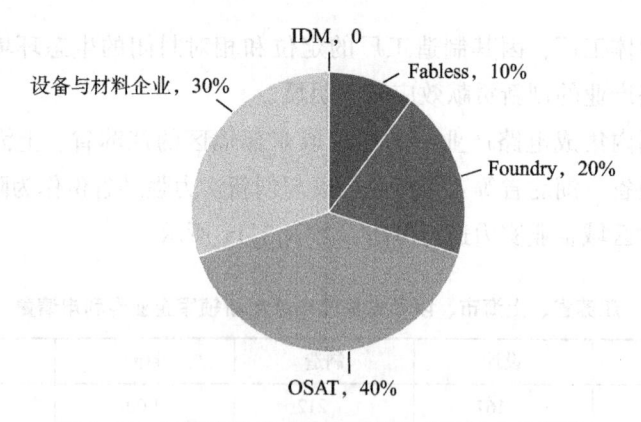

图 3.13 江苏省集成电路创新链主企业及企业类型

表 3.13 上海市集成电路创新链主企业及企业类型

排名	链主企业	企业类型
1	华虹集团	Foundry
2	中芯国际	Foundry
3	上海微电子装备（集团）股份有限公司	设备与材料企业
4	上海新昇半导体科技有限公司	设备与材料企业
5	映瑞光电	设备与材料企业
6	中微半导体	Foundry
7	上海蓝光科技有限公司	设备与材料企业
8	上海新傲科技股份有限公司	设备与材料企业
9	上海先方半导体有限公司	OSAT
10	上海汉虹精密机械有限公司	设备与材料企业

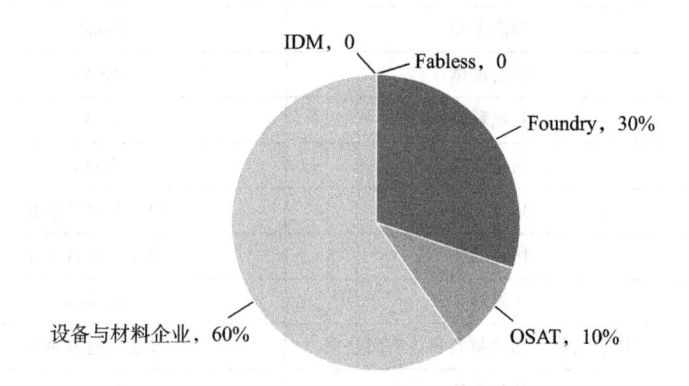

图 3.14 上海市集成电路创新链主企业及企业类型

3.3.2.2 陕西省企业聚集力与创新力还有待提高

经统计，陕西省共有237家企业申请集成电路相关专利，全国共有约1.08万家企业申请集成电路相关专利，陕西省企业数量占全国的2.2%；陕西省企业申请集成电路相关专利总计1 350件，全国企业共有约4.7万件相关专利申请，陕西省专利申请占全国的3.0%。如图3.15所示，对比江苏、上海等我国集成电路专利申请十强省份，陕西省企业数量排名第十，企业专利申请量排名第九，仅高于四川省，陕西省的企业数量与企业专利申请量均不足。同时，陕西省企业所持专利占比以41.4%位列第十，占比最高的安徽省是陕西省的两倍以上，较低的占比水平也反映了陕西省集成电路企业创新实力不足，专利更集中于非生产主体的科研机构/自然人中，科研成果多数停留于实验室研究阶段，产业化水平较低。

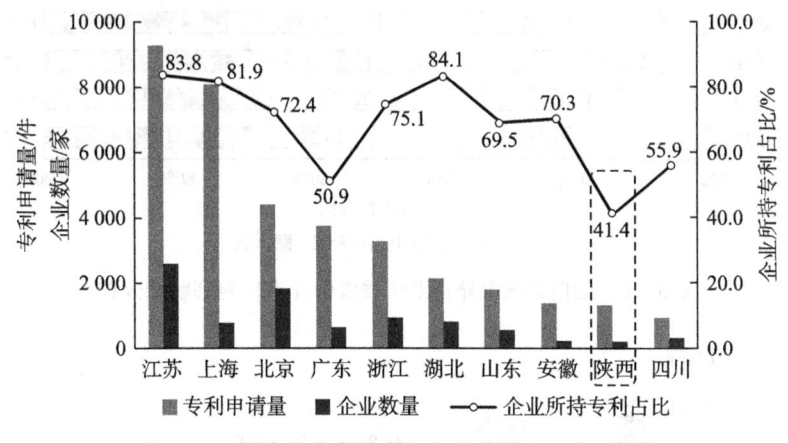

图3.15　国内集成电路产业十强省份企业专利分布

如图3.16所示，从专利状态分布来看，陕西省集成电路有效专利占比40.6%，高于安徽省，与四川省基本相当，但低于上海、湖北、浙江等省份，企业所持有的高质量专利储备较为匮乏。值得肯定的是，陕西省在审专利占比33.6%，高于我国集成电路专利申请十强的其他省份，近年来企业在集成电路领域的技术创新更为活跃。

3.3.2.3 陕西省集成电路产业发展势头向好，但新进入企业的创新产出不足，专利申请多集中于设计与支撑领域

得益于央地政府相关政策的扶持、各路基金及资本的推动，湖北、江苏、陕西、安徽、上海五省份集成电路创新企业培育发展较好，2017—2021

年新进入企业占比均超过45%，陕西省以49.8%的占比排在十强省份第三名，集成电路产业发展势头向好，如图3.17所示。但陕西省新进入企业专利申请占比为17.6%，对标安徽省，陕西省新进入企业占比高出0.2%，但新进入企业专利申请量占比比安徽省低21.5%；对标江苏省，陕西省新进入企业占比低3.7%，但新进入企业专利申请量占比比江苏省低10.5%，陕西省新进入企业带来的创新产出不足。

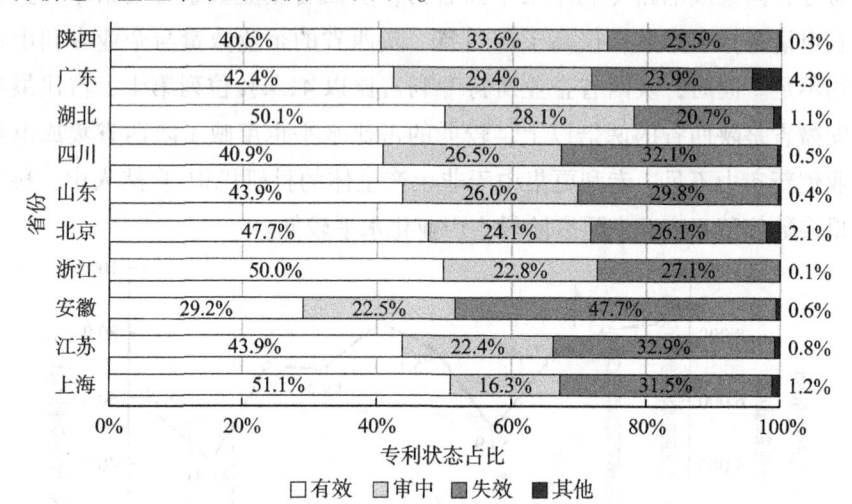

图3.16 国内集成电路产业十强省份（市）专利状态分布

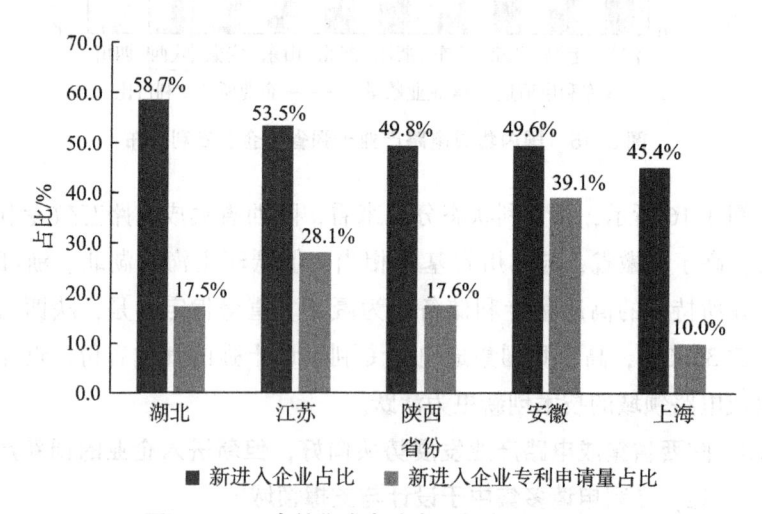

图3.17 五省份集成电路产业新进入企业分布

3.3.2.4 陕西省创新型企业集群主要由小型企业组成，创新龙头企业实力有待加强

集成电路专利申请前100名企业中，从企业的申请量区间分布来看，中西部的陕西省、安徽省、湖北省分布相近，申请量1~10件的企业量占比超过了3/4，超过50件的企业不足5家，数量众多的小型企业是创新型企业集群的主要组成，与东部的江苏省、上海市仍有一定差距，如图3.18所示。不同的是，创新龙头企业实力不同，湖北省申请量超过100件的长江存储与武汉新芯专利申请占TOP100企业的59.7%，而陕西省的创新龙头西安奕斯伟仅占20.7%。江苏省专利申请1~10件的企业为0家，11~50件的企业量占80%，超过50件的企业量占20%，大中型企业是集成电路企业集群的主力。上海市企业的申请量区间分布情况不如江苏省，但上海市坐拥华虹集团与中芯国际2家申请量超过1 000件的超大型企业，龙头引领产业发展效应明显。

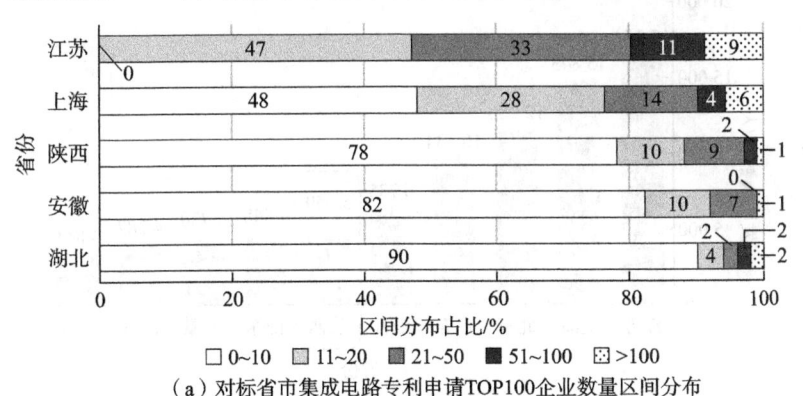

（a）对标省市集成电路专利申请TOP100企业数量区间分布

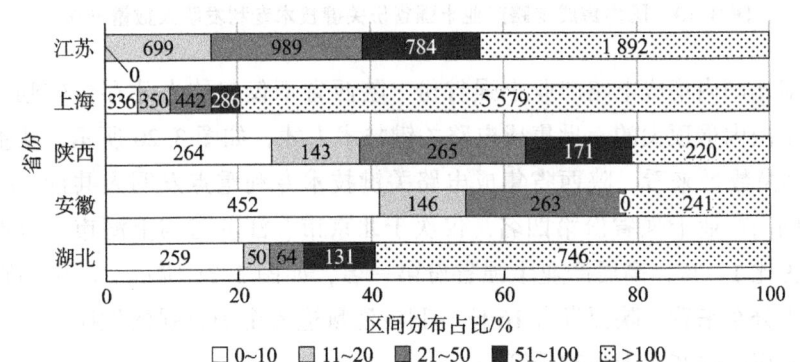

（b）对标省市集成电路专利申请TOP100企业专利数量申请区间分布

图3.18　江苏、上海、陕西、安徽、湖北五省份集成电路
专利申请数量TOP100企业数量区间分布

3.3.3 人才实力定位

人才是支撑创新链和产业链对接的核心要素。产业发展必然需要创新型人才的进入和推动。在产业发展中,要加大人才培养力度,迅速形成人才集聚效应,从而为创新发展提供智力资源支撑。

3.3.3.1 陕西省具备坚实的人才基础,高精尖人才实力强劲

经统计,陕西省集成电路产业关键技术相关专利发明人共计 5 600 余人,全国集成电路产业关键技术相关专利发明人共有约 11 万人,陕西省占全国的 5.1%。如图 3.19 所示,在集成电路产业十强省份中,陕西省关键技术专利发明人数量排名第六,仅次于江苏省、北京市、上海市、广东省、浙江省等,是我国中西部地区集成电路关键技术人才集聚的大省,依托省内丰富的科教资源优势具备坚实的人才基础。

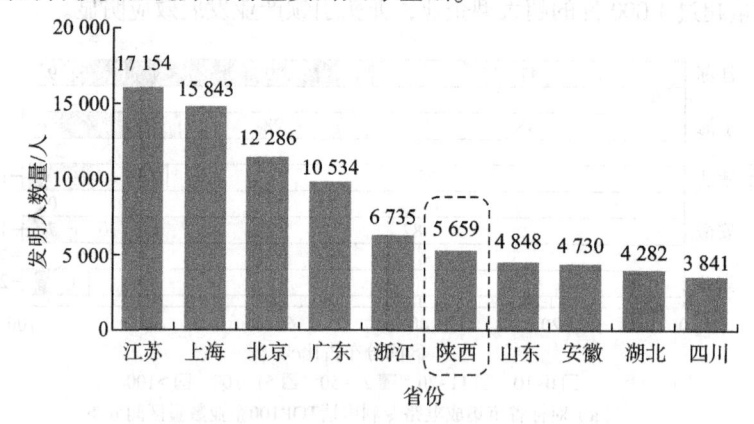

图 3.19 国内集成电路产业十强省份关键技术专利发明人数量分布

对比国内集成电路产业十强省份,陕西省不仅整体人才存量较强,还集聚了国内最顶尖的一批集成电路关键技术人才,如图 3.20 所示。从重点发明人❶数量来看,陕西省集成电路关键技术专利重点发明人共计 94 人,位列国内产业十强省份第四名,仅次于北京市、江苏省与上海市,重点发明人占比 1.7%,高居产业十强省份第一名,如图 3.21 所示。从全国百强发明人分布来看,陕西省有 16 位专利申请量进入全国百强的发明人,与江苏省并列国内产业十强省份第一。

---

❶ 此处重点发明人是指集成电路关键技术相关专利发明量超过 20 件的发明人。

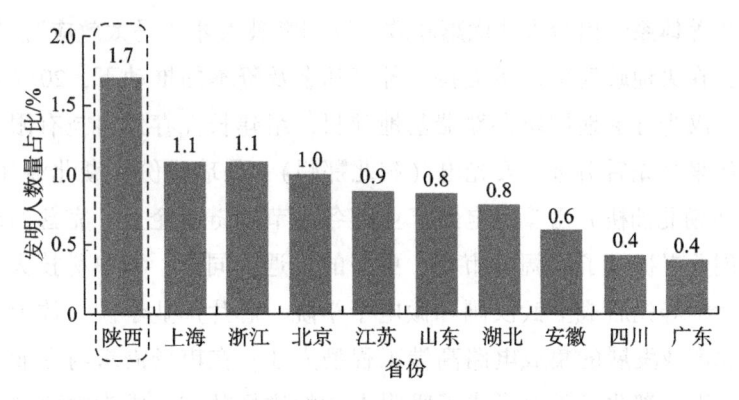

图 3.20 国内集成电路产业十强省份关键技术重点发明人数量占比

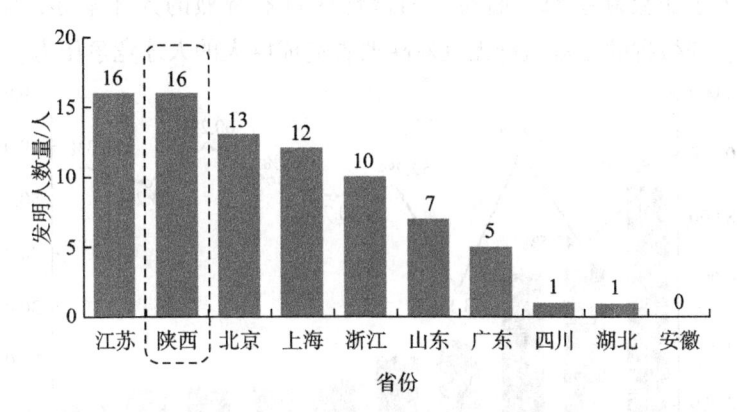

图 3.21 国内集成电路产业十强省份全国百强发明人数量分布

3.3.3.2 人才增量略显不足，面临较大的人才竞争压力

从新进入人才数量来看，陕西省近五年新进入发明人共计2 800余人，占全部发明人总量的50.7%，在集成电路产业十强省份中位居第八名，仅高于北京市和上海市，近年来人才招引与培育动能略显不足。湖北省、广东省、四川省2017—2021年的新进入发明人占比均超过了55%，是近年来集成电路人才集聚效应突出的省份。特别是中部地区的湖北省，2017—2021年新进入发明人占比高达60.2%，远高于其他省份，如图3.22所示。

尽管我国的集成电路人才长期倾向于江苏、浙江、上海、广东等沿海强省集聚，但随着新一轮科技革命和产业变革持续推进，中西部地区各省份为抢占竞争制高点，赢得发展主动权，纷纷加大对高新技术产业投入：一方面通过引进龙头企业、落地重大项目强化人才市场需求，另一方面完善人才培养体系、出台人才优惠新政,以期突破人才"马太效应"。以湖北省为例,在央地政府的政策支持、各路基金及资本的推动下,2017年,湖北省于武汉光谷落地国家存储器基地项目,组建长江存储科技有限责任公司,近年来又先后引进三安光电(湖北鄂州)、晶瑞股份(湖北潜江)、利科光学(湖北仙桃)等集成电路产业链各环节的链主企业,完善的产业链为创新创业者提供了广阔的市场、更多的机遇。同时,华中科技大学、湖北工业大学等先后成立武汉国际微电子学院、芯片产业学院,致力于培养契合湖北产业发展的集成电路高端工程型人才。在市场需求与专业培养的双重驱动下,湖北省迅速形成了吸附人才的磁场效应,成为中西部地区集成电路人才集聚新引擎。面对中西部地区日益激烈的人才争夺,湖北省、四川省、安徽省的强势追赶无疑对陕西省造成巨大的人才竞争压力。

图 3.22 国内集成电路产业十强省份2017—2021年新进入专利发明人情况

3.3.3.3 基础性科研人才作用突出,深化产教融合前途广阔

进一步地,将陕西省集成电路关键技术人才分为产业人才与科研人才两种类型展开分析。其中,产业人才是指行业内曾从事知名企业核心技术研发,拥有行业领先技术成果,为产业发展做出了创新贡献的人;科研人才是指高校、科研院所等科研组织内部,拥有领先创新成果且创新活动活跃的人才。

从人才类型分布来看,如图 3.23 所示,陕西省集成电路科研人才总计

第3章 陕西省集成电路产业发展定位

3 700余人，占全区人才数量的 67.5%，是集成电路关键技术人才的主体；产业人才共计1 800余人，占比32.5%，是产业技术研发的重要参与者。陕西省集成电路关键技术人才目前更多地集中于高校、科研院所，从事基础性研究，而处于生产应用环节的产业人才相对匮乏。较大的差异反映出陕西省内的人才培养与集成电路产业发展的结合仍不够紧密，现有的人才资源优势并未很好地转化为产业优势。

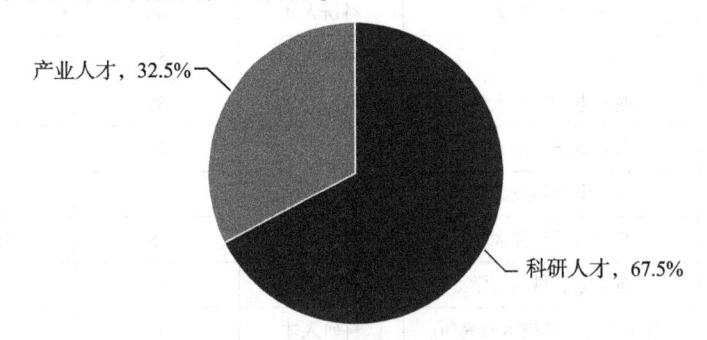

图 3.23 陕西省集成电路关键技术人才类型分布

具体到集成电路产业的高端人才，陕西省排名前20的关键技术专利发明人均为从事基础性研究的科研人才，如表3.14所示。从专利产出实力上看，20名科研人才的发明量排名均进入全国前200强，其中郝跃、张玉明、张进成、马晓华四名任职西安电子科技大学微电子学院的教授作为集成电路学科领头人，已形成较为成熟的研发团队，发明量高居全国前十。

表 3.14 陕西省集成电路关键技术专利发明人 TOP20

发明人	所属单位	人才类型	发明量/件	全国排名
郝跃	西安电子科技大学	科研人才	379	1
张玉明	西安电子科技大学	科研人才	227	4
张进成	西安电子科技大学	科研人才	201	6
马晓华	西安电子科技大学	科研人才	156	8
郭辉	西安电子科技大学	科研人才	115	21
宋庆文	西安电子科技大学	科研人才	110	24
成来飞	西北工业大学	科研人才	107	26
张艺蒙	西安电子科技大学	科研人才	91	35

续表

发明人	所属单位	人才类型	发明量/件	全国排名
汤晓燕	西安电子科技大学	科研人才	85	41
杨银堂	西安电子科技大学	科研人才	83	43
许晟瑞	西安电子科技大学	科研人才	72	53
张立同	西北工业大学	科研人才	65	68
王悦湖	西安电子科技大学	科研人才	60	80
李贺军	西北工业大学	科研人才	59	86
郑雪峰	西安电子科技大学	科研人才	58	91
贾仁需	西安电子科技大学	科研人才	56	99
雷天民	西安电子科技大学	科研人才	53	114
张春福	西安电子科技大学	科研人才	48	139
张克基	西安电子科技大学	科研人才	46	152
张骏	西安航空计算技术研究所	科研人才	45	160

在政府支持、引导高校加快推进产教融合、探索高端集成电路产业人才培养新模式的导向下，突出的科研人才实力使陕西省具备广阔的前景。2017年，西安电子科技大学、中国西电集团公司、西安高新区管委会签署校企政三方合作战略协定，共同组建陕西半导体先导技术中心，致力于推动以先进半导体器件和第三代半导体为核心的产业创新，建立集成电路技术人才实习与培养的新体系。2018年，陕西半导体先导技术中心有限公司注册成立，并获得西安电子科技大学23件集成电路关键技术专利转让。在产业化创新攻关阶段，宋庆文、张玉明、汤晓燕、何晓宁等专家领衔的研究团队，成功研制1 200V系列碳化硅SBD、MOSFET器件，并发明相关技术专利3件，集成电路产教融合取得初步成果。

3.3.4 协同创新定位

3.3.4.1 陕西省协同创新基础良好

陕西省集成电路相关专利共申请3 262件，其中协同创新申请专利223件，占比6.8%。与全国专利申请量排名前十的省份相比，联合申请专利数量与联合申请比率均排名第五，处于中游位置，如表3.15所示。

表 3.15　全国专利申请量排名前十省份协同创新专利情况

省份	专利数量/件	协同创新专利数量/件	全国排名	前十省份排名	协同创新专利占比率/%	全国排名	前十省份排名
江苏	11 069	611	4	4	5.5	15	6
上海	9 900	1 503	1	1	15.2	2	2
北京	7 373	1 433	2	2	19.4	1	1
广东	6 089	646	3	3	10.6	7	3
浙江	4 362	191	6	6	4.4	21	7
陕西	3 262	223	5	5	6.8	12	5
山东	2 610	101	9	8	3.9	26	9
安徽	2 572	90	11	9	3.5	28	10
湖北	2 012	83	12	10	4.1	24	8
四川	1 748	126	8	7	7.2	9	4

如图 3.24 所示，十省份集成电路协同创新实力大致分为三个梯队。第一梯队上海、北京协同创新专利数量与比率均大幅领先于其余省份，创新专利数量高于第三名广东 2 倍有余，协同创新专利占比高于第三名 50% 以上，协同创新趋势强劲。第二梯队江苏、广东协同创新专利数量显著高于第三梯队，但协同创新占比没有突出优势，江苏省协同创新专利占比低于四川省、陕西省。第三梯队协同创新专利数量均小于 300 件，协同创新专利占比低于 10%。陕西省在第三梯队省份中协同创新专利数量最多，协同创新占比仅次于四川省。

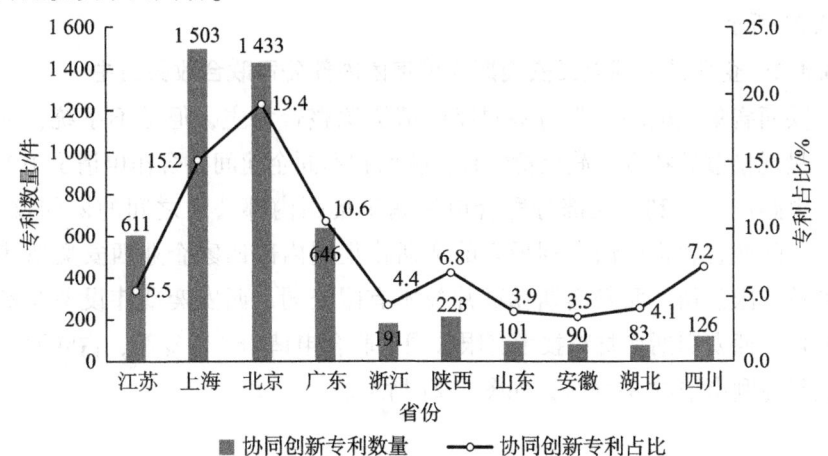

图 3.24　十省份集成电路专利联合申请情况对比

剔除自然人联合申请、公司与内部职工联合申请,协同创新类型包括了不同企业之间、企业与科研组织之间或科研组织之间三种,如表3.16所示。剔除后陕西省集成电路产业的联合申请专利共有222件,在企业之间(企企)联合申请方面申请专利191件,在全国排名第五;在企业与科研组织(企研)联合申请方面申请专利18件,在全国排名第13;在科研组织之间(研研)联合申请方面申请专利13件,在全国排名第八。

表3.16 各省市专利联合申请类型数量及排名

联合申请省份	联合申请量排名	企企联合申请量/件	排名	企研联合申请量/件	排名	研研联合申请量/件
上海	1	1 203	2	184	3	35
北京	2	735	1	509	1	104
广东	3	411	4	114	2	60
江苏	4	402	3	126	4	32
陕西	5	191	5	18	8	13
浙江	6	127	5	38	6	16

从协同类型分布来看,陕西省企业之间协同较多,联合申请量占比86.0%,企业与科研组织以及科研组织之间的协同较少,联合申请分别占比8.1%、5.9%。对比15强省份的专利联合申请类型分布,陕西省的企企联合申请占比最高,企研联合申请量占比最低,研研联合申请成效略显不足,如图3.26所示。

3.3.4.2 企业链协同以西安奕斯伟等集团内部公司联合攻关为主

陕西省集成电路企业的协同以内部资源整合为主,但是不系统、不成链,呈现松散的特点。截至检索日,陕西省不同企业间共合作申请了191件集成电路产业专利,大部分联合申请属于集团内部公司之间的协同攻关。例如,陕西省联合申请专利最多的奕斯伟集团内部四家企业西安奕斯伟材料科技有限公司、西安奕斯伟硅片技术有限公司、西安奕斯伟设备技术有限公司、西安奕斯伟材料技术有限公司共联合申请167件专利,占陕西省联合创新专利申请的87.4%,如图3.27所示。

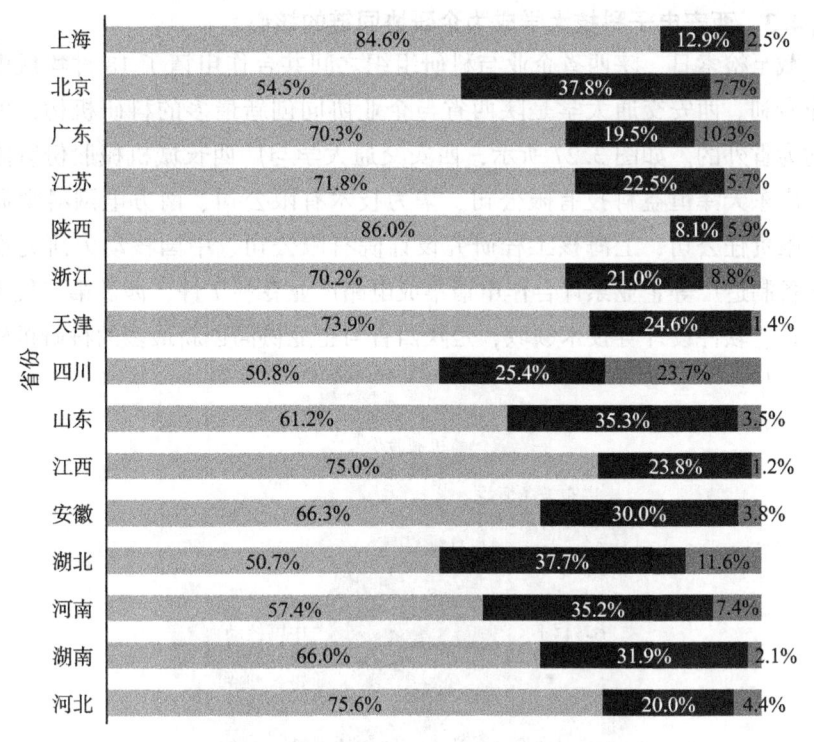

省份	企企联合申请比例	企研联合申请比例	研研联合申请比例
上海	84.6%	12.9%	2.5%
北京	54.5%	37.8%	7.7%
广东	70.3%	19.5%	10.3%
江苏	71.8%	22.5%	5.7%
陕西	86.0%	8.1%	5.9%
浙江	70.2%	21.0%	8.8%
天津	73.9%	24.6%	1.4%
四川	50.8%	25.4%	23.7%
山东	61.2%	35.3%	3.5%
江西	75.0%	23.8%	1.2%
安徽	66.3%	30.0%	3.8%
湖北	50.7%	37.7%	11.6%
河南	57.4%	35.2%	7.4%
湖南	66.0%	31.9%	2.1%
河北	75.6%	20.0%	4.4%

图 3.25 十五强省份集成电路专利联合申请类型占比

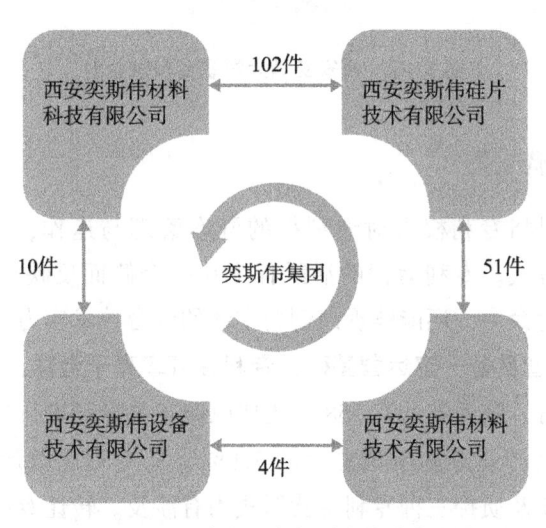

图 3.26 奕斯伟集团内部联合申请专利情况

3.3.4.3　西安电子科技大学成为企研协同链的核心

截至检索日，陕西省企业与科研组织之间共合作申请了18件集成电路产业专利。西安交通大学是陕西省与企业协同创新最多的科研机构，但企业均为省外的。如图3.27所示，西安交通大学与广西长城机械股份有限公司、广东天泽恒益科技有限公司、华为技术有限公司、南方电网科学研究院有限责任公司、上海核工程研究设计院有限公司、中国核动力研究设计院设备制造厂等企业累计合作申请集成电路产业专利7件，涉及第三代半导体材料、软件设计等技术领域，是陕西省与企业协同创新最多的科研机构。

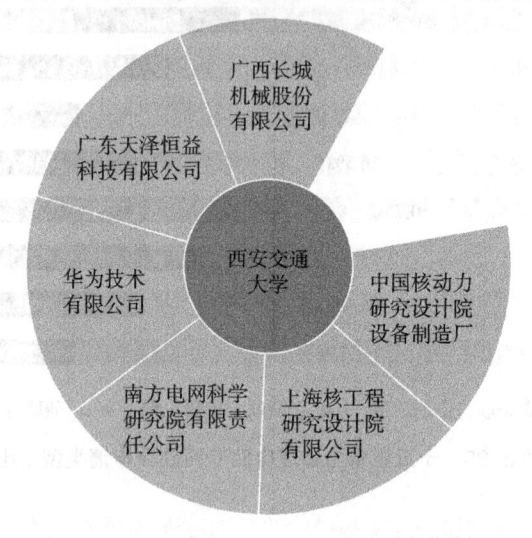

图3.27　西安交通大学联合申请企业

3.3.5　专利运营定位

专利运营是指专利权人对专利权的资本管理与运作，主要包括转让、许可、质押等方式。专利运营的活跃程度从一个侧面反映了创新主体或技术方向的创新生命力，还能体现该创新主体的综合技术实力。

3.3.5.1　陕西省具备一定运营基础，专利许可率高于全球、全国水平

截至检索日，陕西省共有258件集成电路相关专利进行过专利运营，占陕西省集成电路产业专利申请总量的7.9%，从专利运营形式分布可以看出，许可、转让及质押三种专利运营形式均有涉及。转让专利222件，占全部运营专利数量的86.0%；许可专利29件，占比11.2%；质押专利13件，

仅占比5.0%。有6件专利涉及两种运营方式，其中5件涉及转让和许可，1件涉及转让和质押。

与全球、全国总体运营情况相比，陕西省在专利运营方面稍弱于全国水平，与国际水平差距较大，如图3.28所示。

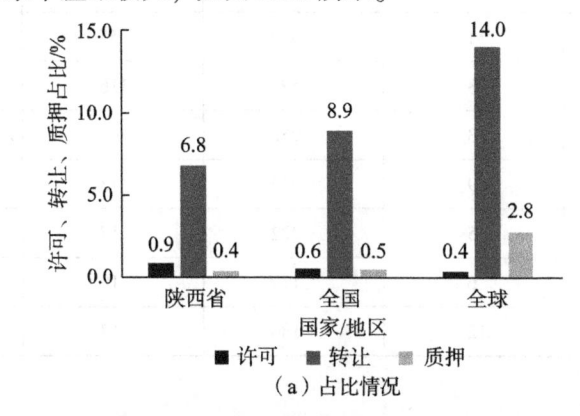

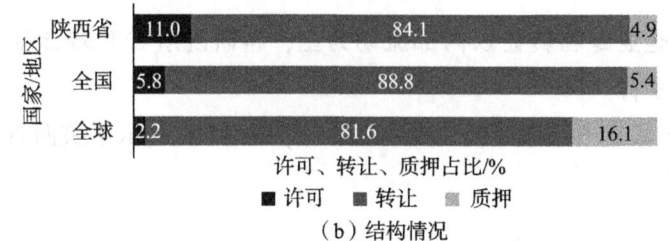

图3.28 陕西省集成电路专利运营情况对比

3.3.5.2 陕西省专利运营情况与上海、江苏、北京、广东等省份仍有差距

进一步，考虑全国各省份知识产权运营情况，全国31个省份除贵州省外均有专利运营情况，陕西省排名全国第七，高于全国平均水平，如表3.17所示。陕西省许可、转让专利数量均高于平均水平，质押专利数量与平均水平持平。陕西省专利运营状况与山东省、安徽省相近；与上海、江苏、北京、广东等第一梯队省份还有较大差距。在第二梯队范围中比较，陕西省专利运营状况强于安徽省、湖北省，弱于浙江省、山东省。

表3.17 全国各省份专利运营情况 单位：件

省份	许可	转让	质押	总计
上海	17	1 350	26	1 386

续表

省份	许可	转让	质押	总计
江苏	95	1 019	36	1 089
北京	55	646	26	679
广东	31	557	55	612
浙江	33	520	116	569
山东	13	252	47	292
陕西	29	222	13	258
安徽	5	222	17	236
湖南	6	119	10	134
平均值	12	186	13	201

3.3.5.3 企业专利转让以内部流动为主，科研院所专利转让受让方类型多样

陕西省集成电路产业转让专利222件，表3.18显示了陕西省专利许可的部分情况。

表3.18 陕西省专利许可情况（部分）

类型	许可人	被许可人	公开（公告）号	许可类型
集团内部许可	华天科技（西安）有限公司	华天科技（南京）有限公司	CN207052596U	普通许可
	华天科技（西安）有限公司	华天科技（南京）有限公司	CN205810788U	普通许可
	华天科技（西安）有限公司	华天科技（南京）有限公司	CN204516750U	普通许可
	西安隆基硅材料股份有限公司	西安隆基晶益半导体材料有限公司	CN203141675U	独占许可
	西安隆基硅材料股份有限公司	西安隆基晶益半导体材料有限公司	CN203002693U	独占许可

续表

类型	许可人	被许可人	公开（公告）号	许可类型
科研院所对外许可	西安电子科技大学	扬州扬杰电子科技股份有限公司	CN102130158A	排他许可
	西安航天复合材料研究所	航天动力技术研究院	CN1687291A	独占许可
	西安电子科技大学	扬州扬杰电子科技股份有限公司	CN1959933A	排他许可
	中国航空工业集团公司第六三一研究所	西安翔腾微电子科技有限公司	CN102081689A	独占许可
	西安电子科技大学	联达科技（厦门）有限公司	CN1678086A	独占许可

西安电子科技大学是转让专利数量最多的高校，其专利受让方有陕西半导体先导技术中心有限公司、中国工程物理研究院核物理与化学研究所、西安科锐盛创新科技有限公司、西安中电科西电科大雷达技术协同创新研究院有限公司。

校企之间创新成果流动有助于二者达成共赢局面。如表3.19所示，西安理工大学共向西安奕斯伟设备技术有限公司转让10件专利，助力创新成果产业化。西安理工大学和西安奕斯伟设备技术有限公司共同研制了国内首台新一代大尺寸集成电路硅片生产设备，打破国外垄断，让我国在整个芯片产业链"国产化"布局上，再次迈出了关键性一步。

表3.19 陕西省集成电路产业专利转让情况（部分）

转让方	受让方	转让数量/件
西安理工大学	西安理工晶体科技有限公司	1
	西安芯派电子科技有限公司	2
	西安鑫晶光电科技有限公司	1
	西安奕斯伟设备技术有限公司	10

第4章 陕西省集成电路产业发展路径

4.1 陕西省集成电路产业链创新图谱

以下将综合考虑企业的产品技术领域、创新产出能力、行业内影响力，从创新角度，分别为集成电路设计业、制造业、封测业与支撑业遴选出陕西省集成电路产业链的链主企业及骨干支撑企业。链主企业和骨干支撑企业，带动整个产业链的升级和竞争力提升。

链主企业的选择依据以下标准：一是聚焦主业，是本产业内的龙头企业；二是不断创新，集聚高端生产要素，完成企业迭代升级与蜕变；三是成为产业集群中心，即在本领域的产业链条内触角可达到各个产业链节点，集合产业链上各个规模企业的生产、供需等环节，形成以链主企业为核心的网状产业集群结构；四是协同多方资源——链主企业在发展过程中逐步积累政府、资本、市场、人才等各方资源，并具备科学合理运用的能力，在经济发展新阶段可以起到持续带动中小企业不断创新发展、驱动整个产业转型升级、推动经济高质量发展的作用。[1]

---

[1] 李雁争. 我国将着力培养一批产业链"链主"企业[N]. 上海证券报，2020-12-15（2）.

骨干支撑企业的评选则根据知识产权创造、运用等能力，对陕西省集成电路企业的科技创新能力进行精准画像，寻找标杆型、成长型企业、潜力型创新企业，便于政府进行精准的重点支持，加快科技型企业梯度培育。[1]

陕西省集成电路产业链创新图谱如图4.1所示。

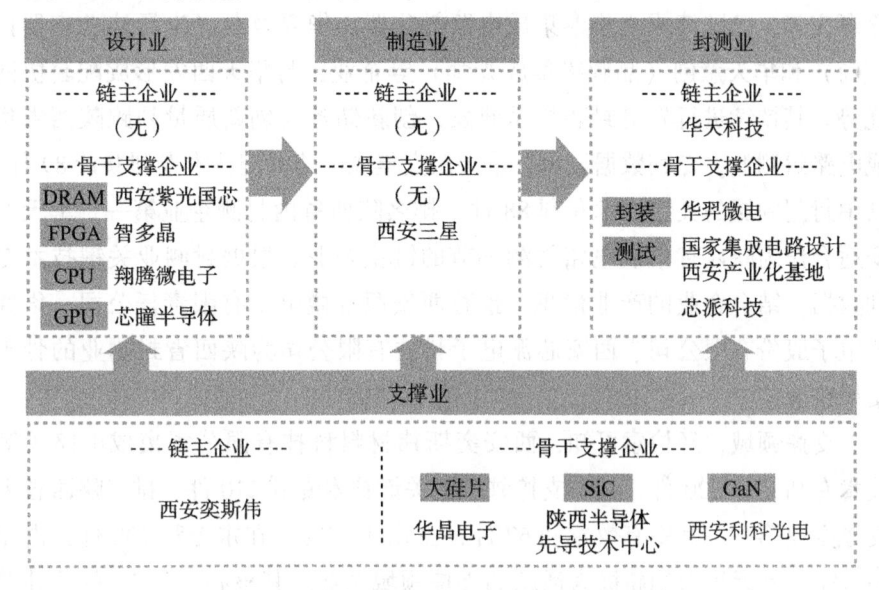

设计业
- 链主企业 ---（无）
- 骨干支撑企业 ---
  - DRAM 西安紫光国芯
  - FPGA 智多晶
  - CPU 翔腾微电子
  - GPU 芯瞳半导体

制造业
- 链主企业 ---（无）
- 骨干支撑企业 ---（无）
  - 西安三星

封测业
- 链主企业 --- 华天科技
- 骨干支撑企业 ---
  - 封装 华羿微电
  - 测试 国家集成电路设计西安产业化基地
  - 芯派科技

支撑业
- 链主企业 --- 西安奕斯伟
- 骨干支撑企业 ---
  - 大硅片 华晶电子
  - SiC 陕西半导体先导技术中心
  - GaN 西安利科光电

图4.1　陕西省集成电路产业链图谱

设计领域，西安紫光国芯创新底蕴深厚，集成电路关键技术专利共计41件，具有较深厚的技术底蕴。但由于其Fabless轻资产的企业定位，在本领域的产业链条内触角较为有限，未能成为产业集群中心，因此适合作为陕西省集成电路设计环节的骨干支撑企业的头部企业。同时，推荐西安智多晶微电子有限公司、西安翔腾微电子科技有限公司、西安万像电子科技有限公司、西安芯瞳半导体技术有限公司、西安格易安创集成电路有限公司为陕西省设计业的骨干支撑企业。

制造领域，陕西省全省仅有11家企业申请集成电路制造领域关键技术专利，且绝大多数企业的专利申请量不足5件——本地制造领域的企业创新

---

[1] 王健高. 青岛高新区：以"雁阵"式企业发展格局支撑高质量发展［N］. 科技日报，2021-04-15（7）.

实力薄弱，且均不具备先进晶圆批量生产的能力，均难以承担陕西省集成电路制造领域链主企业重任。在陕西省未引入本土集成电路制造领先企业的当前，西安三星可作为陕西省集成电路制造领域的主要抓手。因此，陕西省仍需引进一条国产晶圆生产线，打破本地集成电路制造业发展的僵局。

封测领域，华天西安是国内封测龙头企业，其在陕西省的产业布局也逐渐完善，已陆续成立华泰集成电路孵化器、华羿微电（半导体功率器件厂商）和华天慧创（晶圆级集成光学）等企业，与华天西安形成配套协同优势。其持续进行先进封装技术研发，创新储备与创新质量领跑陕西省集成电路封测业。专利数据显示，华天西安集成电路关键技术专利共计89件，其中封测领域的关键技术专利88件，排名陕西省内封测企业第一。华天西安适合作为陕西省集成电路封测环节的链主企业。根据封测业关键技术专利数据，结合企业的产业信息，推荐西安西谷微电子有限责任公司、华羿微电子股份有限公司、西安芯派电子科技有限公司为陕西省封测业的骨干支撑企业。

支撑领域，经检索可知，西安奕斯伟材料科技有限公司集成电路关键技术专利共计220件，其中支撑领域的关键技术专利210件，排名陕西省内支撑企业第一。其中有效专利67件，占比31.9%，在审专利138件，占比65.7%，是近年来创新极为活跃的支撑领域企业。其核心产品12英寸硅单晶抛光片和外延片填补了陕西省内大硅片制造的空白，对陕西省集成电路产业发展具有重要的战略性支撑作用，适合作为支撑环节的链主企业。根据支撑业关键技术专利数据，结合企业的产业信息，推荐西安利科光电科技有限公司、陕西半导体先导技术中心有限公司、西安华晶电子技术股份有限公司为陕西省支撑业的骨干支撑企业。

4.2 陕西省集成电路产业链招商清单

从企业结构来看，陕西省目前缺少制造领域创新领军企业，设计领域领军企业需进一步强化，同时对于软件设计、存储器件、光刻技术、刻蚀技术等关键技术，与国内主要城市相比专利申请占比呈明显的弱势。因此，建议陕西省聚焦产业链的"短链""细链"，立足补链、强链，通过招商引资促进企业集聚，科学、系统地布局集成电路全产业链。本部分以集成电路存在短板的设计、制造、支撑领域为例,通过对国内优质企业进行精准定位,助力陕西省加快引进一批辐射广、带动强的优质企业。

推荐的企业可分为龙头企业、骨干企业和潜力企业三种类型。龙头企业是指在产业领域内专利申请总量最高、有效专利多、企业规模及行业影响力高居产业前列的企业;骨干企业是次于龙头企业,专利申请量与有效专利数量处于产业中游,对行业有较大影响力的企业;潜力企业是规模较小,进入产业较晚,但近年来创新活跃度突出,有大量在审专利的企业。

4.2.1 设计领域推荐企业

陕西省集成电路设计领域专利申请占比高于全球与国内平均水平,但软件设计、存储器件等关键技术与国内主要省份相比,专利申请占比呈明显的弱势。受美国一些政策影响,对日本电气、国际商业机器公司、东芝、三星电子、英特尔、格罗方德、美光科技等国际领先企业的招引变得愈加困难。考虑到技术引进的可行性,重点推荐我国台湾及其他省份设计领域的企业,如图4.2所示。

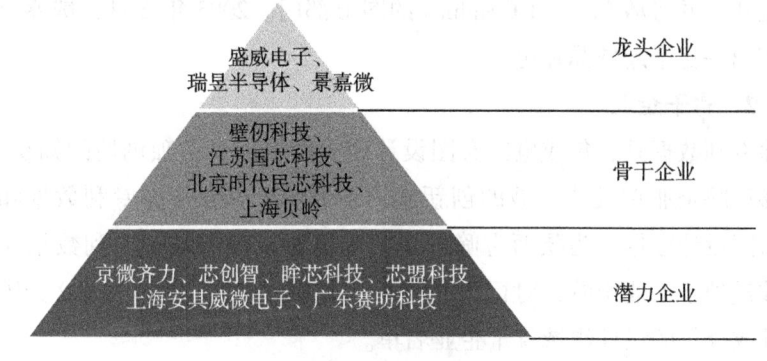

图4.2 设计领域企业推荐名单

金字塔图:
- 龙头企业:盛威电子、瑞昱半导体、景嘉微
- 骨干企业:璧仞科技、江苏国芯科技、北京时代民芯科技、上海贝岭
- 潜力企业:京微齐力、芯创智、眸芯科技、芯盟科技、上海安其威微电子、广东赛昉科技

4.2.1.1 龙头企业

综合考虑专利数据和国家大基金投资布局,为陕西省重点推荐软件设计、存储器件等弱势领域可招引的龙头企业,表4.1为国内推荐引进或合作的设计领域龙头企业名单。

表 4.1 国内（除陕西省）推荐引进/合作的设计领域龙头企业名单

序号	推荐龙头企业	所属省份	软件设计	微处理器	存储器件
1	威盛电子	台湾	推荐	推荐	
2	瑞昱半导体	台湾	推荐		
3	华大九天	北京	推荐		
4	景嘉微	湖南		推荐	

威盛电子股份有限公司，是台湾地区的集成电路设计公司，主要生产主机板的芯片组、中央处理器以及内存。它是世界上最大的独立主机板芯片组设计公司。作为一个无晶圆厂半导体厂商（Fabless），其主要在研究、发展芯片组，然后将晶圆制造外包给晶圆厂。1996年，其在个人计算机通用框架标准组织扮演主要的角色，推动从 ISA 汇流排转换到 PCI 汇流排的转换。1999年，其并购 Cyrix（国家半导体的一个部门）以及 Centaur，进入微处理器市场。威盛电子也是 VIA C3 和 VIA C7 处理器以及 EPIA 平台的生产者。2000年，其成功地掠取一半的晶片组市占率。2001年，威盛订出的迦南计划（Project Canaan），兵分四路，进军光储存晶片、绘图晶片、CPU 与网络晶片，并且收购了 S3 Graphics 的图形部门。2005年2月，威盛电子庆祝生产第一亿个超威晶片组。

4.2.1.2 骨干企业

除专利数据外，集成电路布图设计作为领域内具备独创性的知识产权，也能够反映企业在设计领域的创新实力。因此，综合考虑专利数据和集成电路布图设计数据，为陕西省筛选了集成电路设计领域中专利数量与布图设计数量处于产业中游、对行业有较大影响力的骨干企业。表 4.2 为国内推荐引进或合作的设计领域骨干企业名单。

表 4.2 国内（除陕西省）推荐引进/合作的设计领域骨干企业名单

序号	推荐骨干企业	所属省份	软件设计	逻辑器件	微处理器	存储器件
1	上海韦尔半导体股份有限公司	上海		推荐		
2	上海壁仞智能科技有限公司	上海			推荐	
3	上海兆芯集成电路有限公司	上海			推荐	
4	广东高云半导体科技股份有限公司	广东		推荐		
5	上海晶丰明源半导体股份有限公司	上海	推荐			

续表

序号	推荐骨干企业	所属省份	软件设计	逻辑器件	微处理器	存储器件
6	上海贝岭股份有限公司	上海				推荐
7	江苏国芯科技有限公司	江苏			推荐	
8	北京时代民芯科技有限公司	北京	推荐	推荐		
9	深圳市美浦森半导体有限公司	广东	推荐			推荐
10	无锡中微亿芯有限公司	安徽		推荐		推荐

上海壁仞智能科技有限公司（以下简称"壁仞科技"）创立于2019年。其团队由国内外芯片和云计算领域核心专业人员、研发人员组成，在GPU和计算机体系结构等领域具有深厚的技术积累和独到的行业洞见。壁仞科技致力于开发原创性的通用计算体系，建立高效的软硬件平台，同时在智能计算领域提供一体化的解决方案。从发展路径上，壁仞科技首先聚焦云端通用智能计算，逐步在人工智能训练和推理、图形渲染等多个领域赶超现有解决方案，实现国产高端通用智能计算芯片的突破。[1]

2021年，壁仞科技的首款高端通用GPU芯片顺利交付流片，实现了中国高端通用芯片的算力新突破。壁仞科技的首款通用GPU芯片具有高算力、高通用性、高能效三大优势，采用先进的7纳米制程工艺，完全依托自主原创的芯片架构，集合了诸多业界最新的芯片设计、制造与封装技术，可广泛应用于智慧城市、数据中心、大数据分析、医疗健康、生命科学、云游戏等领域。[2] 在产业生态布局上，壁仞科技正在前瞻性地持续创新，形成"GPU+CPU+DPU"的全国产系统级解决方案，探索技术融合，打造新型异构计算体系，定义一款引领行业的智能计算产品。与此同时，壁仞科技还在重点关注国产高端智能芯片最前沿的应用场景，如自动驾驶等。

4.2.1.3 潜力企业

综合考虑企业成立时间、2017—2021年专利申请占比和集成电路布图设计数量，为陕西省推荐的2017—2021年活跃度较高、具有培育价值的潜力企业，如表4.3所示。

---

[1] 李治国. 壁仞科技加快芯片研发 [N]. 经济日报，2020-07-10 (12).
[2] "中国芯"新里程：壁仞科技首款高端通用GPU芯片交付流片 [EB/OL]. (2021-10-08) [2022-4-20]. https://www.birentech.com/news/128.html.

表4.3 国内（除陕西省）推荐引进/合作的设计领域潜力企业名单

推荐潜力企业	所属省份	成立年份	主营业务
眸芯科技（上海）有限公司	上海	2018	SOC芯片设计、系统集成
核芯互联科技（青岛）有限公司	山东	2018	数模混合信号链芯片设计
芯盟科技有限公司	浙江	2018	感-存-算一体化芯片技术
芯创智（北京）微电子有限公司	北京	2017	集成电路设计IP研发
上海安其威微电子科技有限公司	上海	2015	高性能CMOS微波芯片的研发
深圳市芯茂微电子有限公司	广东	2012	高性能模拟及数模混合集成电路设计
合肥矽湖智芯微电子科技有限公司	安徽	2016	数字、数模混合等设计方向的IP、IC后端设计、IC流片生产
合肥芯福传感器技术有限公司	安徽	2015	传感器、集成电路、半导体产品及设备研发
上海韬润半导体有限公司	上海	2015	从事包括汽车BMS芯片等在内的高性能数模混合芯片的设计开发
京微齐力（北京）科技有限公司	北京	2016	通用FPGA芯片及新一代异构可编程计算芯片
广东赛昉科技有限公司	广东	2018	拥有RISC-V CPU IP产品线和平台化的软硬件全栈式芯片解决方案
中科寒武纪科技股份有限公司	北京	2016	专注于人工智能芯片产品的研发与技术创新

其中，京微齐力（北京）科技有限公司是除美国外最早进入自主研发、规模生产、批量销售通用FPGA芯片及新一代异构可编程计算芯片的企业之一。公司团队申请了近200件专利和专有技术（含近50件PCT/美国专利），具备独立完整的自主知识产权。其产品将FPGA与CPU、MCU、Memory、ASIC、AI等多种异构单元集成在同一芯片上，实现了可编程、自重构、易扩展、广适用、多集成、高可靠、强算力、长周期等特点。产品所服务的市场将迅速扩大，而随之衍生的终端模组、应用方案的市场规模将达数千亿。得益于混合架构，这类芯片硬件结构可通过软件来定义，产品能跟随

市场的需求发展而相应变化。相比传统专用芯片平均2年的生命周期，应用于多个产业链的新型异构可编程计算芯片的生命周期可长达10年。

4.2.2 制造领域推荐企业

鉴于集成电路制造环节重资产、投入高的特点，引入集成电路生产线应符合国家发改委顶层设计和整体产业规划布局，避免盲目引进重大项目造成投资风险。因此，基于产业方向分析和陕西省产业基础，建议陕西省支持碳化硅、氮化镓等第三代半导体器件和模块的研发制造，培育壮大化合物半导体IDM企业，支持建设射频、传感器、电力电子等器件生产线。

第三代半导体器件与模块制造主要包括光电子器件、电力电子器件、微波射频器件。根据产业调研和专利检索结果，在具体产品环节给出推荐的产业龙头企业、骨干企业、潜力型企业名单（如图4.3所示），为精准招商提供知识产权层面的依据。

金字塔图：
- 龙头企业：卢米洛格、台湾嘉晶、三安光电
- 骨干企业：厦门乾照光电、聚灿光电、海威华芯、华灿光电、斯达半导体
- 潜力企业：晶能光电、映瑞光电、中车时代半导体、浪潮华光、蓝光科技、江苏能华微电子、长飞半导体

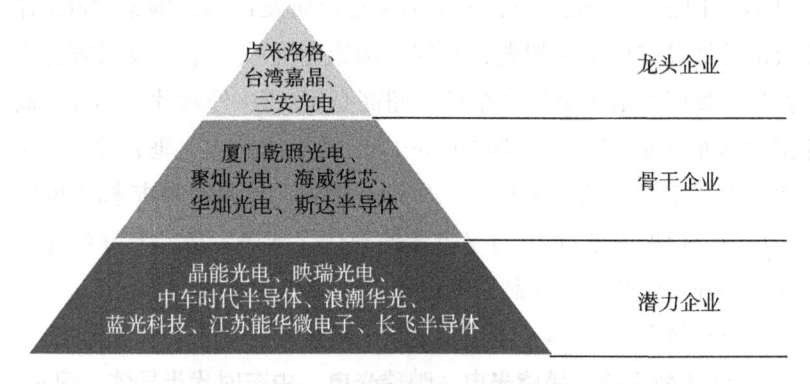

图4.3　第三代半导体制造企业推荐名单

4.2.2.1　龙头企业：卢米洛格、台湾嘉晶、三安光电

卢米洛格欧洲氮化镓体单晶的研究主要公司。它继美国的凯马科技公司之后，也实现了2英寸GaN衬底的研发和产业化开发，走在国际前列。

波兰公司TopGaN生产GaN材料采用HVPE工艺，采用相当极端的生长条件制作GaN单晶衬底，它采用15 000atm压力和1 600摄氏度的高温。每次可以生产20~30片直径为10mm的晶片，其位错密度只有大约100cm^{-2}。该项技术并不是为了生长大批量的外延片，而是用于某些特殊用途，例如腔为15μm × 500μm，功率为1.89W的激光二极管已经由该衬底做出，目前

是功率最大的氮化物激光二极管。

台湾嘉晶电子股份有限公司，致力于专业外延代工和外延服务，研究、开发、生产制造及销售 Si/SiC/GaN 外延材料。在新竹科学工业园区内设有二座磊晶厂，可提供分离式元件用磊晶晶圆及集成电路所需要的晶圆。产品应用包括双极互补金属氧化半导体（BiCMOS）、肖特基二极管（Schottky Diode）、金属氧化物半导体（DMOS）、绝缘栅双极型晶体管（IGBT）、微机电系统（MEMS）元件。

三安光电公司简介略。

4.2.2.2 骨干企业：乾照光电、聚灿光电、海威华芯、华灿光电、斯达半导体

厦门乾照光电，成立于 2006 年，是国内领先的全色系超高亮度发光二极管外延片及芯片生产厂商，总部位于厦门，产业化基地分布在厦门、扬州、南昌，是国家火炬计划重点高新技术企业、中国光电行业"影响力企业"、国家知识产权示范企业，承担国家重点研发计划、国家"863 计划"、国家火炬计划等多项重大课题，并拥有国家企业技术中心及国家博士后科研工作站。乾照光电主要从事全色系超高亮度 LED 外延片、芯片、高性能砷化镓太阳能电池、Mini-LED/Micro-LED 以及 VCSEL（垂直腔面发射激光器）等化合物半导体器件的研发、生产与销售，产品性能指标居国际先进水平。目前公司拥有超过 19 万平方米的现代化洁净厂房，上万台（套）国际最先进的外延生长和芯片制造等设备。

其他公司简介略。

4.2.2.3 创新型企业：晶能光电、映瑞光电、中车时代半导体、浪潮华光、蓝光科技、江苏能华微电子、长飞先进半导体

晶能光电（江西）有限公司成立于 2006 年，硅衬底 LED 技术主导者，实现了大功率 LED 芯片的高光效与高品质封装，采用获得国家技术发明奖一等奖的硅衬底垂直结构 LED 芯片和高性能的倒装 LED 芯片，开发出了芯片级封装 CSP、光源模组、移动照明、汽车照明、室内外照明、手机闪光灯、植物照明、舞台灯/景观照明、紫外 LED、红外 LED 等十大系列产品。

其他公司简介略。

4.2.3 支撑领域推荐企业

集成电路专用设备是推动集成电路技术演进的关键环节。为辅助提升陕西省集成电路产业，向陕西省推荐先进设备制造企业引进名单。目前，我国部分企业已经实现量产14nm芯片，但设备对外依赖严重，仅有生产扩散设备的北方华创、生产薄膜沉积设备的沈阳拓荆、生产CMP（chemical mechanical polishing，化学-机械抛光）抛光设备的华海清科与中国电科、生产金属化设备的盛美半导体等企业能够达到14nm的水平。考虑到陕西省规划重点发展14nm级存储器晶圆制造技术，因此，重点筛选了北方华创、盛美半导体、华海清科与沈阳拓荆4家能够实现14nm制程的设备商。表4.4为集成电路设备制造领域筛选出的推荐引进的国内企业。

表4.4 国内（除陕西省）推荐引进/合作的设备制造领域企业名单

所属省份	推荐企业
北京	北方华创
上海	盛美半导体设备（上海）股份有限公司
天津	华海清科股份有限公司
辽宁	拓荆科技股份有限公司
内蒙古	内蒙古豪安能源科技有限公司
重庆	联合微电子中心有限责任公司

北京北方华创微电子装备有限公司（以下简称"北方华创"）成立于2001年10月，是由北京电控集团联合七星集团、清华大学、北京大学、中科院微电子所和中科院光电技术研究所共同出资，由国内半导体高端管理技术人才和海外专家为核心团队创建的专注于高端集成电路装备业务的高科技公司。公司以生产销售高端集成电路装备为主业，重点发展刻蚀设备（etch）、物理气相沉积设备（physical vapor deposition，PVD）和化学气相沉积设备（chemical vapor depostition，CVD）三大类设备，广泛应用于集成电路制造、先进封装、半导体照明、微机电系统等领域。

北方华创自成立以来先后得到了国家科技部"十五"863集成电路制造装备重大项目及国家科技重大专项的研发与产业化项目的科研资助。重组后的北方华创拥有高端人才50余人。产品涵盖等离子刻蚀、物理气相沉积、化学气相沉积、氧化/扩散、清洗、退火等半导体工艺装备，涉及集成电路、先进封装等半导体相关领域，行销全国及东南亚、欧美，是国内覆盖领域广泛、产品种类众多、建设规模较大、综合实力强劲的半导体装备旗舰平台。

在集成电路领域，北方华创微电子自主研发的14nm等离子硅刻蚀机、单片退火系统、LPCVD（low pressure CVD，低压化学气相沉积）已成功进入集成电路主流代工厂行列；28nm Hardmask PVD、Al-Pad PVD 设备已率先进入国际供应链体系；12英寸清洗机累计流片量已突破60万片大关；深硅刻蚀设备也于去年一举告捷东南亚市场。这些丰硕的市场成果，标志着中国装备企业已经实现了集成电路装备制造技术的里程碑式跨越。❶

4.3　陕西省集成电路产业技术创新体系

本节从产业发展方向和陕西省技术实力出发，选取弱势领域集成电路设计的重点技术FPGA，选取优势领域封测的热点技术先进封装，通过对两个集成电路关键技术进行详细分析，为企业技术革新和创新提供发展思路，助力陕西省巩固技术优势、补齐技术短板，加快集成电路技术策源地建设。

4.3.1　设计领域：FPGA

本节以FPGA领域的同族专利为样本进行统计分析，关注FPGA国际龙头企业的最新专利布局与动向，为陕西省集成电路产业在相关技术研发和专利布局策略等方面提出切实可行的建议。

4.3.1.1　专利壁垒分析

截至检索日，FPGA关键技术专利共检索出3 752项。FPGA是AI芯片的一种，是在PAL、GAL等可编程器件的基础上进一步发展的产物。作为专用集成电路领域中的一种半定制电路，FPGA既解决了定制电路的不足，

---

❶ 艾恩溪. 跨界全球、心芯相联，SEMICON China 2017 展会［J］. 集成电路应用，2017（4）：12-20.

又克服了原有可编程器件门电路数有限的缺点。❶ FPGA 是全球芯片设计业最需要技术和垄断突破的产品之一。对 FPGA 领域同族专利进行分析可以发现，FPGA 领域在 2002—2005 年迎来第一个专利申请小高潮，在 2016 年开始第二个申请高潮，2017 年达到申请峰值，为 229 项，如图 4.4 所示。

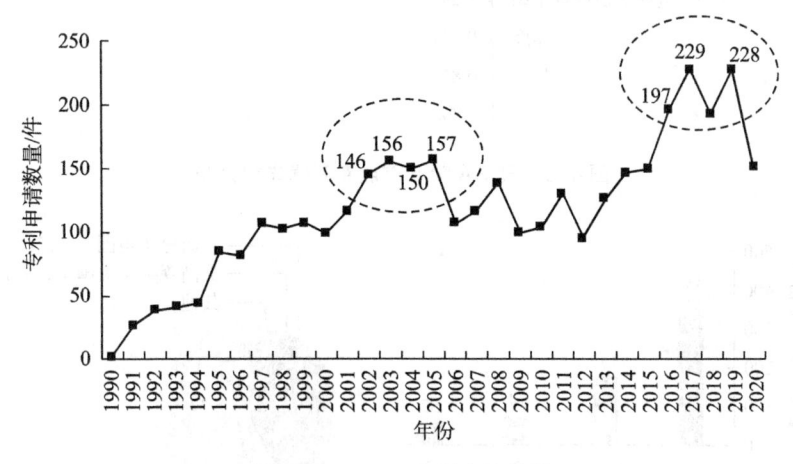

图 4.4 FPGA 专利申请趋势

通过计算专利的同族平均被引次数，筛选同族平均被引次数超过 50 次且专利法律状态为授权、审查中、期限届满的专利，得到重点专利列表。根据重点专利的优先权国家分布，美国 FPGA 相关技术重点专利全球占比近 88.7%，展现了其垄断性技术实力。美国基本掌控着全球 FPGA 领域的核心技术，专利壁垒极高；日本专利申请量仅占 4.9% 的份额，专利数量占比第二，如图 4.5 所示。FPGA 是一个技术密集型的行业，没有坚实的技术功底很难形成有竞争力的产品。因此 FPGA 市场多年来被四大巨头赛灵思、阿尔特拉、莱迪思、美高森美垄断。其专利申请情况见图 4.6。这四家企业均来自美国。

其中，赛灵思和阿尔特拉分别占据全球市场 56% 和 31% 的份额，在中国 FPGA 市场中，占比也高达 52% 和 28%，两家公司 FPGA 领域专利数量显著高于其他公司，如图 4.6 所示。下面以此两家公司近年来的技术路线为例研究 FPGA 领域先进技术的演进路线。

---

❶ 弓剑锋. 基于 FPGA 的微控制器 IP 核研究与设计 [D]. 太原：山西大学，2008：6-7.

国家/组织	占比
美国	88.7%
日本	4.9%
英国	1.8%
欧盟	1.6%
世界知识产权组织	1.2%
印度	0.8%
韩国	0.8%
中国	0.4%

图4.5 FPGA领域重点专利优先权分布

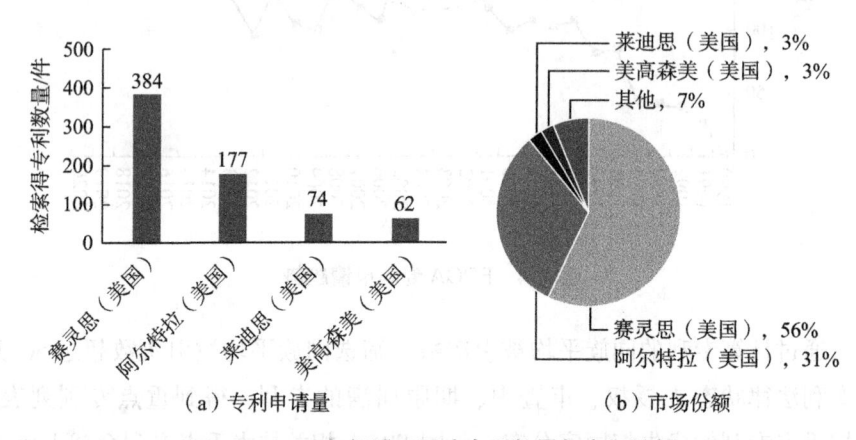

(a)专利申请量：赛灵思（美国）384、阿尔特拉（美国）177、莱迪思（美国）74、美高森美（美国）62

(b)市场份额：赛灵思（美国）56%、阿尔特拉（美国）31%、莱迪思（美国）3%、美高森美（美国）3%、其他7%

图4.6 FPGA领域四巨头专利数量与市场份额

4.3.1.2 技术发展路线

本部分根据FPGA领域两家龙头企业赛灵思和阿尔特拉近年来的技术路线为例研究FPGA领域先进技术的演进路线。

（1）赛灵思技术发展路线。

赛灵思是全球领先的可编程逻辑完整解决方案的供应商，是FPGA、可编程SoC及ACAP的发明者，研发、制造并销售范围广泛的高级集成电路、软件设计工具以及作为预定义系统级功能的IP核。其可编程逻辑解决方案缩短了电子设备制造商开发产品的时间并加快了产品面市的速度，从而减小了制造商的风险。其器件是只需要进行编程的标准部件，产品已经被广泛应用于从无线电话基站到DVD播放机的数字电子应用技术中。对赛灵思2010年以来的专利进行深入分析，可以发现近年其在以下几个方面都进行了相应的技术布局。

设计安全性是赛灵思的核心技术,近年来其在此领域赛灵思进行了技术布局。2010 年,赛灵思申请了一项有关集成电路唯一标识符的专利。该发明的实施例通过读取 FPGA 集成电路的固有特性和相关方法来产生稳定唯一的标识符。同年,赛灵思申请了一项专利用于保护设计信息安全。该专利公开的方法步骤如下:接收来自集成电路设备标识信息对 IP 核的请求,根据标识信息确定标识符范围。下载标识符范围到集成电路设备,该设备评估存储在集成电路设备上的唯一设备标识符是否在下载的标识符范围内,如果在范围内,IP 核即被编程到集成电路中。

赛灵思在可编程逻辑结构配置方面进行了技术布局。2012 年,赛灵思申请了一项有关电路设计布局的专利。该发明公开了在可编程集成电路上设计和放置路由电路的方法。在设计的多个部分重配置资源部分选择电路设计的一个部分重配置资源,识别部分重配置资源部分中的未包含资源,其余被放置在指定区域中,未包含资源被放置在不受约束的可编程集成电路指定区域上。对每个未放置的部分重配置资源部分重复该过程。2014 年,赛灵思申请了一项有关可编程集成电路模块生成的专利,该发明实现了用于可编程集成电路的电路设计。示例性方法包括:生成电路设计的电路组件的描述;分配可编程集成电路的资源;将可编程集成电路的多个资源分配给多个电路组件;生成用于在可编程集成电路中实现的电路组件的物理实现;生成电路模块。2016 年,赛灵思公开了一种用于处理调试电路设计的专利。该发明划分电路设计,指定了用于处理应用逻辑和调试逻辑的电路设计。

半导体材料对温度十分敏感,有关电路运行温度的领域是赛灵思近年专利布局的一个方面。2013 年,赛灵思申请了一种确定临界结温方法的专利。该发明为一种用于确定在现场可编程门阵列(可编程设备)中实现用户设计的临界结温的方法,包括:获得在可编程设备中实现的用户设计的静态功率与温度曲线,获得在可编程设备中实现的用户设计的系统热曲线,并使用静态功率与温度曲线进行可编程器件中实现的用户设计,使用可编程器件中用户设计的系统热曲线来确定临界结温。2020 年,赛灵思申请了一种涉及可编程器件的热负载平衡的发明专利。该发明公开了用于监视和重新配置可编程设备的方法和装置。在一些实施中,可编程设备包括处理器和多个卫星监视器以确定整个可编程设备的各个位置的操作温度。当卫星监视器超过阈值的温度时,处理器可以使用替代配置来重新配置可编程设备。替代配置可以通过可编程设备内的功能块的不同布置提供初始配置的等效功能。功能块的新布置可以通过将块重新定位到可编程设备的不同区域来降低操作温度。

赛灵思围绕时钟网络领域申请了相当数量的专利。2015 年，赛灵思申请了一项使用可编程时钟延迟以达到叶级相移时钟生成的发明专利。该发明描述了用于在时钟分配网络中使用叶级别的可编程延迟从基本时钟信号生成多个相移时钟信号的方法和装置，用于在可编程集成电路中生成和分配多个相移时钟信号。2017 年，赛灵思申请了一种涉及硬件设计的时序收敛方法的专利。2019 年，赛灵思申请了一种涉及全局时钟和叶时钟分频器的发明专利。该发明中时钟源产生全局时钟信号，时钟分配网络将全局时钟信号散开到多个负载，多个时钟发生器通过时钟分配网络接收全局时钟信号，每个时钟发生器将全局时钟信号或相关的时钟信号提供给多个负载。

堆叠硅片互联技术是赛灵思的核心技术。赛灵思 3D IC 使用该技术打破了摩尔定律的限制，是业界唯一的同构和异构 3D IC，可提供行业最高逻辑密度、带宽和片上资源及突破性的系统集成。赛灵思 UltraScale™ 3D IC 可提供前所未有的系统集成度、性能、带宽与功能。Virtex® UltraScale 3D IC 与 Kintex® UltraScale 3D IC 都在两个数量的连接资源中包含有阶跃函数增加。路由与带宽的大幅提升以及全新 3D IC 大容量内存优化接口可确保新一代应用能够以极高的利用率实现其目标性能。2016 年，赛灵思申请了一项用于堆叠硅互连技术集成独立接口的专利。该专利描述了用于将一个或多个特征（例如高带宽存储器）添加到现有合格的堆叠硅互连技术可编程 IC 管芯（例如超级逻辑区域）而不改变可编程的方法和装置，利用示例介绍了集成电路封装过程。2016 年，赛灵思申请了一项关于堆叠柱状集成电路的专利。该发明示例半导体器件包括：第一管芯，包括第一列级联耦合的资源块；第二 IC 管芯，包括第二列级联耦合资源块。其中第二 IC 管芯的有源侧被安装到第一 IC 管芯的有源侧，以及第一 IC 的有源侧和第二 IC 的有源侧之间的多个电连接，多个电连接包括第一列级联耦合的资源块与第二级联的第二列之间的至少一个电连接耦合的资源块。

近年来赛灵思在仿真领域也有技术布局。2015 年，赛灵思申请了一项有关配电网络 IP 块的专利，该发明的部分可编程逻辑器件可以执行配电网络的诊断分析。2016 年，赛灵思申请了一项专利，该发明描述了一种用于在集成电路的可编程资源中实施扫描链的电路。所述电路和方法在使用仿真/原型执行调试中特别有益，允许用户在 FPGA 中创建高速扫描链。2017年，赛灵思公开了一种用于平铺架构的高效系统调试基础架构的专利。该发明描述了用于提供和操作有效基础设施以实现用于结构块的内置时钟停止和扫描转储方案的方法和装置，例如块随机存取存储器，UltraRAM，数字信号处理块，可配置逻辑元件等。这是对系统调试有用的特征，并且可以应用于仿真用例（例如 FPGA 仿真）中。该方案可以应用于具有高度重复块的任何平铺架构。

（2）阿尔特拉技术发展路线。

阿尔特拉公司多年来一直为业界提供最新的可编程逻辑芯片、工艺技术、IP 内核以及开发工具，是世界上可编程芯片系统解决方案倡导者。其结合带有软件工具的可编程逻辑技术、知识产权和技术服务，在世界范围内为 14 000 多个客户提供高质量的可编程解决方案。[1] 阿尔特拉于 1984 年开发出了世界上第一款可编程逻辑器件，2015 年被英特尔收购。阿尔特拉全面的产品组合不但有器件，而且还包括全集成软件开发工具、通用嵌入式处理器、经过优化的知识产权内核、参考设计实例和各种开发套件等。

阿尔特拉在维护设计信息安全领域进行了技术布局。2011 年，阿尔特拉公司公开了一项有关设置可编程逻辑器件安全功能的专利。该专利公开了一种允许在设备配置期间选择性地启用安全特征的系统和方法。2012 年，阿尔特拉公司公开了一项通过合并配置设置来集成多个 FPGA 设计的专利。该专利涉及现场可编程门阵列，将 IP 块设计为秘密部分和公共部分，用于将知识产权块与另一用户的设计进行传输和集成。

阿尔特拉在 3D 堆叠技术领域进行了技术布局。2014 年，阿尔特拉公司公开了一项有关使用 3D 管芯堆叠的可扩展交叉点切换的方法和电路的专利。该专利公开了一种在部件管芯上堆叠的开关管芯的交叉点开关。交叉点开关通过添加开关芯片实现可扩展性，通过添加切换芯片配置交换机以增加端口数量和端口宽度。2014 年，阿尔特拉公司公开了一项有关具有复位制造的 3D FPGA 系统及其制造方法的专利。该专利公开了一种 3D FPGA

---

[1] 芯创电子手把手教你学习 FPGA——FPGA 基础篇［EB/OL］.（2017-12-25）［2022-04-20］. https://max.book118.com/html/2017/1222/145413509.shtm.

系统及其制造方法，包括：具有可配置的上电复位单元的现场可编程门阵列管芯；耦合到FPGA芯片的异构集成电路芯片；以及由可配置上电复位单元配置的3D上电复位输出，用于初始化FPGA芯片和异构集成电路芯片。

阿尔特拉在可编程逻辑结构配置方面进行了技术布局。2013年，阿尔特拉公司公开了一项专利，该专利支持FPGA部分重配置系统级工具。该专利的各种实施例提供了用户能够有效设计并重新配置可编程逻辑器件的技术。在一些实施中，处理器被配置为运行系统级设计工具并且接受来自用户的输入。2015年，阿尔特拉公司公开了一项有关通过并发多帧配置方案实现高速FPGA启动的专利。该专利提供了用于实现可编程集成电路器件的系统和方法，通过为数据线的每个数据线段配置专用地址寄存器来显著减少配置时间，进而实现FPGA高速启动。2016年，阿尔特拉公司公开了一项有关FPGA的动态参数操作的专利。该专利通过动态参数缩放控制器来操作可编程逻辑结构。

2019年，阿尔特拉公司公开了一项关于具有嵌入式可编程逻辑的集成电路器件的专利。该专利提供了用于增强集成电路的功能的系统和方法。这样的集成电路可以包括主电路和可编程的嵌入式可编程逻辑，以调整主电路的功能。具体地，嵌入式可编程逻辑可以被编程为调整主电路的功能以补充/支持另一集成电路的功能。因此，可以利用诸如数据/地址操纵功能、配置/测试功能、计算功能等对嵌入式可编程逻辑进行编程。

阿尔特拉在时钟网络领域也进行了专利布局。2017年，阿尔特拉公司公开了一项有关通过可配置时钟偏差优化电路性能的方法的专利。该专利提供了具有顺序逻辑电路的集成电路。时序逻辑电路可以包括锁存电路，其从片上或片外时钟源接收时钟信号。时钟信号可以表现出集成电路固有的时钟偏移，可以利用本机存在的时钟偏差来执行时间借用以帮助优化电路性能，可以通过智能放置时钟源并有意地将时钟信号从时钟源路由到集成电路上的各种类型的时钟分配网络来实现所需的时钟偏移。

阿尔特拉在可编程逻辑设备虚拟化领域进行了专利布局。2020年，阿尔特拉公司公开了一项有关可编程逻辑设备虚拟化的专利。该专利设备可编程逻辑结构包括两个区域，第一角色被配置在第一区域中编程，第二角色被配置在第二编程时间中的第二区域编程。该设备被配置为由主机控制以在运行第一角色小于第二角色编程时间的时间内运行第二个角色。

摩尔定律走向失效引发的FPGA发展新趋势强劲。可以发现芯片的平面布局已利用到了极致,两家龙头企业在例如FPGA多芯片的3D集成等新技术方面竞争激烈,3D堆叠技术、可编程逻辑结构配置方法等领域会成为未来FPGA领域重要的发展方向,同时,设计安全性、时钟网络、仿真验证等领域也会是FPGA设计的创新主题。

4.3.2 封测领域:先进封装

本部分以先进封装领域的同族专利为样本进行统计分析,立足全球先进封装领域研究现状,从专利壁垒、技术发展等方面提出针对性的导航提升路径和方法,为陕西省集成电路产业相关技术研发和专利布局策略等提供参考。

4.3.2.1 专利壁垒分析

截至检索日,先进封装关键技术专利共检索出28 059项。以此28 059项专利申请为样本进行统计分析,可发现先进封装技术专利申请一直呈现快速上升趋势,在2019年达到峰值,为1 526项,如图4.7所示。

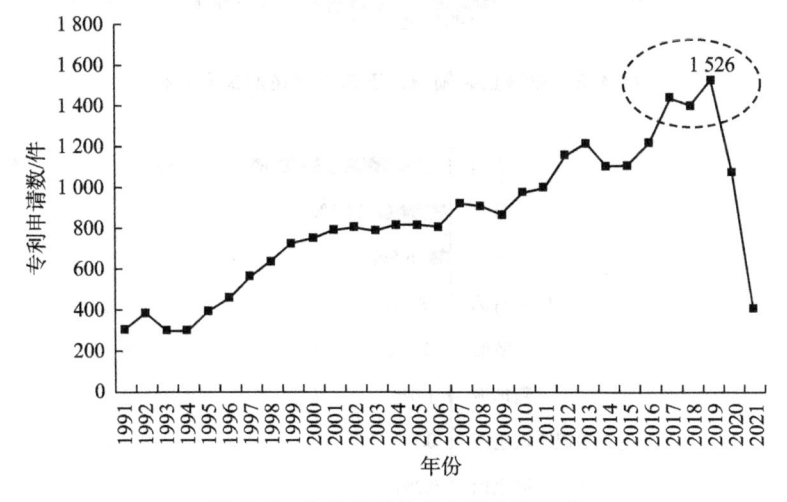

图4.7 先进封装技术专利申请趋势

专利申请的扩展同族成员数量、扩展同族被引用专利总数和专利的法律状态能够说明该专利的重要地位。通过计算专利的同族平均被引次数,筛选同族平均被引次数超过200次且专利法律状态为授权、审查中、期限届满的专利,得到重点专利列表。如图4.8、图4.9所示,从重点专利的优先权国家分布，可以看出美国在封测领域仍占据核心地位，先进封装相关技术重点专利全球占比近 64.8%，专利壁垒较高，占比第二的日本专利申请量占比 21.1%，两国占据了 85.9% 的全球份额。我国在该领域起步较晚，目前还没有被引量高于 200 的专利出现。中国 IC 封装业目前仍以传统封装为主。虽然近年中国本土先进封测四强（长电科技、通富微电、华天科技、晶方科技）通过自主研发和兼并收购，已基本形成先进封装的产业化能力，但从先进封装营收占总营收的比例和高密度集成等先进封装技术发展上来说，中国总体先进封装技术水平与国际领先水平还有一定的差距。

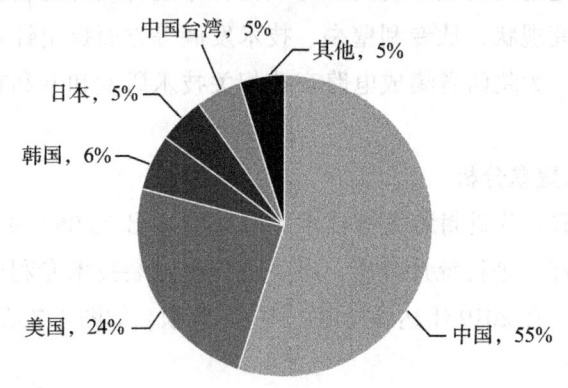

图 4.8　先进封装领域近五年专利技术来源分布

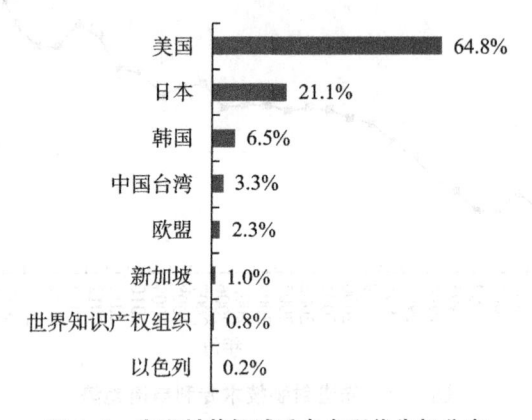

图 4.9　先进封装领域重点专利优先权分布

4.3.2.2　技术发展路线

图 4.10、图 4.11 所示为先进封装领域技术路线发展情况。在先进封装技术领域，技术主要聚焦在 3D 堆叠和 Fan-out 封装的改进上。

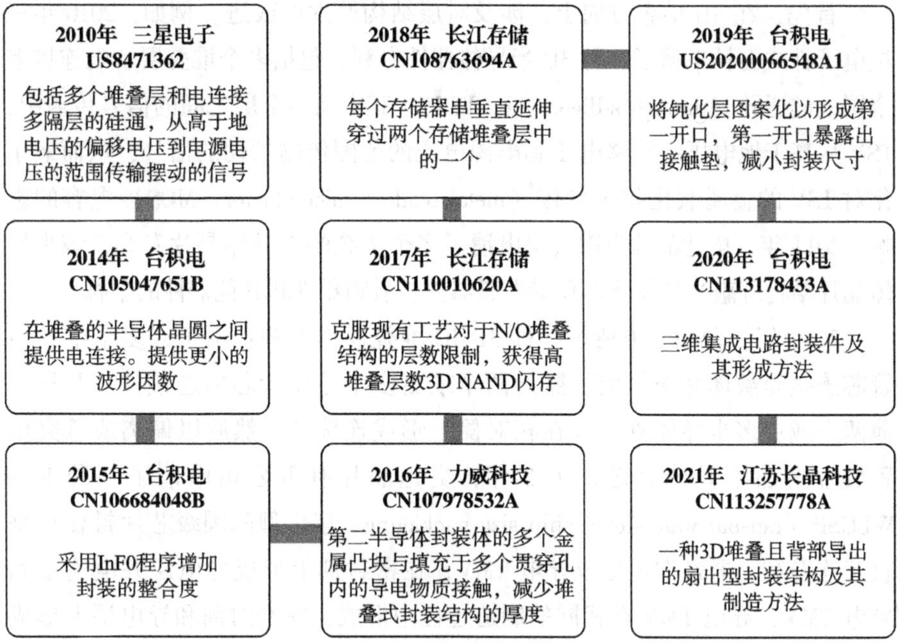

第4章 陕西省集成电路产业发展路径

2010年 三星电子
US8471362
包括多个堆叠层和电连接多隔层的硅通，从高于地电压的偏移电压到电源电压的范围传输摆动的信号

2018年 长江存储
CN108763694A
每个存储器串垂直延伸穿过两个存储堆叠层中的一个

2019年 台积电
US20200066548A1
将钝化层图案化以形成第一开口，第一开口暴露出接触垫，减小封装尺寸

2014年 台积电
CN105047651B
在堆叠的半导体晶圆之间提供电连接。提供更小的波形因数

2017年 长江存储
CN110010620A
克服现有工艺对于N/O堆叠结构的层数限制，获得高堆叠层数3D NAND闪存

2020年 台积电
CN113178433A
三维集成电路封装件及其形成方法

2015年 台积电
CN106684048B
采用InF0程序增加封装的整合度

2016年 力威科技
CN107978532A
第二半导体封装体的多个金属凸块与填充于多个贯穿孔内的导电物质接触，减少堆叠式封装结构的厚度

2021年 江苏长晶科技
CN113257778A
一种3D堆叠且背部导出的扇出型封装结构及其制造方法

图 4.10 先进封装领域 3D 堆叠相关技术路线图

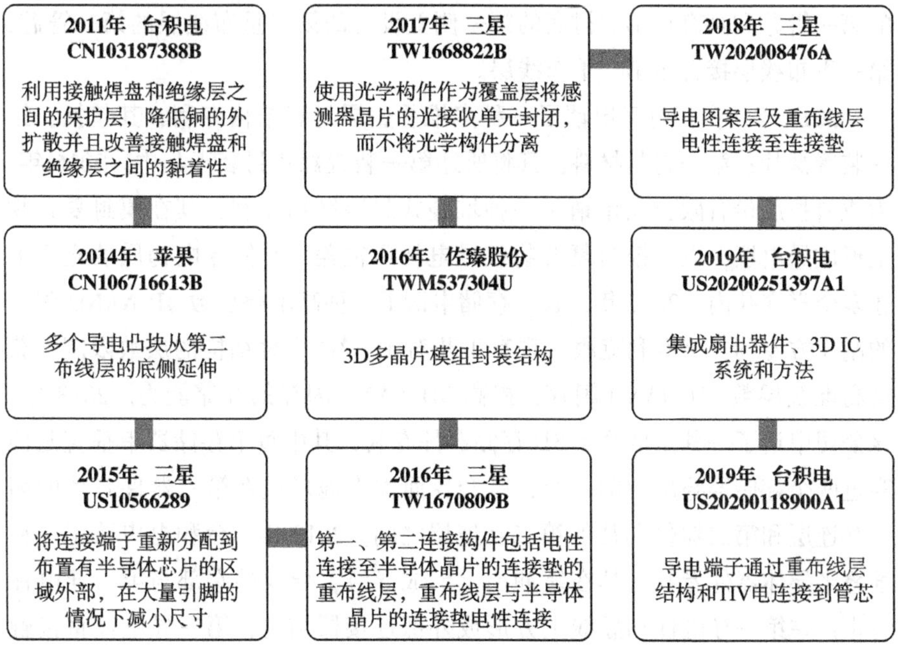

2011年 台积电
CN103187388B
利用接触焊盘和绝缘层之间的保护层，降低铜的外扩散并且改善接触焊盘和绝缘层之间的黏着性

2017年 三星
TW1668822B
使用光学构件作为覆盖层将感测器晶片的光接收单元封闭，而不将光学构件分离

2018年 三星
TW202008476A
导电图案层及重布线层电性连接至连接垫

2014年 苹果
CN106716613B
多个导电凸块从第二布线层的底侧延伸

2016年 佐臻股份
TWM537304U
3D多晶片模组封装结构

2019年 台积电
US20200251397A1
集成扇出器件、3D IC系统和方法

2015年 三星
US10566289
将连接端子重新分配到布置有半导体芯片的区域外部，在大量引脚的情况下减小尺寸

2016年 三星
TW1670809B
第一、第二连接构件包括电性连接至半导体晶片的连接垫的重布线层，重布线层与半导体晶片的连接垫电性连接

2019年 台积电
US20200118900A1
导电端子通过重布线层结构和TIV电连接到管芯

图 4.11 先进封装领域 Fan-out 相关技术路线图

91

首先，在3D堆叠方向上，涉及对层结构厚度的改进。例如，2010年三星电子株式会社申请了一种3D半导体器件专利，包括多个堆叠层和电连接多个层的硅通孔（through sillicon via，TSV），其中在多个层之间的信号传输中，TSV从高于地电压的偏移电压到电源电压的范围传输摆动的信号，从而最小化对TSV的金属氧化物半导体（metal oxide semiconductor，MOS）电容的影响。2011年，史达晶片有限公司申请了多个堆叠的半导体晶片专利，该半导体晶片结构屏蔽半导体管芯免受电磁器件、射频器件和其他器件的干扰。

2012年，台积电申请了一种3D IC堆叠器件专利：两个或多个半导体管芯连接至载体并被封装，露出两个或更多半导体管芯的连接件，并且减薄两个或更多半导体管芯以在相对侧上形成连接件，然后以偏离或悬突位置放置附加半导体管芯。2013年，史达晶片有限公司申请了一种Fo-WLCSP（fan-out wafer-level chip size packaging，扇出型晶圆级芯片封装）垂直互连专利，通过沟道形成导电TMV，在密封剂上形成导电层并电连接到导电TMV，导电TMV在相同的制造过程中形成，在密封剂和导电层上形成绝缘层。2014年，台积电申请了一种3D堆叠芯片封装件专利，封装件包括具有在第一衬底的第一侧上设置的第一重布线层（redistribution layer，RDL）的第一管芯和具有在第二衬底的第一侧上设置的第二重布线层的第二管芯，第一重布线层接合至第二重布线层。

2015年，台积电又申请了一种多堆叠叠层封装结构专利，其包括：第一装置裸片；第一封装材料，其将所述第一装置裸片封装于其中。2016年，力成科技股份有限公司申请了一种堆叠式封装结构专利，其在模封复合物上形成导电层，以使模封复合物被导电物质覆盖，并使导电物质填充于上述多个贯穿孔内。2017年，长江存储申请了一种高堆叠层数3D NAND闪存的制作方专利，该专利克服了现有工艺对于N/O堆叠结构的层数限制，获得高堆叠层数3D NAND闪存，提高3D NAND闪存的存储能力。2018年，该公司申请了一种多堆叠层3D存储器件专利，其中每个存储器串垂直延伸穿过两个存储堆叠层中的一个，键合界面垂直地形成在第一器件芯片的第一互连层和第二器件芯片的第二互连层之间。2019年，台积电申请了一种堆叠半导体器件专利，其在缓冲层上形成导线，导线的端部与第一导电柱终止；在第一导电柱和导线上方形成外部连接器结构，第一导电柱将接触垫电耦合到外部连接器结构。

其次，在 Fan-out 方向上，涉及提高对封装工艺的控制。例如，2010 年日月光申请了一种半导体装置封装件专利，其封装件的扇出配置使电性接触件的安排及隔间具较优越的灵活度，从而减少对于半导体装置接触垫的安排及间隔的依赖。2011 年，台积电申请了一种封装的半导体器件专利，其改善了封装件的可靠性和封装工艺的工艺控制，还降低了界面分层的风险以及在后续加工期间绝缘层的过度除气。

2013 年，星科金朋有限公司申请了一种低廓形 3D 扇出封装专利。其中绝缘层和密封剂具有至少 30μm 的高度或绝缘层和密封剂具有传导垫的高度的至少 1.5 倍的高度。2014 年，苹果公司申请了一种扇出型晶圆级封装件专利，其多个导电凸块（例如焊球）从第二布线层的底侧延伸。2015 年，三星电子申请了两件扇出型半导体封装专利，解决了在引入第一连接构件时由于再分配层的厚度而产生的第二连接构件的绝缘距离不均匀的问题。2016 年，三星电子申请了一种扇出型半导体封装专利，其嵌入基板的所述多个被动组件透过第二连接构件的重布线层与半导体晶片的连接垫电性连接。2016 年，华天科技（昆山）电子有限公司申请了一种埋入硅基板扇出型 3D 封装结构专利，该封装结构可以更容易实现小型化、薄型化，制备方法成熟，工艺可行。2017 年，三星电子申请了一种扇出型感测器封装专利，其可使用光学构件作为覆盖层来实施将感测器晶片的光接收单元封闭的结构，而不将光学构件分离。

2017 年，华天科技（昆山）电子有限公司申请了一种扇出型封装结构专利，在硅基体表面引入厚胶层，该厚胶层与硅基体一起作为芯片扇出的载体，降低了芯片埋入硅基体时对凹槽刻蚀深度和凹槽底部刻蚀均匀性的要求，达到了节省硅基体上刻蚀工艺时间、降低刻蚀和封装成本、减小翘曲度的目的。2018 年，三星电子申请了一种扇出型半导体封装专利，其包括多个重布线层，导电图案层及重布线层电性连接至连接垫。2019 年，台积电申请了一种扇出包装结构专利，其再分布层结构设置在管芯上并电连接到管芯，集成扇出通孔在横向上在管芯旁边并且延伸以接触再分布层结构的重新分布层的底表面和侧壁。

随着晶体管按比例缩小，集成电路的密度正在最大限度地达到物理极限，公认的"超越摩尔定律"意味着在一个封装体内封装更多功能的技术，即通常所说的系统级封装（system in package，SiP）。行业正在开发两种基本方法：堆叠芯片和堆叠封装体。系统级封装首先要实现堆叠芯片技术，然后对堆叠芯片进行封装。按照系统级封装这一方向指引以及技术发展顺序，下面对堆叠芯片技术进行重点分析。其细分技术方向如表4.5所示。

表4.5 先进封装细分方向

一级分支	二级分支
芯片叠层	单片（monolithic）
	晶圆上晶圆（wafer-on-wafer）
	晶圆上芯片（die-on-wafer）
	芯片上芯片（die-on-die）

堆叠芯片实现了芯片的叠层，具体的芯片叠层技术包括4种——单片、晶圆上晶圆、晶圆上芯片和芯片上芯片。以上4个细化分支以单片领域的专利申请最为活跃。以下以莫诺利特斯3D有限公司近年来在"单片"分支下的技术演进路线为例。虽然专利数据中记载了对层结构以及三极管源极、漏极的结构改进，但最终呈现的技术演进按照工艺指标大体分为三个方向——各层垂直厚度、水平对准误差和过孔直径。垂直厚度包括金属层厚度、单晶层厚度、相邻层之间三极管的垂直距离、晶片减薄厚度等。水平对准误差包括不同层之间三极管之间的对准误差、金属层之间对准误差、单晶层与金属层之间对准误差、不同级之间晶体管的对准误差，还包括了芯片之间的对准误差，但叠层芯片之间的误差属于芯片上芯片技术分支，对于单片技术分支属于噪声数据。通孔直径方面的专利主要涉及在不同结构下通孔直径的数值。各维度各工艺尺寸不断迭代演进，在专利数据中呈现出了不同的产业化成果或不同的保护策略。例如，随着产品市场地位的领先，对于产品的不同组件或不同代际之间的技术，不采用单一的专利权方式进行保护，而是对其有选择地进行保护，一部分用专利权保护，另一部分利用技术秘密保护。这种策略的好处是可以降低技术扩散的速度和减少对手获取的技术情报信息。虽然没有确切的证据证实莫诺利特斯3D有限公司一定采用了这种知识产权保护策略，但是业内其他企业作为追赶者要考虑领先企业的这一常用知识产权策略。

综上，陕西省先进封装的现阶段升级路径应当注重从3D堆叠、Fan-out

封装两方面提升，在关注上述技术方向的同时，不断改进垂直厚度、水平对准误差及通孔尺寸方面的制造工艺。

4.4 陕西省集成电路产业人才培养引进清单

4.4.1 培育高精尖人才团队

4.4.1.1 产业人才

经统计，陕西省集成电路产业人才共计1 800余名，占全省人才数量的32%，是产业技术研发的重要参与者。陕西省内的人才培养与集成电路产业发展的结合不够紧密，现有的人才资源优势并未很好地转化为产业优势。建议陕西省针对本地产业人才出台相应的扶持计划，依托重点科研项目，培育一批具有发展潜力的中青年领军人才，通过项目创新成果遴选高精尖人才团队，强化科技领军人才、高水平创新人才和高技能应用人才队伍建设，实施稳定资助；加大对集成电路优秀企业家和经理人培养力度，面向企业开展集成电路产业实训，支持企业推行首席信息官制度，培育一批熟悉生产经营流程、掌握数据分析工具，具备跨界协作的复合型应用人才。

综合考虑发明人的专利发明量、有效专利数量与行业影响力，得到陕西省本地集成电路设计、制造、封测、支撑四大领域重点培育产业人才名单，如表4.6所示。表4.6显示，陕西省重点发明人基本集中于各技术领域头部企业，逻辑器件、微处理器、掺杂氧化、封装、大硅片等技术领域已组建稳定的研发团队。

表4.6 陕西省本地集成电路三级分支推荐重点培育产业人才（部分）

三级技术分支	发明人	申请人	发明量/件
软件设计	左丰国	西安紫光国芯	4
	许玲华	西安晶捷电子技术有限公司	4
	李晓骏	西安紫光国芯	3
	刘洋	西安朗普达通信科技有限公司	3
	赵鲁豫	西安朗普达通信科技有限公司	3

续表

三级技术分支	发明人	申请人	发明量/件
逻辑器件	程显志	西安智多晶微电子有限公司	22
	贾红	西安智多晶微电子有限公司	22
	冯晓玲	西安智多晶微电子有限公司	10
微处理器	刘莎	西安翔腾微电子科技有限公司	8
	周艺璇	西安翔腾微电子科技有限公司	8
	李冲	西安翔腾微电子科技有限公司	8
	卢涛	西安万像电子科技有限公司	5
	李洋	西安芯瞳半导体技术有限公司	5
掺杂氧化	岳玲	龙腾半导体股份有限公司	11
	杨乐	龙腾半导体股份有限公司	10
	刘挺	龙腾半导体股份有限公司	9
	周宏伟	龙腾半导体股份有限公司	6
	徐西昌	龙腾半导体股份有限公司	6
封装	郭小伟	华天西安	23
	崔梦	华天西安	22
	谢建友	华天西安	21
	张捷	西安科锐盛创新科技有限公司	11
	刘义芳	华羿微电子股份有限公司	4
测试	陈维新	西安智多晶微电子有限公司	9
	韦嵌	西安智多晶微电子有限公司	9
	孙浩涛	西安智多晶微电子有限公司	5
大硅片	李侨	隆基绿能科技股份有限公司	28
	时刚	西安创联新能源设备有限公司	25
	武海军	西安创联新能源设备有限公司	19
	赵晟佑	西安奕斯伟	12
	蔺文	西安华晶电子技术股份有限公司	8
第三代半导体材料	陈辰	西安赛乐斯半导体科技有限公司	12
	崔周源	西安赛乐斯半导体科技有限公司	12
	尹晓雪	西安智盛锐芯半导体科技有限公司	8
	缪炳有	西安神光皓瑞光电科技有限公司	7
	王晓波	西安神光皓瑞光电科技有限公司	7

4.4.1.2 建设产教融合平台，加强校企人才互通共享，加速创新成果产业化

经统计，陕西省集成电路科研人才总计3 700余人，占全省人才数量的68%，是集成电路关键技术人才的主体。当前，陕西省集成电路关键技术人才更多地集中于高校、科研院所，从事基础性研究，科研人才作用突出，具有巨大的转化潜能。因此，建议陕西省发挥高校科研院所人才储备优势，畅通高校、科研机构与企业间人才交流渠道，建设产教融合平台，加强人才互通共享，支持企业集群"招院引所"，推广人才在高校等事业单位与企业"双落户"制度，加快打通知识产权创造、运用、保护、管理、服务全链条，加速集成电路领先创新成果产业化。

综合分析发明人的专利发明量、有效专利数量与行业影响力，得到陕西省本地集成电路设计、制造、封测、支撑领域重点培育科研人才名单，如表4.7所示。

表4.7 陕西省本地集成电路三级分支推荐重点培育科研人才（部分）

三级技术分支	发明人	申请人	发明量/件
软件设计	杨银堂	西安电子科技大学	14
	董刚	西安电子科技大学	12
	张凤祁	西北核技术研究所	6
	张卫红	西北工业大学	3
逻辑器件	段振华	西安电子科技大学	6
	伍卫国	西安交通大学	6
	黄伯虎	西安电子科技大学	5
	王今雨	西安交通大学	5
	张群	西安微电子技术研究所	3
微处理器	张骏	西安航空计算技术研究所	44
	田泽	西安航空计算技术研究所	39
	吴晓成	西安航空计算技术研究所	35
	张犁	西安电子科技大学	8
	杨靓	西安微电子技术研究所	6

续表

三级技术分支	发明人	申请人	发明量/件
光刻技术	常博	陕西科技大学	4
	周权	陕西科技大学	4
薄膜技术	张进成	西安电子科技大学	19
	张鹤鸣	西安电子科技大学	16
	胡辉勇	西安电子科技大学	16
	宁静	西安电子科技大学	11
	王宏兴	西安交通大学	3
掺杂氧化	宣荣喜	西安电子科技大学	9
	宋建军	西安电子科技大学	9
	舒斌	西安电子科技大学	8
	戴显英	西安电子科技大学	7
	赵丽霞	西安电子科技大学	4
封装	余宁梅	西安理工大学	7
	王凤娟	西安理工大学	7
	李宝霞	西安微电子技术研究所	6
	吴道伟	西安微电子技术研究所	6
	李好晨	西安科技大学	4
测试	马晓华	西安电子科技大学	10
	郑雪峰	西安电子科技大学	10
	王冲	西安电子科技大学	7
	王颖哲	西安电子科技大学	5
	陈宝忠	西安微电子技术研究所	3
大硅片	赵玉龙	西安交通大学	16
	谢建兵	西北工业大学	11
	胡腾江	西安交通大学	10
	苑伟政	西北工业大学	9
	刘丁	西安理工大学	9

续表

三级技术分支	发明人	申请人	发明量/件
第三代半导体材料	郝跃	西安电子科技大学	321
	张玉明	西安电子科技大学	218
	郭辉	西安电子科技大学	115
	成来飞	西北工业大学	107
	张立同	西北工业大学	65

4.4.2 关注关键技术领军人才

在做好本地人才培养的同时，陕西省应持续关注区域外的集成电路创新人才，加快引进一批集成电路关键技术领军人才。近年来，中西部地区产业转型存在优惠政策比拼、产业同质化发展等问题，地区内的人才竞争已趋于白热化。建议陕西省发挥企业在人才引进中的主体作用，完善支持企业引进人才的政策措施。建立更具吸引力的人才聚集政策，设立人才引进创投基金，采取柔性引进、项目引进、专项资助、境外培训和国际人才交流等方式，广泛汇聚海内外高层次人才。本部分将深入集成电路各三级分支，综合分析专利申请数量、扩展同组成员数量、扩展同族专利被引用总数，挖掘各领域高端人才，最终得到推荐引进的人才名单。

4.4.2.1 设计领域

表4.8、表4.9为国内外集成电路设计领域关键技术领军人才推选名单。

表4.8 集成电路设计领域国内人才推荐名单

三级技术分支	发明人	申请人	发明量/件
软件设计	周长城	山东理工大学	114
	陈岚	中国科学院微电子研究所	89
	于曰伟	山东理工大学	70
	赵雷雷	山东理工大学	59
逻辑器件	单悦尔	无锡中微亿芯有限公司	24
	徐彦峰	无锡中微亿芯有限公司	21
	来金梅	复旦大学	19
	闫华	无锡中微亿芯有限公司	19

续表

三级技术分支	发明人	申请人	发明量/件
微处理器	金海	华中科技大学	18
	王永文	中国人民解放军国防科学技术大学	15
	管海兵	上海交通大学	15
存储器件	夏志良	长江存储科技有限责任公司	44
	霍宗亮	长江存储科技有限责任公司	39
	苏志强	北京兆易创新科技股份有限公司	28
	刘藩东	长江存储科技有限责任公司	24
	刘会娟	北京兆易创新科技股份有限公司	21

表 4.9 集成电路设计领域国外人才推荐名单

三级技术分支	发明人	申请人	发明量/件
软件设计	Alexander Tetelbaum	贝尔半导体有限责任公司	23
	Arnold Ginetti	楷登电子	22
	岩松诚一	爱普生	19
	Charles J. Alpert	格罗方德	18
	Steven Teig	楷登电子	17
逻辑器件	Stephen M. Trimberger	赛灵思	26
	Steven P. Young	赛灵思	23
	Om P. Agrawal	莱迪思	15
	Steven Perry	阿尔特拉	7
	Heiko Kalte	帝斯贝思数字信号处理和控制工程有限公司	7
微处理器	Glenn Henry	智慧第一公司	18
	Joydeep Ray	英特尔	16
	Abhishek R. Appu	英特尔	16
	James J. Bonanno	国际商业机器有限公司	14
	David B. Witt	超威半导体	14

续表

三级技术分支	发明人	申请人	发明量/件
存储器件	曾鸿辉	台积电	95
	Seiichi Aritome	美光科技	26
	Frankie F. Roohparvar	美光科技	24
	Nima Mokhlesi	桑迪士克科技有限责任公司	23
	梅林拓	索尼	16

4.4.2.2 制造领域

表4.10、表4.11为国内外集成电路制造领域关键技术领军人才推选名单。

表4.10 集成电路制造领域国内人才推荐名单

三级技术分支	发明人	申请人	发明量/件
光刻技术	张海洋	中芯国际	56
	吕煜坤	华虹集团	21
	毛智彪	华虹集团	19
	朱煜	清华大学	16
	张鸣	清华大学	16
	尹文生	清华大学	16
	袁志扬	上海微电子装备（集团）股份有限公司	13
	谭久彬	哈尔滨工业大学	12
	王兆祥	中微半导体	11
	赵超	中国科学院微电子研究所	9
刻蚀技术	王新鹏	中芯国际	19
	韩秋华	中芯国际	17
	陈玉文	华虹集团	17
	杨渝书	华虹集团	15
	任昱	华虹集团	11
	李俊峰	中国科学院微电子研究所	11
	严立巍	绍兴同芯成集成电路有限公司	7
	刘志强	中微半导体	6

续表

三级技术分支	发明人	申请人	发明量/件
薄膜技术	三重野文健	中芯国际	45
	张卫	复旦大学	39
	徐秋霞	中国科学院微电子研究所	27
	张城龙	中芯国际	24
	周鸣	中芯国际	21
	丁士进	复旦大学	21
	刘明	中国科学院微电子研究所	20
掺杂氧化	马万里	方正集团	49
	赵圣哲	方正集团	37
	李勇	中芯国际	29
	冯光建	集迈科微电子	25
	李理	方正集团	25
	禹国宾	中芯国际	24
	黄如	北京大学	22

表4.11 集成电路制造领域国外人才推荐名单

三级技术分支	发明人	申请人	发明量/件
光刻技术	畠山润	信越	186
	中筋护	尼康	110
	水谷一良	富士胶片	104
	远藤政孝	松下	103
	Hans Butler	阿斯麦	17
刻蚀技术	佐藤健一郎	富士胶片	97
	市川幸司	住友	73
	门村新吾	索尼	47
	Weisheng Lei	应用材料	26
	清水宏明	东京应化	25
薄膜技术	山崎舜平	株式会社半导体能源研究所	150
	Kie Y. Ahn	美光科技	61
	李成权	SK海力士	59
	丸山研二	富士通	57
	Gurtej S. Sandhu	美光科技	35

续表

三级技术分支	发明人	申请人	发明量/件
掺杂氧化	朴相勋	SK 海力士	64
	吴协霖	台积电	38
	Kangguo Cheng	国际商业机器公司	22
	丸尾丰	爱普生	22

4.4.2.3 封测领域

表 4.12、表 4.13 为国内外集成电路封测领域关键技术领军人才推选名单。

表 4.12 集成电路封测领域国内人才推荐名单

三级技术分支	发明人	申请人	发明量/件
封装	林正忠	盛合晶微	212
	陈彦亨	盛合晶微	152
	梁志忠	长电科技	78
	陈锦辉	江阴长电先进封装有限公司	58
	孙鹏	华进半导体	51
	曹立强	上海先方半导体有限公司	51
	王之奇	苏州晶方半导体科技股份有限公司	47
	孙清清	复旦大学	29
	郁发新	集迈科微电子	28
	李维平	长电科技	27
测试	龙吟	华虹集团	129
	陈宏璘	华虹集团	127
	冯军宏	中芯国际	16
	陈鲁	深圳中科飞测科技股份有限公司	14
	张顺勇	长江存储科技有限责任公司	13
	邢国强	苏州阿特斯阳光电力科技有限公司	13
	徐志华	江阴苏阳电子股份有限公司	12
	王太宏	中国科学院物理研究所	10

表 4.13 集成电路封测领域国外人才推荐名单

三级技术分支	发明人	申请人	发明量/件
封装	中谷直人	日本亚比欧尼克斯股份有限公司	28
	Byung Tai Do	史达晶片有限公司	25
	黄建屏	矽品精密	24
	长田道男	東和股份有限公司	23
	Salman Akram	美光科技	22
测试	大槻刚	信越	62
	唐沢涉	东京电子	43
	Shunpei Yamazaki	株式会社半导体能源研究所	37
	李彩允	李诺工业股份有限公司	28
	刘俊良	思达科技股份有限公司	23

4.4.2.4 支撑领域

表 4.14、表 4.15 为国内外集成电路支撑领域关键技术领军人才推选名单。

表 4.14 集成电路支撑领域国内人才推荐名单

三级技术分支	发明人	申请人	发明量/件
大硅片	曹建伟	晶盛机电	100
	孙晨光	中环半导体	97
	傅林坚	晶盛机电	89
	高润飞	中环半导体	79
	聂金根	镇江市港南电子有限公司	59
	杨德仁	浙江大学	44
	朱亮	晶盛机电	44
	薛忠营	中国科学院上海微系统与信息技术研究所	29
	张苗	中国科学院上海微系统与信息技术研究所	28
	马向阳	浙江大学	26

续表

三级技术分支	发明人	申请人	发明量/件
第三代半导体材料	胡加辉	华灿光电	321
	李鹏	华灿光电	254
	李国强	华南理工大学	139
	徐平	湘能华磊光电股份有限公司	131
	李晋闽	中国科学院半导体研究所	130
	唐竹兴	山东理工大学	124
	郭炳磊	华灿光电	121
	王军喜	中国科学院半导体研究所	111
	宗艳民	山东天岳先进科技股份有限公司	89
	张荣	南京大学	86

表 4.15 集成电路支撑领域国外人才推荐名单

三级技术分支	发明人	申请人	发明量/件
大硅片	星亮二	信越	38
	符森林	三菱住友株式会社	35
	Francois J. Henley	硅源公司	14
	Kohsuke Tsuchiya	福吉米股份有限公司	11
	Leonard Forbes	美光科技	12
第三代半导体材料	河村孝夫	京瓷株式会社	88
	半泽茂	日本碍子株式会社	48
	吉田清辉	古河电工	45

4.4.3 引进创业型技术人才

集成电路设计作为轻资产产业，创业型技术人才是企业创新驱动的重要支撑与核心资产。通过深入集成电路设计领域，综合分析近五年专利申请占比、专利发明人与集成电路布图设计创作人履历，最终得到推荐引进的创业型人才名单，如表 4.16 所示。

表 4.16 集成电路创业型人才推荐名单

序号	创业型人才	所属省份	所属企业
1	徐靖	浙江	嘉兴倚韦电子科技有限公司
2	谢超	上海	上海颐睿信息科技有限公司
3	肖佐楠	天津	天津国芯科技有限公司
4	陈燕宁	北京	北京芯可鉴科技有限公司
5	汪欣	天津	天津芯海创科技有限公司
6	管洪清	山东	青岛邃智信息科技有限公司
7	李健	北京	北京蓝耘科技股份有限公司
8	林森	北京	北京芯启科技有限公司
9	张明宇	湖北	武汉瑞纳捷半导体有限公司
10	刘丰收	上海	上海望友信息科技有限公司
11	刘浩阳	福建	厦门市必易微电子技术有限公司
12	肖建强	广东	深圳市美矽微半导体有限公司
13	赵云	安徽	无锡意美芯电子科技有限公司
14	何书专	江苏	南京浣轩半导体有限公司
15	戴忠伟	上海	广芯电子技术（上海）股份有限公司
16	国云川	四川	成都锦格电子科技有限公司
17	张怀东	安徽	无锡十顶电子科技有限公司
18	陈东坡	上海	上海川土微电子有限公司
19	姚志明	上海	上海晶岳电子有限公司
20	赵云	江苏	苏州创智宏微电子科技有限公司

4.4.4 招募重点院校毕业生

作为国家人力资源的重要储备，重点高校应届毕业生已成为各城市人才竞争的着力点。建议陕西省抓住人才招引政策红利的重大机遇，提高对国内重点高校集成电路相关专业毕业生的引进，进一步优化引进人才服务体系，加大政策宣传，注重追踪与考评，将高校优质人才资源内化为陕西省人才资源。2015 年，6 部门联合公布了首批 9 所建设示范性微电子学院的高校名单，即北京大学、清华大学、中国科学院大学、复旦大学、西安电子科技大学、上海交通大学、东南大学、浙江大学、电子科技大学。而后还公布支持19所高校筹备建设示范性微电子学院，后来也都正式批准建设。目前，这28所高校的微电子学院代表了我国高校微电子方面的最高水平，如表4.17所示。

表4.17 国内28所重点高校集成电路专业设置

地区	序号	高校	专业
中部	1	中国科学技术大学	电子科学与技术
	2	华中科技大学	微电子科学与工程、无线电器件、半导体元件与材料
	3	合肥工业大学	微电子科学与工程、集成电路设计与集成系统、电子科学与技术
	4	国防科技大学	微电子学与固体电子学
西部	5	电子科技大学	集成电路设计与集成系统、微电子科学与工程、新能源材料与器件
	6	西安电子科技大学	集成电路设计与集成系统、微电子科学与工程
	7	西北工业大学	微电子科学与工程、软件工程、
	8	西安交通大学	微电子学与固体电子学
东部	9	大连理工大学	集成电路设计与集成系统、电子科学与技术
	10	北京大学	电子信息科学与技术、微电子科学与工程、电子信息工程、集成电路设计与集成系统
	11	清华大学	集成纳电子科学、集成电路设计与设计自动化、集成电路制造工程
	12	中国科学院大学	集成电路科学与工程
	13	复旦大学	微电子科学与工程（卓越班）、微电子科学与工程
	14	上海交通大学	微电子科学与工程、微电子学
	15	东南大学	微电子学与固体电子学、电子科学与技术
	16	浙江大学	电子科学与技术、微电子科学与工程
	17	北京航空航天大学	集成电路设计与集成系统、微电子科学与工程
	18	南方科技大学	微电子科学与工程
	19	北京理工大学	新能源材料与器件、集成电路工程
	20	天津大学	电子科学与技术（固体电子与微电子）、集成电路设计与集成系统

续表

地区	序号	高校	专业
东部	21	同济大学	微电子科学与工程、集成电路工程
	22	南京大学	集成电路设计与集成系统、微电子科学与工程、微电子与固体电子学
	23	福州大学	微电子科学与工程、微电子学、集成电路设计与集成系统、集成电路工程
	24	山东大学	微电子科学与工程、集成电路设计与集成系统
	25	中山大学	微电子学
	26	华南理工大学	集成电路设计与集成系统、微电子学
	27	厦门大学	电子工程系、电子科学系、微电子与集成电路系、电磁声学
	28	北京工业大学	电子科学与技术、微电子科学与工程、集成电路工程

4.5 陕西省集成电路产业创新生态体系

4.5.1 串珠成链，加强链上合作

截至检索日，陕西省不同企业间共合作申请了191件集成电路产业专利，大部分联合申请属于集团内部公司之间的协同攻关。以专利联合申请数量前2名的奕斯伟集团、隆基集团为例：占陕西省联合创新专利申请量的87.4%的奕斯伟集团公司，专利均为内部四家企业西安奕斯伟材料科技有限公司、西安奕斯伟硅片技术有限公司、西安奕斯伟设备技术有限公司、西安奕斯伟材料技术有限公司联合申请；申请量占比第二的隆基集团，专利均为旗下隆基绿能科技股份有限公司、无锡隆基硅材料有限公司、西安隆基新能源有限公司、宁夏隆基硅材料有限公司等6家企业联合申请。华天科技、隆基绿能、中国西电集团等行业龙头专利许可均为内部许可。可见省内集成电路产业链相对比较封闭，尚未建立链主企业与中小企业的协同创新机制。专利协同成团但是不成链，具有系统性松散的特点。

4.5.1.1 产业链上下游公司通过资本入股的方式，将加强进一步合作，有利于客户导入以及供应链拓展

下面以集成电路封装测试龙头企业通富微电为例。2020年11月，通富微电发布非公开发行股票发行情况报告书暨上市公告书。本次非公开发行最终获得配售的投资者共35家，拟用于集成电路封装测试二期工程、车载品智能封装测试中心建设、高性能中央处理器等集成电路封装测试项目，以及补充流动资金及偿还银行贷款。值得注意的是，此次非公开发行对象为证券公司、基金公司、其他投资机构及个人投资者等，共计35家。其中卓胜微、华峰测控、浙江韦尔股权投资有限公司、福建福顺半导体制造有限公司、芯海科技均属于集成电路企业或其下属公司。

资料显示，浙江韦尔股权投资有限公司是韦尔股份持股100%的股权投资公司。韦尔股份自2007年设立以来，一直从事图像传感器产品和其他半导体器件产品设计业务和被动件（包括电阻、电容、电感等）、结构器件、分立器件和IC等半导体产品的分销业务。

芯海科技是一家集感知、计算、控制于一体的全信号链芯片设计企业，专注于高精度ADC（analog to digital converter，模数转换器）、高性能MCU（micro controller unit，微控制器）、测量算法以及物联网一站式解决方案的研发设计，产品及方案广泛应用于智慧健康、压力触控、智慧家居感知、工业测量、通用微控制器等领域。

卓胜微是射频前端芯片设计企业，主要向市场提供射频开关、射频低噪声放大器、射频滤波器等射频前端分立器件及各类模组的应用解决方案，覆盖移动智能终端、智能家居、可穿戴设备等领域。

据了解，卓胜微目前主要与苏州日月新半导体有限公司的专线合作，双方合作开发封测工艺，试运行期间，日月新承诺按照每月特定产能配置专线用于生产公司委托产品，公司承诺提供充足的订单以支持专线生产。

同时，卓胜微也与其他封测厂合作建设生产专线，购买的设备放置于供应商处进行生产合作，有效利用封测厂的生产管理能力实现公司产品的大规模量产。卓胜微入股通富微电，有助于双方的进一步合作。

从各企业在产业链所处的环节来看，卓胜微、韦尔股份、芯海科技均属于IC设计企业，是通富微电的客户，通过与通富微电在资本上的战略合作，能获得更稳定、优先的产能供应。

陕西省可以在封测、支撑领域的强劲实力为基础，融汇其上游设计厂家或材料需求厂家，提高产业链合作紧密度。

4.5.1.2 发挥产业联盟平台作用，提升区域产业品牌知名度

为构建融通发展的产业生态，建立风险共担、利益共享的协同创新机制，陕西省需加强省内企业配套合作，链主企业需联合上下游企业组建创新联合体，带动上下游中小企业创新发展。

另外，还要充分发挥陕西省半导体行业协会、陕西半导体先导技术中心、陕西光电子集成电路先导技术研究院、陕西半导体产业应用联盟、陕西半导体技术创新联盟、西安国家现代服务业集成电路设计产业化基地（西安市集成电路产业发展中心）、西安集成电路设计专业孵化器等公共服务平台的作用。

陕西省未来可借助公共服务平台的作用，将中国半导体封装测试技术与市场年会、中国集成电路制造年会、中国国际半导体博览会等高级会议引入陕西，打造区域品牌。以合肥市为例，其在2019—2020年举办了一系列半导体、集成电路相关的会议，如表4.18所示。

表4.18 合肥市举办的国际/国内集成电路会议

时间	会议	地点
2020年	中国半导体材料创新发展大会	合肥市
2020年	第五届海峡两岸半导体产业（合肥）高峰论坛	合肥市
2020年	中国半导体设备年会	合肥市
2019年	中国宽禁带功率半导体及应用产业峰会	合肥市
2019年	世界制造业大会集成电路产业高峰论坛	合肥市

陕西省未来可以将这些半导体、集成电路产业论坛/会议引入陕西，打造区域品牌，加快区域内企业的发展。

4.5.2 统筹资源，深化产教协同

陕西省协同创新具备一定的基础，但创新协同集中于本地集团内部企业之间，占比高达86%，企业与科研机构之间的研发联合攻关较少，仅18件，学研协同成效欠缺。企业、高校与科研院所投入各自的资源和能力，通过优势互补、强强联合促进科技成果转化和再创新，能够提升企业乃至

产业的基础能力和现代化水平。

经统计，国内集成电路关键技术专利申请量排名靠前的科研组织及其优势领域如表 4.19 所示。

表 4.19 推荐合作科研机构

科研院所	软件设计	逻辑器件	微处理器	存储器件	光刻技术	刻蚀技术	薄膜技术	掺杂氧化	封装	测试	大硅片	第三代半导体材料
中国科学院微电子研究所	✓		✓	✓	✓	✓	✓	✓	✓	✓		
中国科学院半导体研究所							✓			✓		✓
清华大学	✓		✓	✓	✓				✓	✓		
北京大学					✓	✓						
电子科技大学	✓	✓									✓	✓
中国科学院上海微系统所							✓	✓	✓			
复旦大学	✓	✓	✓	✓			✓		✓			
华南理工大学	✓											✓
浙江大学			✓				✓					
哈尔滨工业大学												
山东理工大学	✓											
国防科学技术大学			✓									
华中科技大学			✓	✓					✓			
东南大学										✓		
上海交通大学			✓						✓			
南京大学					✓							✓
天津大学	✓	✓										

注："✓"表示推荐合作优势领域。

4.5.2.1 平台类措施

以下为东部、中部等集成电路产业发展优势地区对企业、高校、人才的支持政策，供决策者参考。

1）培育研发机构。
（1）合肥市采取的措施。

条件：以区内行业领军企业为主体，"双一流"高校、中科院下属各研发机构、国字号科研院所等至少两个以上不同种类主体共同参与建设。体制机制灵活，可采用联合实验室、技术研发中心、产学研联合创新中心等多种形式，不要求成立独立法人。

政策：3年内，牵头参照企业给予合作科研机构的专项科研经费金额，给予10%的补贴，专项用于协同创新平台建设，每年最高不超过50万元。

（2）珠海市采取的措施。

条件：对区内企业与高校共建研发机构且签有合作协议，制度健全，管理规范，有明确的科研和产业化方向，对科技成果转化有明显促进作用。

政策：按共建研发机构的前期科研设备投入给予最高30%的一次性补贴，单个研发机构补贴资金最高100万元；对合作企业购买高校技术成果实施转移转化，按技术合同成交且实际到账金额给予合作企业10%的补贴，单个企业年度补贴资金最高50万元。

2）共建协同创新平台。
（1）合肥市采取的措施。

条件：以区内行业领军企业为主体，"双一流"高校、中科院下属各研发机构、国字号科研院所等至少两个以上不同种类主体共同参与建设。在高新区成立独立的法人机构，按照市场化方式运营。具有较高的成果产出和转化水平，成立3年内，各类知识产权申请量累计不少于20项，转化科技成果不少于5项，具有较好的经济社会效益。

政策：①项目落地奖励。对于高新区重点支持的产业领域，根据企业前期投入情况及入库半年内的指标完成情况给予一次性补贴100万元。

②研发经费支持。对于具有核心自主知识产权，研发总投资1 000万元以上的项目，给予协同创新平台实际支出研发经费30%补贴，每个平台每年最高不超过1 000万元。

③绩效考核奖励。将协同创新平台项目纳入高新区新型创新组织绩效考核，根据平台类型，择优给予50万~200万元奖励。

④重大科技研发经费配套。对承担国家级或省级重大科技专项和重点研发计划等科技计划项目的平台，给予国拨经费或省级经费3%~5%的补贴，每个项目最高50万元，每个平台最高500万元。

(2) 珠海市采取的措施。

条件：高校、科研机构、行业龙头企业围绕区内主导产业和科技创新发展，整合互补性资源开展协同合作的创新组织，可为区内集聚创新人才团队、实现科技成果转化、营造创新创业氛围，且须注册为独立法人单位。

政策：协同创新中心3000平方米以内的租赁办公面积，每年只需缴纳1元租金，由财政给予专项补贴，年补贴资金最高150万元，最多补贴3年。每年给予协同创新中心50万元的运营经费补贴，最多补贴3年。

4.5.2.2 人才类措施（以珠海市为例）

（1）支持科研人员双向流动。

条件：高校科研人员同时兼任主导产业目录内企业的高级管理人才（副总经理以上且企业支付年薪20万元以上，或货币实缴出资额不低于30万元人民币且占企业注册资本30%以上的企业股东）。

政策：参与高层次人才、青年优秀人才评选；给予产业发展与创新人才奖励，奖励额度上不封顶。

（2）支持科技特派员服务企业。

条件：每年从区内高校遴选一批科技特派员入驻企业，推进产学研合作。

政策：按每人1万元的标准向科技特派员所在高校给予奖励。

（3）支持高校学生在辖区企业实习。

条件：区内高校在校生到本区高新技术企业参加实习且时间不少于3个月。

政策：给予每人每月500元的实习补贴，补贴期限最长不超过6个月。

4.5.3 多管齐下，推动转化运营

当前，技术已成为经济动能转换的首要推动力，产业链和创新链不再是两种单独的业态，双链协同已成为驱动技术成果转化、实现产业优化升级，打造具备竞争优势的产业集聚的重要驱动。产业主体与创新主体之间相互协作，以满足市场需求为共同目标，通过各种形式的对接整合，实现技术成果的高效转化，促进产业链的强链补链、产业集聚的优化招引、产业资源的优化配置。

4.5.3.1 吸收科研院所高质量专利资源，促进高价值专利转化应用

作为国家科教高地，陕西省特别是西安市科研创新实力位居国内前列，

以丰富的科教创新资源储备为基础，技术溢出效应明显。根据陕西省省内专利转让流向可知，科研院所是省内重要的创新供给方。建议陕西省推动行业协会或企业联盟对省内丰富的科教资源建立高价值专利评估机制，引导市场引进重点专利技术，帮助集成电路科研成果转化落地，实现科研院所高价值专利市场化运营。

可以从技术、法律、经济等维度对专利价值进行分析，根据分析结果确定专利的级别，并根据不同的级别采取不同的管理和处置措施，以促进资源优化配置、高价值专利的转化应用。例如，以专利族平均被引次数作为分层依据，将族平均被引次数≥30的列为第一层级，族平均被引次数≥20的列为第二层级，统计陕西省集成电路领域各技术方向上的高价值创新专利，如表4.20所示。

表4.20 陕西省集成电路产业高价值专利

层级	公开(公告)号	申请人	PatSnap同族平均被引次数/次	领域
第一层级（同族平均被引次数不少于30次）	CN102505114A	西安电子科技大学	178	第三代半导体材料
	CN101515617A	西安电子科技大学	92	第三代半导体材料
	CN101602503A	西安电子科技大学	82	第三代半导体材料
	CN101325093A	西安电子科技大学	59	第三代半导体材料
	CN103113112A	西安交通大学	57	第三代半导体材料
	CN104496508A	西安交通大学	51	第三代半导体材料
	CN101503305A	西北工业大学	49	第三代半导体材料
	CN103198868A	西北核技术研究所	47	软件设计、逻辑器件
	CN101033137A	西北工业大学	47	第三代半导体材料
	CN102417375A	西北工业大学	46	第三代半导体材料
	CN101474511A	西安通鑫半导体辅料有限公司	45	第三代半导体材料
	CN101540343A	西安电子科技大学	42	第三代半导体材料
	CN101226092A	西安维纳信息测控有限公司	40	大硅片
	CN102515870A	西北工业大学	40	第三代半导体材料
	CN101907769A	西北工业大学	39	大硅片

续表

层级	公开(公告)号	申请人	PatSnap 同族平均被引次数/次	领域
第二层级（同族平均被引次数不少于20次）	CN101811892A	西北工业大学	29	第三代半导体材料
	CN101132022A	西安电子科技大学	29	第三代半导体材料
	CN105630441A	中国航空工业集团	28	微处理器
	CN1949468A	中国航天时代电子公司第七七一研究所	28	封装
	WO2018103647A1	西安电子科技大学	27	薄膜技术
	CN105655238A	西安电子科技大学	27	薄膜技术
	CN106449894A	西安电子科技大学	27	第三代半导体材料
	CN105977905A	西安电子科技大学	27	第三代半导体材料
	CN102964144A	西北工业大学	27	第三代半导体材料
	CN102832248A	西安电子科技大学	27	第三代半导体材料
	CN102194885A	西安电子科技大学	27	第三代半导体材料
	CN105633225A	西安电子科技大学	27	第三代半导体材料
	CN101252088A	西安电子科技大学	27	第三代半导体材料
	CN102214261A	西安电子科技大学	26	软件设计
	CN103150146A	西安电子科技大学	26	微处理器
	CN104538375A	华天科技	26	封装
	CN1544723A	西安华捷科技发展有限责任公司	26	第三代半导体材料

4.5.3.2 推动科技成果与资本的有效对接，促进专利转化应用

政府部门可以通过出台集成电路专项扶持计划，以及联合各方设立或引进集成电路产业投资基金，推动科技成果与资本的有效对接，引导企业、金融机构及社会资本投入集成电路产业，加快促进汽车芯片、智能移动芯片、物联网芯片、AI储存器芯片、安全芯片和智能储存器芯片等高端芯片的研发和生产。

陕西省现有陕西省集成电路产业投资基金、陕西省政府投资引导基金、陕西省科技成果转化引导基金等多支基金可被集成电路产业加以利用。2021年陕西省首次入选国家科技成果转化基金，西安唐兴科创投资基金合伙企

业（有限合伙）成为陕西省唯一一家入选的子基金，基金规模已达 9.5 亿元，集成电路产业符合其子基金主要投资方向电子信息领域，如表 4.21 所示。

表 4.21 2021 年度国家科技成果转化引导基金设立创业投资子基金名单

子基金名称	注册地	子基金规模/万元	转化基金拟出资金额/万元	子基金主要投资方向	子基金管理机构
国投（广东）科技成果转化创业投资基金合伙企业（有限合伙）	广东省	1 500 000	300 000	先进制造、电子信息、材料、能源和生物医药等	国投（广东）创业投资管理有限公司
湖南省天惠军民融合投资基金合伙企业（有限合伙）	湖南省	226 500	45 300	新兴产业类及科技成果转化类项目	湖南天惠投资基金管理有限公司
上海凯风至德创业投资合伙企业（有限合伙）	上海市	76 000	20 000	电子信息、生物医药、新材料等	宁波保税区凯风创业投资管理有限公司
沈阳约印鼎泰股权投资管理中心（有限合伙）	辽宁省	80 300	20 000	医疗服务、医疗器械和生命科学等	约印大通（北京）创业投资有限公司
广州凯得一期生物医药产业投资基金合伙企业（有限合伙）	广东省	41 500	11 000	生物医药、新型医疗器械和医疗信息化等	广州黄埔生物医药产业投资基金管理有限公司
西安唐兴科创投资基金合伙企业（有限合伙）	陕西省	95 000	25 000	电子信息、先进制造、医疗健康等	唐兴天下投资管理（西安）有限责任公司

陕西省还可探索设立专利投资基金，通过买断、许可等方式收储未开发的高价值专利，组建专利池，开发形成具有较高市场化价值的专利组合，政府通过转让、许可等方式进行直接的专利运营。

此外，引导和鼓励天使基金、风险投资基金投资集成电路企业，支持各级信用担保机构为符合条件的集成电路企业提供融资担保服务，支持企业通过专利融资租赁开展技术改造，都是推动科技成果与资本的有效对接、专利转化应用的有效方法。

4.5.3.3 推动开展专利运营对接活动，优化科技成果转化服务

鼓励陕西省知识产权专业机构、社会组织围绕集成电路关键技术成果转化、高价值专利运营开展政策宣讲、专业培训、对接沟通等内容丰富、形式多样的活动，一方面提升企业、科研机构运用高价值专利进行融资的意识和能力，另一方面促进企业、高校科研院所和投资机构等供需方深度对接，集聚资本、市场、产业等多方面资源，推动科技成果加快找到应用场景实现转化。

陕西省可探索搭建线上常态化交易服务平台。广泛征集可交易、可转化项目，采取3D虚拟+现实展厅、线上活动全程路演直播、网络端和手机端推广等多渠道开展项目推介服务，打造"全球买、全球卖"的科技成果转化、发布交易综合服务平台。

陕西省可推动完善专利交易服务保障体系。促进质押知识产权处置方式创新，支持知识产权专业机构在企业知识产权质押融资中出现违约时，创新知识产权处置方式，通过股债联动（债转股）、收购许可等方式处置违约质押物，保障专利技术对企业发展的持续支撑作用。鼓励探索开发知识产权交易担保产品，推动担保机构在许可、转让等知识产权交易过程中，开发知识产权交易信用保证产品，为交易双方提供履约担保服务，降低交易风险，促进交易互信，提升成功率。

4.6 小结

本章基于集成电路产业发展方向和陕西省产业发展定位的分析结果，立足于促进点状的产业分布发展成链状的产业联动，进而形成网状的产业

集群发展生态的战略目标，提出专利导航路径建议"五个一"：一份产业链创新图谱，一张产业链招商清单，一套技术创新体系，一张人才培养引进清单，一套创新生态体系。其旨在引导陕西省在集成电路产业重点技术方向发力，针对性地提出企业、人才的培养或引进方案，从而为陕西省政府和企业提供可参考的产业发展路径。

4.6.1 一份产业链创新图谱

从创新角度，分别为集成电路设计、制造、封测与支撑领域遴选出陕西省集成电路产业链的链主企业及骨干支撑企业。链主为首，骨干支撑企业紧随其后，带动整个产业链的升级和竞争力提升。

设计领域，西安紫光国芯创新底蕴深厚，适合作为陕西省集成电路设计环节的骨干支撑企业的头部企业。同时，推荐西安智多晶微电子有限公司、西安翔腾微电子科技有限公司、西安万像电子科技有限公司、西安芯瞳半导体技术有限公司、西安格易安创集成电路有限公司等为陕西省设计领域的骨干支撑企业。

制造领域，本地制造领域的企业创新实力薄弱，难以承担陕西省集成电路制造领域链主企业重任。在陕西省未引入本土集成电路制造领先企业的当前，西安三星可作为陕西省集成电路制造领域的主要抓手。

封测领域，华天科技（西安）有限公司是国内封测龙头企业，其在陕西省的产业布局也逐渐完善，并持续进行先进封装技术研发，创新储备与创新质量领跑陕西省集成电路封测业，适合作为陕西省集成电路封测环节的链主企业。根据封测业关键技术专利数据，结合企业的产业信息，推荐西安西谷微电子有限责任公司、华羿微电子股份有限公司、西安芯派电子科技有限公司为陕西省封测领域的骨干支撑企业。

支撑领域，西安奕斯伟材料科技有限公司的集成电路关键技术专利共计220件，是近年来创新极为活跃的支撑领域企业，对陕西省集成电路产业发展具有重要的战略性支撑作用，适合作为支撑环节的链主企业。推荐西安利科光电科技有限公司、陕西半导体先导技术中心有限公司为陕西省支撑领域的骨干支撑企业。

4.6.2 一张产业链招商清单

聚焦产业链短链、细链，立足补链、强链，通过招商引资促进企业集聚，科学、系统地布局集成电路全产业链。以集成电路存在短板的设计、制造、支撑领域为例，通过对国内优质企业的精准定位，助力陕西省加快引进一批辐射带动强的优质企业。

设计领域，综合分析专利、集成电路布图设计等知识产权数据，为陕西省重点推荐软件设计、存储器件等弱势领域可招引的龙头企业，如威盛电子、景嘉微等；综合考虑专利数据和集成电路布图设计数据，为陕西省筛选了集成电路设计领域中，专利数量与布图设计数量处于产业中游，对行业有较大影响力的骨干企业，如壁仞科技、江苏国芯科技、北京时代民芯科技、上海贝岭等；综合考虑企业成立时间、近五年专利申请占比和集成电路布图设计数量，为陕西省推荐一批近五年活跃度较高、具有培育价值的潜力企业，如京微齐力、芯创智、睦芯科技等。

制造领域，基于产业方向和陕西省产业基础分析，建议陕西省支持碳化硅、氮化镓等第三代半导体器件和模块的研发制造，培育壮大化合物半导体 IDM 企业，支持建设射频、传感器、电力电子等器件生产线。在光电子器件、电力电子器件、微波射频器件等具体产品环节推荐产业龙头企业、骨干企业、潜力型企业名单，为精准招商提供知识产权层面的依据。这些公司如卢米洛格、三安光电等龙头企业，乾照光电、海威华芯、斯达半导体等骨干企业，映瑞光电、蓝光科技、江苏能华微电子等潜力企业。

支撑领域，为辅助提升陕西省集成电路产业，向陕西省推荐先进设备制造企业引进名单。推荐生产扩散设备的北方华创，生产薄膜沉积设备的沈阳拓荆，生产 CMP 抛光设备的华海清科与中电科，生产金属化设备的盛美半导体等企业，以适应陕西省重点发展 14nm 级存储器晶圆制造技术的战略规划。

4.6.3 一套技术创新体系

选取弱势领域集成电路设计的重点技术 FPGA，选取优势领域封测的热点技术先进封装，通过对两个集成电路关键技术进行详细分析，为企业技术革新和创新提供发展思路，将有助于陕西省巩固技术优势、补齐技术短板，加快集成电路技术策源地建设。

在FPGA领域，关注FPGA国际龙头企业赛灵思和阿尔特拉的最新专利布局与动向，为陕西省集成电路产业在相关技术研发和专利布局策略等提出切实可行的建议。赛灵思在设计安全性、可编程逻辑结构配置、电路运行温度、时钟网络、堆叠硅片互联、仿真等方面进行了技术布局。阿尔特拉在维护设计信息安全、3D堆叠技术、可编程逻辑结构配置、时钟网络、可编程逻辑设备虚拟化领域进行了专利布局。

在先进封装技术领域，最新技术主要聚焦在3D堆叠和Fan-out封装的改进上。在3D堆叠方向上，涉及对层结构厚度的改进。在Fan-out方向上，涉及对封装工艺的控制。最终呈现的技术演进按照工艺指标大体分为各层垂直厚度、水平对准误差和过孔直径三个方向。

4.6.4　一张人才培养引进清单

要培养本地产业人才。陕西省重点发明人基本集中于各技术领域头部企业，逻辑器件、微处理器、掺杂氧化、封装、大硅片等领域已组建稳定的研发团队。在集成电路设计领域，西安紫光国芯的左丰国、李晓骏等为软件设计领先人才，西安智多晶微电子有限公司的程显志、陈维新、贾红、韦嶔等是逻辑器件的中枢人才，西安翔腾微电子科技有限公司的刘莎、周艺璇、李冲等长期是微处理器领域创新成果的发明人。在集成电路制造领域，龙腾半导体股份有限公司的岳玲、杨乐、刘挺、周宏伟、徐西昌等是掺杂氧化领域的技术人才。在集成电路封测领域，华天科技的郭小伟、崔梦等十余人在封测领域深耕多年，组成了稳定成熟的研发团队，西安智多晶微电子有限公司的程显志、陈维新、韦嶔等是测试的优秀人才。在集成电路支撑领域，隆基绿能科技股份有限公司的李侨、西安创联新能源设备有限公司的时刚和武海军、西安奕斯伟的赵晟佑等是大硅片技术人才，西安赛富乐斯半导体科技有限公司的陈辰与崔周源、西安智盛锐芯半导体科技有限公司的尹晓雪在第三代半导体材料领域创新成果突出。

要培育本地科研人才。综合分析发明人的专利发明量、有效专利数量与行业影响力，得到陕西省本地集成电路设计、制造、封测、支撑领域重点培育科研人才名单。西安电子科技大学、西北工业大学、中国航空工业集团是陕西省集成电路高端科研人才的集聚单位。例如，西安电子科技大学的郝跃、张玉明、张进成、马晓华等是突出的复合型人才，在集成电路设计、制造、封测、支撑领域的多个技术分支上均有丰硕的创新产出，尤其是郝跃院士在设计领域的软件设计、制造领域的薄膜技术、封测领域的测试、支撑领域的第三代半导体材料等方面均为中枢性人才；西北工业大学的成来飞、张立同、李贺军等是专攻第三代半导体材料的单一型人才；中国航空工业集团的张骏、田泽、吴晓成等主要攻关微处理器。

要关注专项高端人才。在领军人才层面，建议陕西省在全球范围内优选美国、欧盟、韩国、日本等主要国家（地区），在我国范围内精选广东、江苏、上海、浙江等主要省份的集成电路关键技术领军人才实施引进或开展合作。

要引进创业型人才。集成电路设计作为轻资产产业，创业型技术人才是企业创新驱动的重要支撑与核心。综合分析近五年专利申请占比、专利发明人与集成电路布图设计创作人履历，推荐肖佐楠、国云川、何书专等创业型人才。

要重视引进高校毕业生。建议陕西省抓住人才招引政策红利的重大机遇，提高对国内重点高校集成电路相关专业毕业生的引进，特别是加大对中西部、东北地区重点高校集成电路专业的毕业生的招募力度，进一步优化引才服务体系，加大政策宣传，注重追踪与考评，将高校优质人才资源转化为陕西省集成电路人才资源。

4.6.5 一套创新生态体系

当前，技术已成为经济动能转换的首要推动力，产业链和创新链不再是两种单独的业态，双链协同已成为驱动技术成果转化、实现产业优化升级、打造具备竞争优势的产业集聚的关键。产业主体与创新主体之间相互协作，以满足市场需求为共同目标，通过各种形式的对接整合，实现技术成果的高效转化。

要串珠成链，加强链上合作。进一步增强产业链黏性与韧性，包括产业链上下游公司通过资本入股的方式，进一步加强合作，推动客户导入以及供应链拓展；发挥产业联盟平台作用，提升区域产业品牌知名度。

要统筹资源，深化产教协同。一方面，梳理国内集成电路领域优质的科教资源，推动省地企业不断扩展合作范围，广泛与国内外实力较强的高校、科研机构进行研发合作，通过建立长期稳定的战略合作关系，组织开展联合技术攻关。另一方面，鼓励陕西省内企业和西安电子科技大学等高校开展产学研合作，加大对企业、高校、人才的支持政策，如支持科技特派员服务企业、支持高校学生在省内相关企业实习等。

要多管齐下，推动转化运营。建立专利池及入池评估机制，推动科技成果与资本的有效对接，促进专利转化应用，推动开展专利运营对接活动，完善创业生态，塑造良好的产业环境。促进企业创新和专利培育，积极进行海外专利布局。

第 5 章 输变电装备产业概述

5.1 输变电装备产业简介

一个国家的经济发展速度与电网的发展密切相关。随着经济的不断发展，我国对电力的需求也越来越高。电力从生产到最终运用，需要经过发电、输电、配电以及用电四个过程。电力装备是实现能源安全稳定供给和国民经济持续健康发展的基础，包括发电设备、输变电设备、配电设备等。而输变电装备制造业是电力装备行业的核心，同时属于"中国制造2025"战略中提到的十大重点领域中的电力装备。

输变电装备是电力系统中用于输送、分配电能及相应的控制、测量、保护电力系统所用电力设备和器材的总称，指的是从发电厂或发电中心向消费电能地区输送电能过程中，通过变换电压、接收和分配电能、控制电力的流向和调整电压的电力设施，它通过变电器将各级电压的电网联系起来，是电力传输网络中重要的功能节点。整体来看，输变电装备产业链可分为上、中、下游，即上游的原材料，中游的核心产品以及下游的成套设备应用。其中，输变电装备生产所需上游原材料主要包括钢材、有色金属、合金件、电线电缆、绝缘材料等；输变电装备中游产品主要涉及输变电设备及其控制设备，包括变压器、开关设备、换流阀、电抗器、电力电容器、断路器、电压互感器、电流互感器、电气仪表、继电器等；输变电装备的下游行业主要是发电企业、电网企业、轨道交通和工矿企业等。下游行业的投资、发展、价格水平以及运营状况，直接决定了输变电装备产业的投资、发展以及运营状况。

5.2 研究目标

陕西省高压输变电装备制造业起步较早、总体布局完整，聚集了中国西电集团、正泰集团、艾波比、特变电工等一批国内外知名企业，已经成为国内最具规模、成套能力最强的高压、超高压、特高压交直流输变电装备和其他电工产品生产制造基地，承担了全国高压输变电设备约1/3的制造任务，在全国处于龙头领先地位。

进入"十四五"时期，陕西省深入贯彻习近平总书记在陕考察重要讲话精神，加快构建支撑高质量发展的现代产业体系，让工业成为稳增长和高质量发展的主动力。2021年6月25日，陕西省政府办公厅印发的《关于进一步提升产业链发展水平的实施意见》（陕政办发〔2021〕15号），明确了省级领导担任"链长"的11条重点产业链，输变电装备产业链是其中之一。以此为契机，为推动发挥"链长制"统筹协调产业要素的优势，助力陕西省输变电装备产业不断延链补链强链，实现链式发展和推行链式招商，陕西省知识产权局组织开展了陕西省输变电装备产业专利导航研究，以全球输变电装备产业的专利数据和其他数据相融合，分析输变电装备产业的技术发展脉络、产业链结构以及产业链中主要企业、产品的市场竞争格局，从而准确判断陕西省发展输变电装备产业的优势和不足，并给出最新发展方向和发展路径。本报告遵循《专利导航指南》GB/T 39551—2020标准要求组织实施。

5.3 技术分解

在了解输变电装备产业的产业链、企业链及技术链基础上，结合输变电装备技术的发展趋势和陕西省输变电装备产业核心业务为高压、超高压及特高压交直流输配电设备的产业实际，本报告围绕产业链上、中游，将输变电装备产业的关键技术分为原材料、输电设备、变电核心设备、输变电配套设备和电力系统综合自动化设备 5 大二级技术分支；进一步地，通过产业和技术的深入调研，确定各三级、四级分支的技术分解，如表 5.1 所示。

表 5.1 输变电装备产业技术分解表

一级分支	产业链环节	二级分支	三级分支	四级分支
输变电装备	上游	原材料	钢材	硅钢
				不锈钢
			铜材	
			绝缘材料	绝缘气体
				绝缘油
				绝缘纸
	中游	输电设备	电力电缆	
			架线金具	
		变电核心设备	交流变压器	
			电抗器	
			电容器	
			换流变压器	
			换流阀	
			开关设备	隔离、接地开关
				断路器
		输变电配套设备	绝缘部件	真空灭弧室
				套管
				绝缘子
			继电器	
			熔断器	
			互感器	电压互感器
				电流互感器
			避雷器	ZnO（氧化锌）
		电力系统综合自动化设备	控制（调度）	
			保护	
	下游	电网应用		

5.4　数据检索说明

本书采用的输变电装备产业专利文献数据主要来自中国专利文摘数据库和德温特世界专利数据库，还综合利用了部分其他专利数据库。本书通过初步检索、扩展检索和补充检索等，保证数据检索的全面性。数据检索日截至2021年10月20日。

下述原因导致了2021—2022年提出的专利申请统计不完全：①PCT专利申请可能自申请日起30个月甚至更长时间之后进入国家阶段，导致与之相对应的国家公布时间晚；②发明专利申请的延迟公布，即自申请日（有优先权的自优先权日）起18个月（要求提前公布的申请除外）被公布；③实用新型专利在授权后才能被公布。因此，在本书的数据分析中，2021—2022年可能出现专利申请量明显下降的现象，这与该时间阶段内的专利数据无法完整检索有很大的关系，不能反映真实的申请量变化情况。对于该情况，在此加以统一说明。

第 6 章 输变电装备产业发展方向

习近平总书记指出,要围绕产业链部署创新链、围绕创新链布局产业链,推动经济高质量发展迈出更大步伐。❶ 本章以全景模式分析全球和我国输变电装备产业的专利态势,从而归纳、梳理出产业链及创新链的未来发展方向。

6.1 输变电装备产业专利态势

6.1.1 从申请趋势来看,全球产业景气度高,我国发展按下加速键

全球输变电装备领域近年来飞速发展,相关技术专利申请整体稳步上升。截至检索日,全球输变电装备领域共申请专利 398 662 件,按扩展同族取一后,共有 134 443 件专利。其中,授权 90 110 件,有效 37 949 件;发明专利共申请 90 906 件,占比 67.62%,含授权 31 524 件,授权率达 34.68%。

---

❶ 奋力谱写三秦大地高质量发展新篇章(沿着总书记的足迹·陕西篇)[EB/OL].(2022-06-23)[2022-08-21]. http://politics.people.com.cn/n1/2022/0623/c1001-32453772.html.

本书将以 134 443 件专利为基础，分析输变电装备产业技术的发展情况。

输变电装备作为输电网构成的核心基础，全球范围内相关专利申请在 19 世纪末就已经出现，之后申请数量缓慢上升。电网的形成推动了输变电装备行业的发展，进而使得更多企业将目光聚焦在输变电装备行业专利的研发与布局上，输变电装备产业专利全球整体申请量进入平稳增长期。2005 年起，全球输变电装备产业相关专利数量激增，在 15 年间新增 60 568 件，产业进入快速发展期。同期，在华布局方面，2005 年国家电网开始推行集约化管理，在系统内全面推行集中规模招标，建立了总部和省级单位的两级招标管理体系，打破了原有地方市场垄断和区域保护，改变了市场垄断和区域保护的现象，大大提高了输变电装备相关企业在华专利布局的积极性，使得 2005—2020 年短短 15 年间，各国输变电装备领域申请人在华专利布局量快速增加。

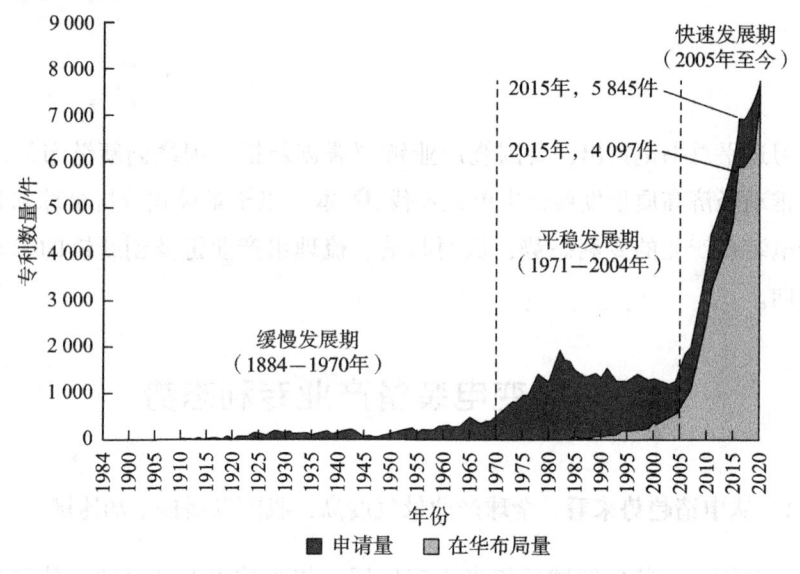

图 6.1 输变电装备产业专利全球整体申请趋势

本书依据输变电装备的种类及用途，将输变电装备分为变电核心设备、输变电配套设备、原材料、电力系统综合自动化设备和输电五个二级技术分支。观察图 6.2 中各二级技术分支专利申请量及其变化趋势可以看出，原材料的专利申请量自 2010 年以来经历了快速增长，在 2018 年达到历史峰值 810 件。伴随输变电设备所需配套技术的迅猛发展，2015 年后变电核心设备、输变电配套设备和电力系统自动化设备的专利申请量激增。以电力系统

第6章 输变电装备产业发展方向

图 6.2 输变电装备产业各二级分支全球专利申请量及态势

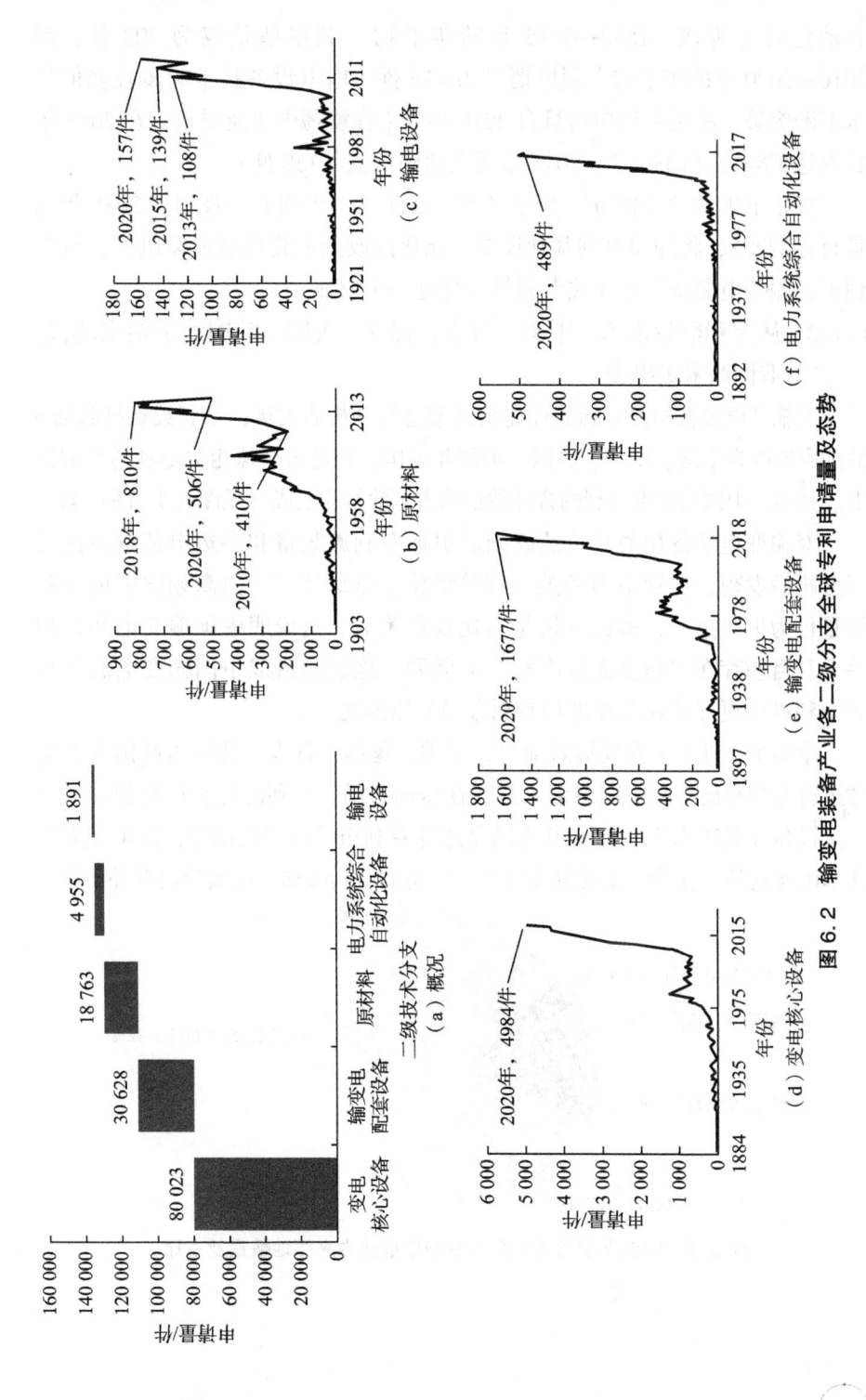

自动化设备为例，1892—2015年的年平均专利申请量仅为202件，而2016—2020年的年平均专利申请量为415件。输电设备技术起步较晚但技术不断突破，相关专利申请量自2010年以来在震荡中快速增长，在2013年首次达到峰值（108件），2015年再次达到峰值（139件）。

在接下来的"十四五"规划时期，根据《"十四五"规划和2035年远景目标纲要》，将加快电网基础设施智能化的改造和建设智能微电网，可以预见，输变电装备产业相关专利量还将进一步增加。

6.1.2 从专利数量来看，中国、日本、德国、美国、韩国处于领先地位，我国尚未走出去

对输变电装备相关专利的优先权国家进行分析后发现，专利数量排名前5的国家依次为中国、日本、德国、美国和韩国，合计占全球相关专利的八成以上。其中，中国和日本专利的合计数量约占总数量的七成（见图6.3、图6.4）。

对输变电装备相关专利的高频被引证专利族数量和多边申请量占比进行分析后发现，尽管中国相关专利总量位居全球首位，但高频被引证专利族量仅为世界第三，多边申请量占比仅居第五。这说明中国输变电装备相关专利目前存在"量多而质不精"的问题。这也是造成中国输变电装备相关专利难以更好地在海外进行专利布局的原因之一。

事实上，就专利布局形式而言，美国、德国、日本、韩国这些国家在全球进行专利布局，而中国申请人基本在本国布局，专利海外布局意识有待进一步提高（见图6.5）。日本和美国是海外专利布局最多的国家，其申请人除在本国布局外，在全球主要国家进行了大量的专利布局，积极抢占海外市场。

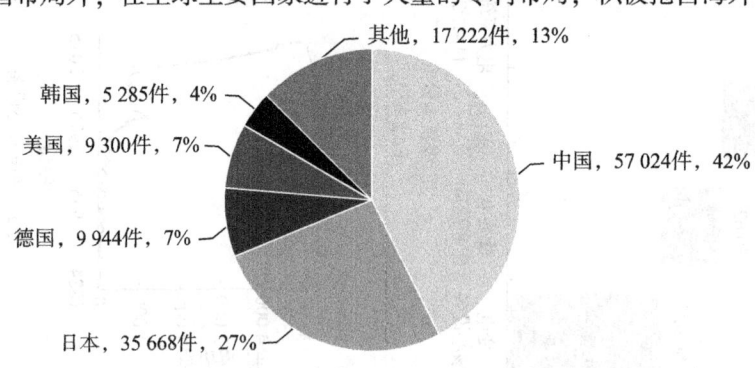

图6.3 输变电装备领域全球专利申请技术来源地数量及占比

其他，17 222件，13%
中国，57 024件，42%
日本，35 668件，27%
德国，9 944件，7%
美国，9 300件，7%
韩国，5 285件，4%

(a)高频被引证专利族量

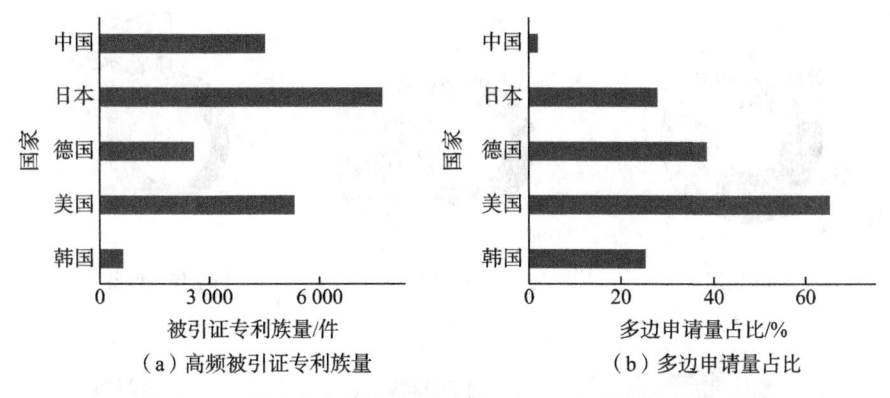

(b)多边申请量占比

图6.4 输变电装备领域专利主要来源国多指标维度排名

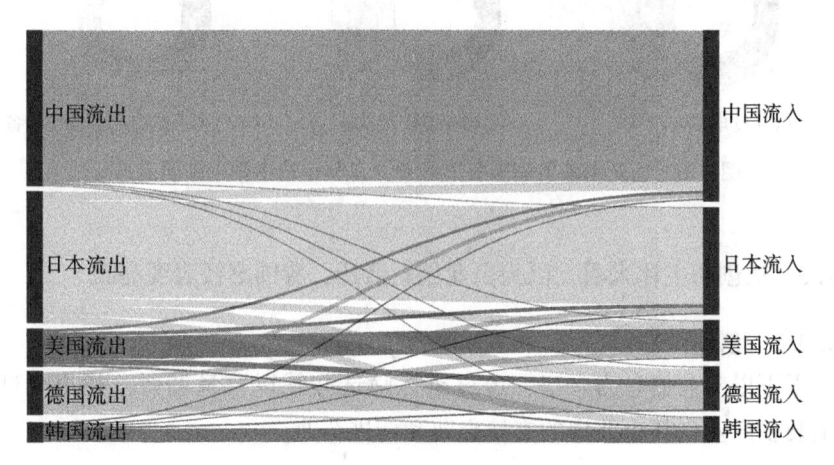

图6.5 输变电装备领域主要国家专利流向

随着国内电力投资增速放缓，国内市场终将趋于饱和，"走出国门"成为电力装备企业重要的战略目标。对输变电装备领域各二级分支专利申请主要来源国进行分析后发现，除原材料外，中国在其余四个二级技术分支的专利申请量均居世界首位，这说明中国申请人对输变电装备行业的专利研发高度重视。原材料一直是我国工业发展受制于其他国家的关键因素，就输变电装备行业来说，制作套管芯体作用的绝缘纸、环氧树脂、铝箔等配套材料的研发能力依然有待进一步发展。需要注意的是，尽管我国在变电核心设备等二级技术分支专利申请量位居世界第一（见图6.6），但特高压直流套管、出线装置、有载调压开关、IGBT功率模块等关键组部件产品仍主要依赖进口，中国输变电装备行业的技术研发工作任重而道远。

(a) 图例　　　　　　(b) 原材料　　　　　　(c) 输电设备

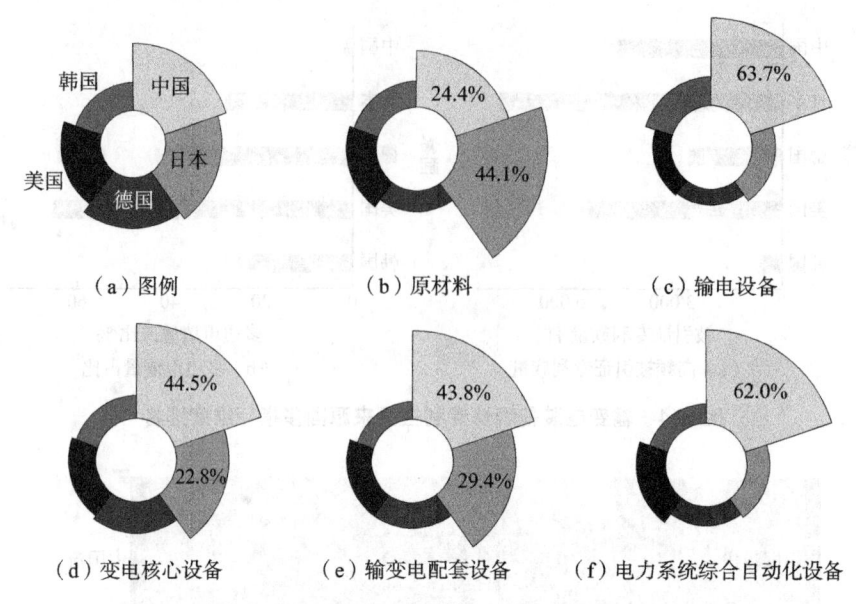

(d) 变电核心设备　　(e) 输变电配套设备　　(f) 电力系统综合自动化设备

图6.6　输变电装备领域各二级分支专利申请主要来源国及占比

6.1.3　从创新主体来看，巨头企业创新活跃，我国高校表现亮眼

6.1.3.1　创新企业

以下以专利信息为入口，通过指标筛选并辅以背景调研，找出全球输变电装备产业创新企业中的支柱企业和新进企业。

6.1.3.1.1　支柱企业

支柱企业是指对行业内其他企业具有很深的影响、号召力和一定的示范引导作用的企业。目前输变电装备产业排名前15的支柱企业分布在中国（1家）、日本（9家）、美国（1家）、德国（1家）、韩国（1家）、瑞士（1家）、法国（1家）（见表6.1）。输变电装备产业的专业性特点决定了电力装备制造企业具有市场集中度高，不同领域差异化、专业化竞争的特征，巨头企业充分利用专利布局抢占技术制高点，控制着核心技术和产品市场，专利实力与企业的市场竞争地位相一致。

表6.1　输变电装备产业专利申请量TOP15企业　　　　　单位：件

申请人	专利申请总量	PCT申请量
国家电网（中国）	7 135	158

续表

申请人	专利申请总量	PCT申请量
东芝（日本）	4 872	118
西门子（德国）	4 148	1 069
三菱（日本）	4 057	539
日立（日本）	3 003	235
艾波比（瑞士）	2 932	1 020
钢铁（日本）	1 797	312
制铁（日本）	1 574	282
通用（美国）	1 390	222
松下（日本）	1 290	108
富士电机（日本）	1 025	61
住友（日本）	847	127
浦项制铁（韩国）	728	204
丰田（日本）	677	70
施耐德（法国）	670	64

6.1.3.1.2 新进企业

新进企业是指拥有自主知识产权的核心技术、知名品牌，进入行业晚但在市场竞争中具有优势和持续发展能力的企业。通过对新进企业的背景进行分析调研，可以发现这些新进企业背后大多有强大的研发资金或强大的科研团队支持。例如，日照钢铁控股集团有限公司由河北京华创新集团、山东莱钢集团和香港誉进发展有限公司三家公司共同出资建立；清华四川能源互联网研究院背后依托清华大学，接收清华大学的优秀人才。各大优秀科研院校与资本雄厚企业对于输变电装备产业的进军也从侧面反映出输变电装备行业的巨大发展潜力。国内新进企业专利申请量前10名如表6.2所示。

表6.2 输变电装备产业新进企业专利申请量 TOP10

申请人	专利申请量/件	最早申请年份
河南平高通用电气有限公司	26	2016
默飏电气有限公司	22	2017
清华四川能源互联网研究院	13	2017

续表

申请人	专利申请量/件	最早申请年份
中天钢铁集团有限公司	12	2017
南京海兴电网技术有限公司	12	2017
武汉船用电力推进装置研究所	11	2016
无锡市电力滤波有限公司	11	2017
日照钢铁控股集团有限公司	10	2016
江苏邦泰电气有限公司	10	2015
昆山国力源通新能源科技有限公司	10	2016

6.1.3.2 科研机构

数据显示,全球范围内输变电装备产业专利申请量排名前15的科研机构中,有9家科研机构的申请量超100项,且有13家是来自中国的科研机构,占比高达86.67%。从表6.3中可以看出,各科研机构对输变电装备的研究侧重有所不同,输变电核心设备是大多数科研机构研究的重点方向,以西安交通大学为代表的11家科研机构主要对该方向进行了研究,中南大学和东北大学则着重对输变电设备的原材料进行研究。

表6.3 输变电装备产业科研机构专利量排名TOP15　　　单位:件

申请人	国别	原材料	输电设备	变电核心设备	输变电配套设备	电力系统综合自动化设备	申请量
西安交通大学	中国	14	2	220	48	60	331
华北电力大学	中国	6	1	213	15	84	302
自动网络技术研究所	日本	28	0	170	2	9	209
清华大学	中国	6	2	101	55	42	193
华中科技大学	中国	1	0	109	25	53	183
中南大学	中国	144	0	9	1	0	153
浙江大学	中国	5	1	84	6	19	105
中国科学院电工研究所	中国	1	0	92	4	7	104
沈阳工业大学	中国	4	0	97	1	2	104

续表

申请人	国别	原材料	输电设备	变电核心设备	输变电配套设备	电力系统综合自动化设备	申请量
东北大学	中国	89	0	8	1	0	98
天津大学	中国	4	0	32	6	62	98
上海交通大学	中国	6	0	69	11	15	96
韩国电气研究院	韩国	3	1	80	10	2	95
东南大学	中国	1	0	74	7	15	93
华南理工大学	中国	15	0	50	11	14	88

注：申请量为去重后的数量。

6.1.3.3 创新人才

以下以专利信息为入口，通过指标筛选并辅以背景调研，找出全球输变电装备产业的对口人才和科研骨干。

6.1.3.3.1 对口人才

对口人才是指行业内专门从事技术研发、攻关，拥有国际领先成果，为产业发展作出创新贡献的人。从表6.4可以看出，这些人才主要分布在日本（12人）、中国（5人）等输变电装备领域强国。从所属企业看，这些顶级人才主要就职于中国国网、日本三菱、日本住友、韩国浦项制铁、瑞士艾波比等输变电装备领域龙头企业。

表6.4 输变电装备产业对口人才前20名

申请人	第一发明人	申请量/件
上海乐研电气有限公司（中国）	金海勇	74
田村制作所（日本）	铃木浩太郎	72
鞍钢（中国）	高振宇	56
制铁（日本）	牛神义行	53
JX金属（日本）	波多野隆绍	46
三菱（日本）	牧一诚	42

续表

申请人	第一发明人	申请量/件
日本钢铁（日本）	渡边诚	42
三菱（日本）	田中芳幸	38
浦项制铁（韩国）	배병근	37
国家电网（中国）	陆佳政	35
住友（日本）	稻叶和宏	35
住友（日本）	山本伸一郎	35
国家电网（中国）	曾惠敏	34
浦项制铁（韩国）	김재훈	34
制铁（日本）	黑崎洋介	33
艾波比（瑞士）	Dietmar Gentsch	33
国家电网（中国）	林富洪	29
三菱（日本）	社藤康弘	29
三菱（日本）	黛良享	29
日本钢铁（日本）	高岛稔	29

6.1.3.3.2 科研骨干

科研骨干是指高校、研究所等科研机构内部担任科研活动的核心力量，拥有领先创新成果且创新活跃的人。从表6.5中可以看出，目前产业的科研骨干主要来自国内的高等院校。其中，中南大学的罗丰华是专利申请量最高的国内科研骨干。他现为中南大学粉末冶金研究院教授、博士生导师，先后参加原铁道部"九五"重点攻关项目"高速列车牵引异步电动机研究"和国家重点基础研究发展项目"新型稀土难熔金属热电子发射材料基础研究"等，主要研究方向为金属材料、粉末冶金材料与工艺方向。

表6.5 输变电装备产业科研骨干TOP20

申请人	第一发明人	申请量/件
中南大学	罗丰华	109
华北电力大学	赵成勇	53
广东石油化工学院	翟明岳	45

续表

申请人	第一发明人	申请量/件
浙江大学	徐政	31
华北电力大学	许建中	29
西安交通大学	宋国兵	23
天津大学	李斌	21
自动网络技术研究所（日本）	吉川浩平	21
清华大学	何金良	21
湖南大学	罗安	21
西安交通大学	刘志远	19
中国科学院电工研究所	张国强	19
西安交通大学	王建华	18
沈阳工业大学	刘晓明	18
华中科技大学	袁召	17
华北电力大学	尹忠东	17
自动网络技术研究所（日本）	高田崇志	16
清华大学	董新洲	16
东南大学	陈武	16
上海交通大学	蔡旭	15

6.2　输变电装备产业发展方向

6.2.1　产业链发展方向

6.2.1.1　产业结构调整方向

（1）从全球产业结构调整方向看，变电核心设备始终为产业发展重点，电力系统综合自动化设备受关注程度逐步提升。

截至检索日，全球输变电装备产业原材料、输电设备、变电核心设备、输变电配套设备、电力系统综合自动化设备专利申请量分别为 18 763 件、1 891 件、80 023 件、30 628 件、4 955 件。其中变电核心装备所涵盖的交流变压器、电抗器、电容器、换流变压器、换流阀以及开关设备，作为输变电成套装备的关键零部件，相关专利申请占比高达 58.7%。由表 6.6 可知，以三年为一个统计周期，2000年至今变电核心设备专利申请量占当年申请总量比重始终不低于50%，2018年至2020年期间的申请占比高达61.3%，与2000年至2002年期间相比上涨7%。可以看出，伴随全球经济的迅速发展对电力需求的日趋上升，同时出于经济与科技竞争的考虑，国内外申请人在变电核心设备相关技术创新方面持续加大研发力度，目前变电核心设备仍然作为全球输变电装备产业发展的重点。

表6.6 输变电装备领域全球产业各环节专利申请量占比 单位：%

年份	原材料	输电设备	变电核心设备	输变电配套设备	电力系统综合自动化设备
2000—2002	18.3	0.8	54.3	24.1	2.5
2003—2005	17.4	0.5	56.9	22.7	2.5
2006—2008	13.8	1.6	57.3	24.3	3.0
2009—2011	11.7	2.0	60.2	22.0	4.1
2012—2014	11.7	2.3	62.1	19.2	4.7
2015—2017	11.3	2.0	60.9	20.4	5.4
2018—2020	9.0	1.8	61.3	21.6	6.3

电力系统综合自动化设备主要包括以调度为重点的控制方式和继电保护。随着近些年来智能电网的发展，输变电装备智能化发展趋势愈加明显，特别是"碳达峰、碳中和"目标提出后，加快构建以新能源为主体的新型电力系统成为首要任务，其中"数字化、网络化、智能化"的新型电力装备是重要组成和支撑。结合专利申请量占比来看，电力系统综合自动化设备在产业中的占比已经逐步增长至6.3%，是2000年初的2倍多。这进一步印证了全球申请人对智能化的关注程度正在逐步提升，智能化是全球输变电装备产业发展的重要趋势之一。

（2）从主要发达国家产业结构调整方向看，变电核心设备稳中有升，电力系统综合自动化设备具备较大潜力。

主要发达国家产业发展往往处于全球领先梯队，对分析产业结构当前及未来的调整方向具有较强的参考意义。表6.7结合前述国家专利实力分布，选取了在输变电装备产业中主要的发达国家日本、德国、美国作为分析对象，并分别对它们的专利申请量占比情况进行统计。

表6.7　输变电装备领域日、德、美三国专利各产业环节占比　　单位：%

二级分支	国家	起止年份						
		2000—2002	2003—2005	2006—2008	2009—2011	2012—2014	2015—2017	2018—2020
原材料	日本	23.2	30.7	26.7	27.9	31.5	30.9	24.7
	德国	13.4	11.6	7.4	9.4	9.1	7.0	8.4
	美国	18.3	10.4	12.8	14.1	11.5	11.1	5.5
输电设备	日本	0.2	0.1	0.3	0.4	0.3	0.5	0.0
	德国	0.0	0.0	0.6	0.5	0.5	0.8	0.4
	美国	0.3	0.3	0.2	0.6	1.2	0.7	0.3
变电核心设备	日本	54.2	50.4	54.4	56.8	55.6	58.4	62.0
	德国	61.3	63.9	64.9	60.8	59.1	59.2	61.8
	美国	43.3	58.0	50.9	52.2	57.3	57.8	56.8
输变电配套设备	日本	20.8	18.0	17.4	13.2	11.6	9.6	11.2
	德国	22.6	23.4	26.5	24.9	24.4	26.1	22.4
	美国	33.1	23.8	28.9	21.8	18.2	20.9	20.7
电力系统综合自动化设备	日本	1.6	0.8	1.2	1.7	1.0	0.6	2.1
	德国	2.7	1.1	0.6	4.4	6.9	6.9	7.0
	美国	5.0	7.5	7.2	11.2	11.8	9.5	16.7

与全球产业结构相似，日本、德国、美国三国均将变电核心装备作为最主要的专利申请方向，在该技术领域的专利申请量占比最高，在总体趋势上三国均表现出上升趋势。可以看到，美国对电力系统综合自动化设备的重视度较高，2018—2020年相关专利申请占比已经达到16.7%，与2000—2002年的占比相比增长2.3倍。此外，德国、日本也表现出了增长趋势。这体现出日本、德国、美国三国均十分重视变电核心装备相关技术研发，专利申请量占比稳中有升。另外，三国在电力系统综合自动化设备上均表现出较高的重视度，该技术分支具备较大的增长潜力。

6.2.1.2 关键产品突破方向

（1）绝缘材料：环保型的绝缘气体、绝缘纸研发热度不断提升。

随着输变电装备产业和世界科学技术的飞跃发展，多种绝缘材料被研发并付诸应用，绝缘油、绝缘纸、绝缘气体作为较为常见的几种绝缘材料，已经成为近年来的研究重点。从绝缘材料技术的热点迁移情况来看，大约从2006年起，随着绝缘材料技术研发热点逐步向绝缘气体、绝缘纸转移，绝缘油的专利申请量占比开始呈现下降趋势；绝缘纸的起始申请量占比最高，2001年一度高达86%，整体看来绝缘纸的研发热度始终较高，2000年至今的年申请量占比基本均在50%左右；绝缘气体的起始申请量最低，但是随着环保型绝缘气体等新兴需求的增长，其相关专利量申请占比稳步提升，2010年后年申请量占比基本均在20%左右。值得注意的是，绝缘气体的申请量占比从2015年开始超过绝缘油占比，近几年来上升势头明显，表现出绝缘气体作为输变电装备产业重要的绝缘材料仍具有较大的技术上升及专利申请量增长空间（见图6.7）。

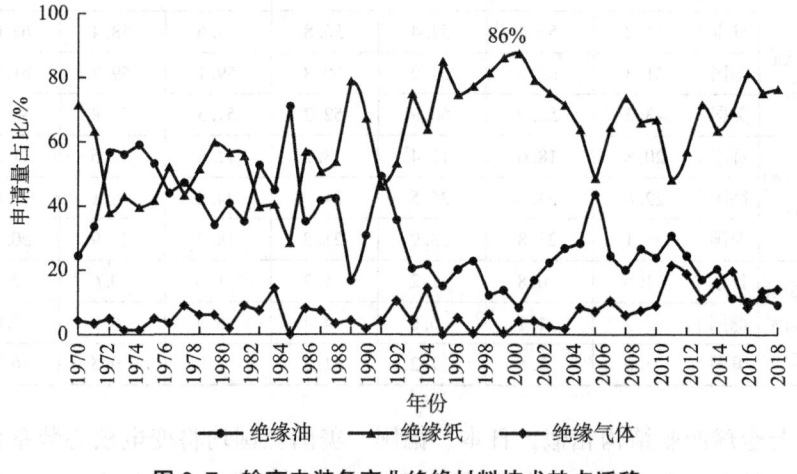

图6.7 输变电装备产业绝缘材料技术热点迁移

（2）绝缘部件：国产化加速催生套管步入高增长通道。

绝缘部件是输变电配套设备的重要组成，瑞士艾波比、日本东芝、中国国家电网、中国西电等企业均在套管、绝缘子等绝缘部件上拥有强劲的技术实力。从绝缘部件的专利申请占比情况来看，套管技术从1992年左右开始受到广泛关注，申请人投入了大量的技术研发力量，例如国家电网的平高集团在2011年申请了"一种特高压直流穿墙套管及其屏蔽结构"的专利（专利号为CN102570361A）。该发明避免了绝缘棒与屏蔽筒的连接结构影响穿墙套筒内电场分布的问题。到2020年，绝缘部件中套管专利申请量占比已经接近50%，可以预见其技术发展仍将持续上升（见图6.8）。

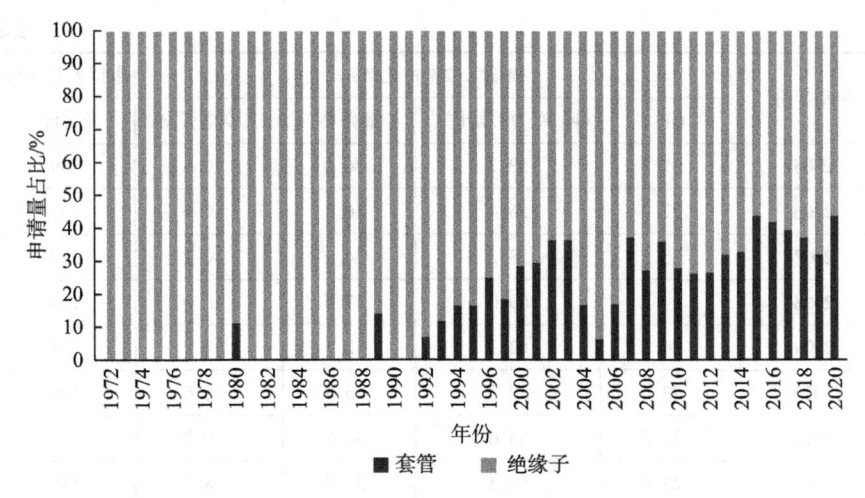

图6.8 输变电装备产业绝缘部件技术热点迁移

（3）开关设备：小型化、紧凑型GIS迎来热捧上升期。

GIS（gas-insulated metal-enclosed switchgear and controlgear，气体绝缘金属封闭开关设备）由断路器、隔离开关、接地开关、互感器、避雷器、母线、连接件和出线终端等组成。其具有结构紧凑、占地面积小、可靠性高、配置灵活等优点，广受用户好评。可以看到，随着开关设备市场需求逐步扩大，该技术领域正吸引着越来越多的创新主体加速涌入（见表6.8）。具体来看，2000年初，隔离、接地开关，断路器，真空电弧室技术迅速发展，这个时期俨然成为申请人涌入的黄金期；其后，随着对经济性能的追求及资源稀缺等因素影响，大约在2010年之后上述三个技术方向热度降低，GIS的申请人数量占比开始持续提升，可见输变电装备开关设备正持续向小型化和紧凑型方向发展。

表6.8 输变电装备产业开关设备专利申请人进入热点迁移

申请年份	申请人数量占比/%				申请人数量/人
	GIS	隔离、接地开关	断路器	真空电弧室	开关设备
2001	24.1	55.1	43.0	12.7	158
2002	25.5	61.1	36.3	10.2	157
2003	23.1	62.8	32.1	9.6	156
2004	25.5	56.5	29.2	14.3	161

续表

申请年份	申请人数量占比/%				申请人数量/人
	GIS	隔离、接地开关	断路器	真空电弧室	开关设备
2005	21.7	58.7	36.0	10.6	189
2006	27.8	56.4	36.1	10.6	227
2007	26.2	53.2	34.2	10.1	237
2008	24.1	60.0	37.6	10.0	290
2009	24.9	62.1	33.1	7.1	354
2010	23.5	59.2	35.9	8.6	429
2011	26.5	55.6	34.8	9.8	491
2012	28.4	59.3	32.7	8.3	545
2013	23.0	62.2	33.8	12.5	527
2014	19.3	63.0	29.8	10.5	600
2015	27.1	60.9	28.6	8.2	716
2016	29.0	55.7	32.6	8.2	817
2017	31.2	56.1	30.0	8.4	831
2018	29.8	56.1	28.9	7.9	937
2019	32.6	51.8	30.0	9.0	1 046
2020	34.3	51.8	25.5	9.0	1 284

6.2.2 创新链发展方向

6.2.2.1 技术发展热点方向

1）从各二级分支的技术生命周期来看，上游原材料技术步入成熟期，中游相关设备技术呈现高成长性。

（1）原材料由技术成长期逐渐步入成熟期，龙头企业垄断态势逐渐凸显。

如图6.9所示，原材料相关申请量自2006年起迅速增长，大量申请人开始进入该领域。到2019年以后，申请量出现缓慢下降的趋势，申请人数量也同步下降，相关技术逐渐进入成熟期，创新呈现向龙头企业聚集的趋势。

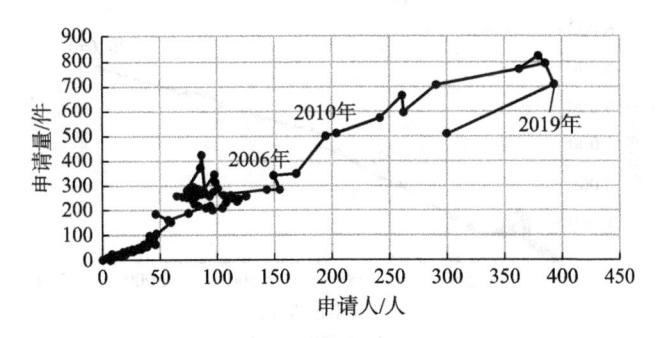

图 6.9 原材料专利技术生命周期图

（2）输电设备技术仍处于技术成长期，中国特高压输电技术全球领先。

随着电力生产技术的升级换代，输电设备技术早已迈入技术成长期，相关技术蓬勃发展。如图 6.10 所示，特别是自 2010 年开始，每年都有大量的科研人员进入领域参与技术的研发攻关，产出了大量的专利成果，相关申请人数量与专利申请量节节攀升。2020 年共有 110 余位申请人，累计申请了超 150 件专利。

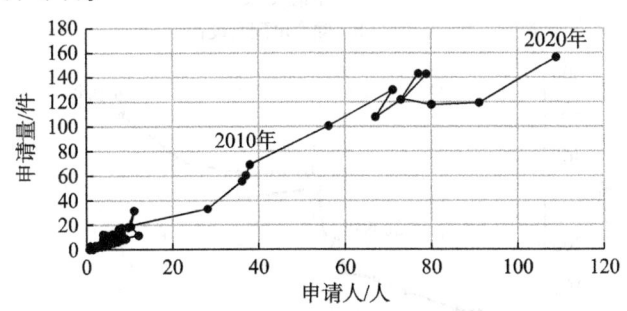

图 6.10 输电设备专利技术生命周期图

（3）变电核心设备发展迅速，输变电配套设备创新主体大量涌入，电力系统综合自动化设备专利持续积累，三个方面均处于快速成长期。

由图 6.11 可以看到，变电核心设备的申请人数量及申请量持续增多，2020 年申请量已经增长至约 5 000 件，申请人数量首次达到 2 000 余位，变电核心设备的发展进程迅速；输变电配套设备相关专利申请人于 2016 年超过 600 位，创新主体加速涌入；电力系统综合自动化设备的专利年申请量稳步增长，2009 年首次突破百件，2019 年达到 500 余件，研发热度稳中有升，产业相关专利实现迅速积累。

（a）变电核心设备

（b）输变电配套设备

（c）电力系统综合自动化设备

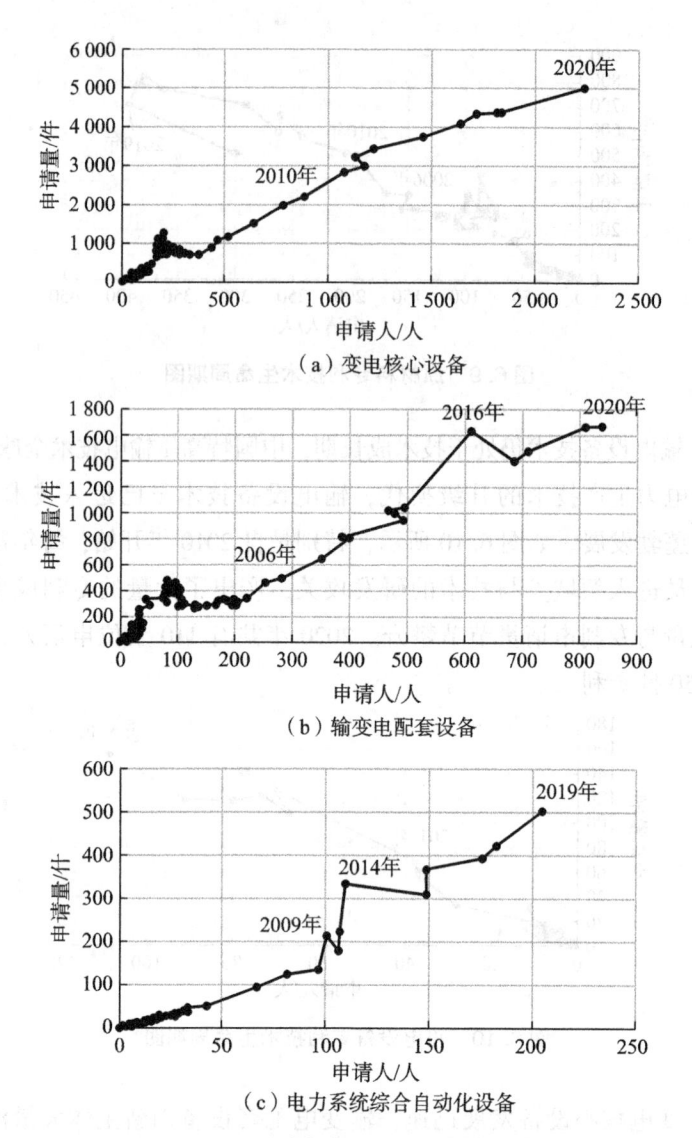

图 6.11 处于成长期二级分支生命周期图

2）从专利申请趋势看，开关设备、电抗器等一次设备和二次设备是当前研发热点。

图 6.12 展示了全球各三级分支专利申请趋势，其中，开关设备、电抗器、互感器是目前申请量最大的三个三级分支，2018—2020 年的申请量分别为 7 835 件、2 142 件、1 920 件。近 20 年来上述各分支申请量整体上均呈现持续上升趋势，与 2000—2002 年期间相比，分别增长 5.2 倍、5.7 倍、

4.7倍。此外，保护、控制两个分支增长势头明显，分别增长19.4倍、10.6倍。由上述申请变化趋势可见，开关设备、电抗器、互感器、控制、保护等为目前的热点研发方向。

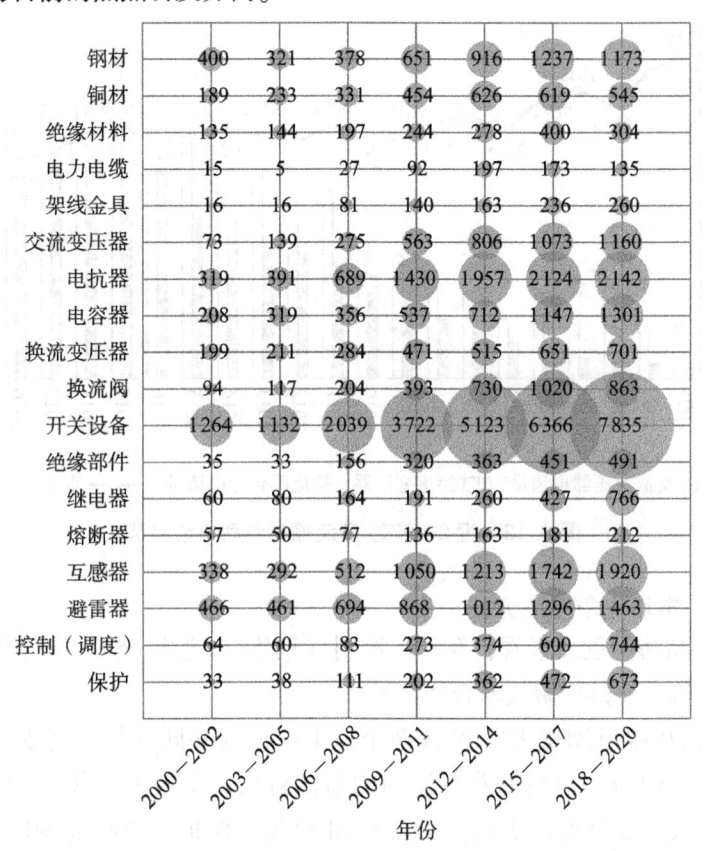

分支	2000—2002	2003—2005	2006—2008	2009—2011	2012—2014	2015—2017	2018—2020
钢材	400	321	378	651	916	1237	1173
铜材	189	233	331	454	626	619	545
绝缘材料	135	144	197	244	278	400	304
电力电缆	15	5	27	92	197	173	135
架线金具	16	16	81	140	163	236	260
交流变压器	73	139	275	563	806	1073	1160
电抗器	319	391	689	1430	1957	2124	2142
电容器	208	319	356	537	712	1147	1301
换流变压器	199	211	284	471	515	651	701
换流阀	94	117	204	393	730	1020	863
开关设备	1264	1132	2039	3722	5123	6366	7835
绝缘部件	35	33	156	320	363	451	491
继电器	60	80	164	191	260	427	766
熔断器	57	50	77	136	163	181	212
互感器	338	292	512	1050	1213	1742	1920
避雷器	466	461	694	868	1012	1296	1463
控制（调度）	64	60	83	273	374	600	744
保护	33	38	111	202	362	472	673

图 6.12　输变电装备产业各三级分支专利申请趋势

3）从不同输电方式对比来看，直流输电技术为长期攻克方向，交流和直流两种输电技术并行是现阶段趋势。

输电方式主要有交流输电和直流输电两种。交流变压器是交流输电工程的核心设备，换流变压器和换流阀是直流输电工程的核心设备。以交流变压器、换流变压器及换流阀三个三级分支作为切入点，从图6.13可见，换流变压器、换流阀合计申请量整体呈上升趋势，这与直流输电在大功率超高压远距离输电、电缆输电以及非同期联网等方面的优势有关。从直流占比变化情况来看，其占比始终不低于50%，可见直流输电技术仍然为长期攻克的技术方向。另外，交流变压器 2001 年申请占比仅为 19%，发展至 2020 年占比已经增长至 45%。这也表明交流和直流两种输电技术并行已经成为现阶段趋势。

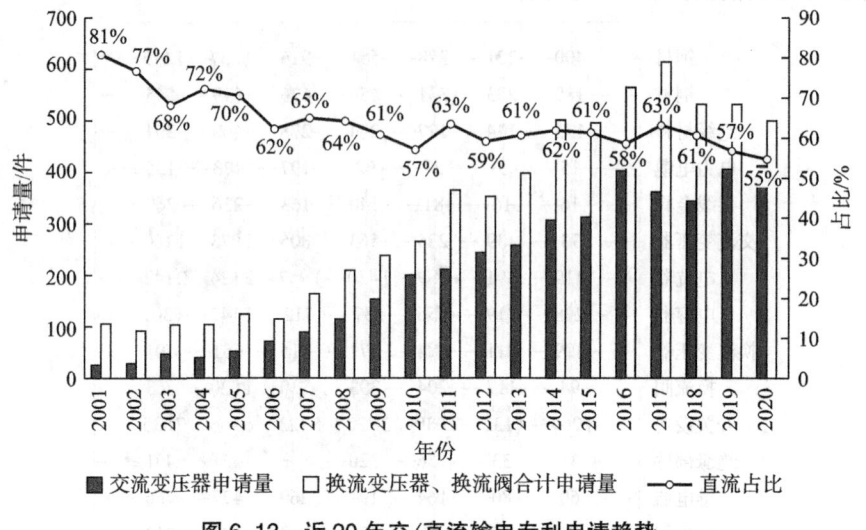

图 6.13 近 20 年交/直流输电专利申请趋势

6.2.2.2 市场竞争重点方向

（1）从协同创新来看，保护、控制（调度）、架线金具、交流变压器、绝缘部件等产业链中游技术合作频发。

专利的协同创新是指两个或两个以上申请人共同合作，完成一项专利技术的研发创新并申请专利。协同创新的背后，是不同主体之间的合作，是携手突破技术难题的表现。由图 6.14 可见，保护、控制（调度）、架线金具、交流变压器、绝缘部件是协同创新占比最高的五个分支，均不低于 20%。可见上述分支逐渐受到各类研究主体的重视，通过联合攻关向该技术方向持续投入，并通过联合申请形式对技术加以保护。

（2）从新进入者集聚来看，大量创新主体加入架线金具、继电器、绝缘部件、控制（调度）、交流变压器、开关设备等市场竞争浪潮。

产业发展全过程都伴随着创新主体的不断加入和退出，尤其是在产业发展的成长期，不断有新企业加入竞争，因此从产业新进入者的数量分布中，可以看出产业竞争的重点和热点方向。表 6.9 展示了各三级分支近五年新进入者占比情况，包括架线金具、继电器、绝缘部件、控制（调度）、交流变压器、开关设备在内的几个三级分支占比较高，新进入者占比均在

35%以上，最高的达到44.2%。结合近五年申请量占比来看，控制（调度）、继电器、保护等分支占比较高，可见中游的电力系统综合自动化设备、输配电配套设备等技术是申请人较为青睐的专利申请方向。究其原因，可能与输变电装备智能化、成套化趋势的影响有关，创新主体积极把握市场动向，紧跟市场潮流，通过持续布局专利获得收益最大化。

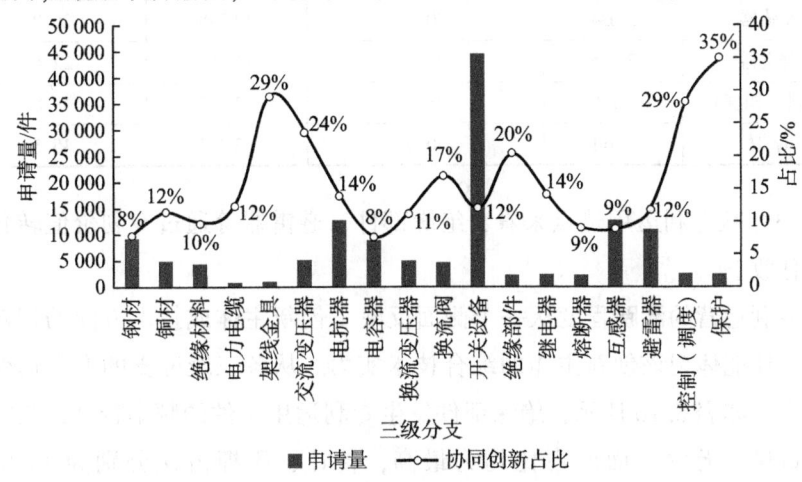

图6.14 三级分支协同创新热点方向

表6.9 各三级分支近五年新进入省申请热点方向

三级分支	申请人/人	近五年新进入者占比/%	申请量/件	近五年申请量占比/%
钢材	1 662	29.6	9 208	23.7
铜材	1 260	34.6	5 079	20.0
绝缘材料	1 709	16.6	4 481	12.4
电力电缆	360	33.3	833	29.2
架线金具	459	44.2	1 061	42.0
交流变压器	1 530	37.8	5 149	39.5
电抗器	3 742	27.7	12 821	29.1
电容器	2 972	30.3	8 857	24.5
换流变压器	2 020	25.0	5 006	24.6
换流阀	1 488	30.8	4 573	37.1
开关设备	8 051	36.7	44 793	28.6
绝缘部件	901	38.6	2 239	38.2

续表

三级分支	申请人/人	近五年新进入者占比/%	申请量/件	近五年申请量占比/%
继电器	767	38.9	2 432	47.3
熔断器	651	26.6	2 152	16.3
互感器	3 034	30.6	12 748	26.2
避雷器	3 175	28.2	11 085	22.6
控制（调度）	1 160	38.4	2 592	48.8
保护	611	30.8	2 363	45.5

（3）从专利运用热点来看，绝缘部件、避雷器等通过专利价值转化获取最佳收益。

专利运营的活跃程度从一个侧面反映了创新主体或技术方向的创新生命力，还能体现该创新主体的综合技术实力。从各三级分支的专利运营占比来看，如表6.10所示，绝缘部件发生专利运用事件的频率较高，其在许可、诉讼、无效方面的占比均为最高，转让、质押占比分别为11.3%、0.5%。同时，从表中所示色阶来看，避雷器在五种专利运用事件中的表现均较为活跃，通过多种形式对专利进行运营并完成专利成果的转移转化。可见，绝缘部件、避雷器等已经成为输变电装备产业专利运用的热点方向。

表6.10 各三级分支专利运用热点方向 单位：%

三级分支	诉讼	许可	质押	转让	无效	专利运用事件合计占比
钢材	0.1	0.3	0.8	11.4	0.0	12.6
铜材	0.1	0.2	0.8	16.2	0.0	17.4
绝缘材料	0.1	0.2	0.8	8.1	0.1	9.3
电力电缆	0.1	0.5	1.9	7.7	0.0	10.2
架线金具	0.0	0.2	0.5	6.7	0.0	7.4
交流变压器	0.1	0.6	0.6	10.2	0.2	11.7
电抗器	0.1	0.6	0.7	7.9	0.0	9.2
电容器	0.1	0.4	1.0	6.7	0.0	8.2
换流变压器	0.1	0.5	1.2	10.6	0.1	12.4
换流阀	0.1	0.4	1.1	11.7	0.0	13.4
开关设备	0.0	0.4	0.6	9.2	0.0	10.2

续表

三级分支	诉讼	许可	质押	转让	无效	专利运用事件合计占比
绝缘部件	0.2	1.1	0.5	11.3	0.2	13.3
继电器	0.1	0.5	0.5	11.5	0.0	12.6
熔断器	0.1	0.1	0.8	7.6	0.1	8.7
互感器	0.1	0.7	0.4	6.1	0.1	7.4
避雷器	0.1	0.6	0.9	9.1	0.1	10.8
控制（调度）	0.1	0.2	0.9	9.9	0.0	11.1
保护	0.0	0.5	0.6	12.1	0.0	13.2

（4）从PCT专利国内外流向来看，原材料长期受到国外制约、变电核心设备国内外竞争焦灼，钢材、开关设备热度更盛。

PCT是有关专利的国际条约，根据PCT提交一件国际专利申请，申请人可以同时在全世界大多数国家寻求对其发明的保护。近年来国内申请人PCT申请量快速增长，截至检索日输变电装备产业国内申请人PCT专利申请量已达954项。

6.3 产业发展方向导航的基本结论

本部分以专利数据为基础，分析了全球输变电装备产业的专利态势，并通过深入挖掘以上信息揭示了输变电装备产业链和创新链的技术发展方向。

产业链发展方向在于：从产业结构调整方向来看，变电核心设备仍然是产业发展重点，电力系统综合自动化设备乘智能化、碳中和之风腾飞；从关键产品突破方向来看，环境适应的绝缘材料研发热度不断提升，国产化加速催生套管步入高增长通道，小型化、紧凑型GIS迎来热捧上升期。

创新链发展方向在于：从技术发展热点方向来看，上游原材料技术步入成熟期，开关设备、电抗器等一次设备和二次设备是当前研发热点，直流输电技术为长期攻克方向；从技术发展热点方向来看，上游原材料技术步入成熟期，开关设备、电抗器等一次设备和二次设备是当前研发热点，直流输电技术为长期攻克方向。

第 7 章 陕西省输变电装备产业定位

本章立足陕西省输变电装备产业发展现状，将其与对标省份乃至全国、全球的产业发展趋势做对比，以定位陕西省输变电装备产业在全球、全国所处的地位和水平，进而明确陕西省输变电装备产业发展定位，掌握陕西省产业发展中存在的产业结构、技术布局等方面的优势和差距。

7.1 陕西省输变电装备产业专利态势

7.1.1 从国内分布来看，陕西省处在国内第二梯队前列，未来发展态势长期看好

从专利数据来看，截至检索日，除港澳台外，我国31个省份（不含港、澳、台，下同）均有输变电装备相关专利申请。对各省份的专利申请数量进行横向比较，大致可以分为三个梯队。江苏、浙江、北京、广东4省份位于第一梯队，专利申请超出5 000件；上海、山东、河南、陕西等12个省份位于第二梯队，专利申请超出1 000件；其余的云南、广西、江西、重庆等省份位于第四梯队。可以看出，陕西省的输变电装备专利申请量虽然与第一梯队存在一定差距，但在第二梯队排名靠前，超出辽宁、安徽、湖北、河北等一些第二梯队省份。

其中,专利申请量排名前十的省份主要集中在东南沿海地区,以江苏、浙江、上海三省份为代表的长三角地区。以北京、辽宁、天津三省份为代表的环渤海地区,相关产业创新能力不断增强,在打造世界级产业集群方面具备一定的发展基础。与此同时,头部企业有力带动了区域产业创新实力的提升,如江苏省的南瑞集团、山东省的山东电工电气集团、河南省的许继集团和平高集团、陕西省的西电集团等。值得肯定的是,陕西是唯一进入前十的西部省份,在输变电装备产业空间布局战略地位上具有重大意义。

具体到二级分支,从表7.1中可以发现,由于我国各省份的资源禀赋、经济结构和发展速度不同,目前在输变电装备产业上也呈现出了不同的产业特色。江苏、浙江、北京、广东4省份全面领跑;辽宁、安徽、湖南3省份立足丰富的矿产资源和老工业基础,在上游原材料领域积累一定优势;山东省近年来大力发展大数据智能产业,在电力系统综合自动化设备领域跻身前列。

表7.1 我国各省份输变电装备专利申请量统计　　　　单位:件

梯队	省份	去重后申请量和	原材料	输电设备	变电核心设备	输变电配套设备	电力系统综合自动化设备
第一梯队 (>5 000)	江苏	8 147	715	327	4 826	6 141	412
	浙江	5 832	324	95	4 033	4 529	113
	北京	5 584	331	154	3 482	4 446	629
	广东	5 556	208	67	3 680	4 320	423
第二梯队 (1 000~ 5 000)	上海	3 154	263	40	1 907	2 265	86
	山东	3 109	187	64	2 022	2 423	192
	河南	3 021	123	82	2 012	2 287	126
	陕西	2 624	153	26	1 722	1 955	127
	辽宁	2 538	389	24	1 366	1 803	47
	安徽	2 370	434	50	1 376	1 915	69
	湖北	1 927	303	42	999	1 442	117
	河北	1 636	122	28	936	1 119	60
	湖南	1 564	236	9	994	1 264	40
	四川	1 522	139	62	920	1 189	85
	福建	1 437	55	12	945	1 048	51
	天津	1 218	81	10	791	968	99

续表

梯队	省份	去重后申请量和	原材料	输电设备	变电核心设备	输变电配套设备	电力系统综合自动化设备
第三梯队（<1 000）	云南	665	55	19	387	550	97
	广西	572	29	3	362	411	21
	江西	566	74	13	274	365	11
	重庆	467	46	11	286	369	34
	贵州	462	11	8	272	325	40
	黑龙江	435	45	5	283	352	22
	山西	319	44	4	197	264	21
	内蒙古	317	118	8	144	287	20
	新疆	298	14	10	201	236	14
	吉林	281	11	15	184	233	25
	甘肃	260	23	6	175	215	13
	宁夏	202	9	3	141	162	15
	青海	70	11	3	36	60	10
	海南	40	0	0	25	29	4
	西藏	8	0	0	4	5	2

总的来看，随着输变电装备技术国产化进程加速，各省份间产业发展差距进一步彰显，第一梯队省份大力布局中游核心产品，推动产业总量扩张、产业集群和产业结构优化升级，第二梯队省份积极发挥资源优势和运用政策支持，突破地域限制，获得了良好的发展。在此基础上，作为中西部省份产业技术突破的标杆，陕西省输变电装备产业未来发展态势长期看好。

7.1.2 从申请趋势来看，陕西省积极围绕产业链部署创新链，但发明占比偏低

截至检索日，陕西省输变电装备产业共检索得 2 624 件专利，含授权 2 084 件，授权率 79.4%，有效 1 302 件，有效率 49.6%。其中发明共计

1 064 件，占比 40.5%，低于全球的 67.6% 及国内的 41.9%，含授权 524 件，授权率 49.2%；有效发明专利 412 件，有效率 38.7%。从 2001—2021 年专利申请趋势来看，陕西省输变电装备专利申请量自 2005 年后进入快速增长期，同期中国西电成为中国电气百强之首，此后基本保持增长趋势，专利申请量于 2020 年达到历史峰值，为 304 件（见图 7.1）。

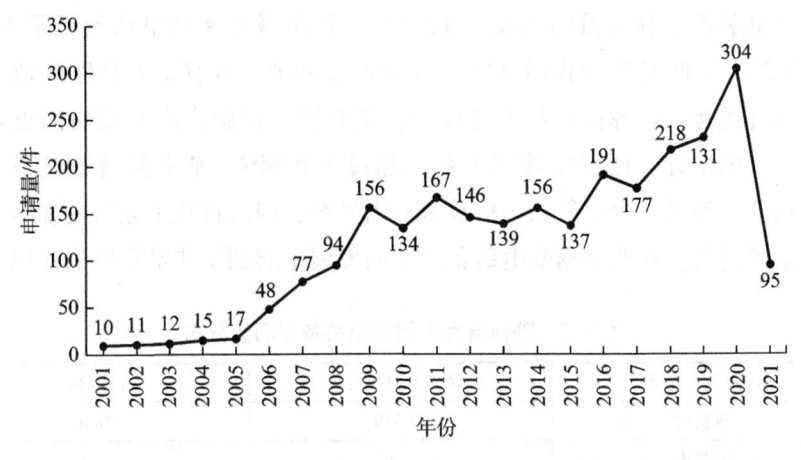

图 7.1 陕西省 2001—2021 年输变电装备专利申请趋势与专利类型占比

随着产业链安全成为全球关注的焦点，陕西省输变电装备产业呈现出重点领域发展壮大、产业链条不断延伸的特点。通过分阶段统计陕西省输变电装备产业近 2001—2021 年技术分支专利申请占比可以看出，变电核心设备领域专利申请量一直占据着约 60% 的比例，为陕西省输变电装备领域最重要的组成部分，而输变电配套设备领域的专利占比逐渐向上游原材料领域转移（见表 7.2）。

表 7.2 陕西省 2001 年以来输变电装备技术领域热点变化　　　　单位：%

年份	原材料	输电设备	变电核心设备	输变电配套设备	电力系统综合自动化设备
2001—2005	6.1	0.0	59.1	31.8	3.0
2006—2010	1.5	1.5	60.5	32.0	4.5
2011—2015	4.6	0.5	66.4	23.0	5.5
2016—2020	7.8	1.2	64.2	21.8	5.0

7.1.3 从区域布局来看,西安"强省会"优势突出,专利占比超九成

从专利数据来看,陕西省输变电装备专利分布在省内的 9 个城市中,商洛市尚无相关专利申请。其中,西安市以 2 378 件专利远超其他城市,占陕西省全省专利总量的 90.6%。排名第二和第三的宝鸡市、咸阳市分别占全省输变电装备专利总量的 3.6% 和 2.1%,其余城市专利申请量不足 50 件(见表 7.3)。西安作为我国国防工业的重要基地,具有得天独厚的地理优势、环境优势、资源优势和产业优势,是我国军民融合产业发展的重要板块之一。据统计,西安本地军工单位超过 110 家❶,基本涵盖了航空、航天、兵器、船舶、电子信息、核技术 6 大领域,国防科技工业研发和生产能力居全国前列,在西安输变电装备产业的发展中起到了非常重要的作用。

表 7.3 陕西省九市输变电装备专利量分布

陕西省下辖市	专利申请量/件	占比/%
西安市	2 378	90.6
宝鸡市	95	3.6
咸阳市	56	2.1
渭南市	35	1.3
汉中市	28	1.1
榆林市	16	0.6
安康市	6	0.2
延安市	5	0.2
铜川市	5	0.2
商洛市	0	0.0
合计	2 624	100.0

从细分产业领域来看,如表 7.4 所示,西安市在各个二级分支均稳居省内龙头地位,特别是在原材料和电力系统综合自动化设备领域,相比于其他城市专利申请量只有个位数,西安的表现十分突出。

---

❶ 创建军民深度融合的西安模式 建设创新引领的现代产业体系 [N]. 西安日报, 2018-03-02 (7).

表7.4 陕西省九市输变电装备二级分支专利申请量统计　　单位：件

城市	原材料	输电设备	变电核心设备	输变电配套设备	电力系统综合自动化设备
西安市	144	20	1561	604	117
宝鸡市	4	0	75	16	1
咸阳市	3	3	29	24	1
渭南市	0	0	25	9	1
汉中市	0	2	15	7	4
榆林市	1	0	8	6	1
安康市	0	1	3	1	1
铜川市	1	0	2	2	0
延安市	0	0	4	0	1

整体来看，陕西省输变电装备产业以西安市为牵引，宝鸡市和咸阳市在产业链各环节基本都有涉及、产业结构完整，渭南市、汉中市、榆林市等在具体产业领域基本都有分布，具备相当实力，符合陕西省"十四五"规划中关于构建区域协同创新体系的任务安排——"统筹全省创新资源布局，建设以国家（西部）科技创新中心为引领，以西安、宝鸡、汉中等创新型城市为支撑，以重点科技创新城（园区）为主要载体的区域协同创新体系，巩固提升创新型省份建设"。

7.1.4 从创新主体来看，陕西省产业化程度高，高校创新支撑作用明显

陕西省输变电装备相关专利的申请人整体呈现出"以企业主体为主，头部企业专利申请集中度高"的特点，从TOP10申请人来看，以西电集团、合容电气、国家电网、斯瑞新材等重点企业为主，是陕西省输变电装备产业发展的标杆力量，同时，西安交通大学、西安理工大学、西安工程大学等高校也表现出不俗的科研实力（如图7.2所示）。

企业申请人中，西电集团的专利申请量最高，有855件，占全省申请总量的32.6%，有效占比58.9%，高于全省平均水平。除了链主企业中国西电集团外，陕西省还有许多输变电装备领域的优质企业。如陕西斯瑞新材料股份有限公司，为陕西省输变电装备领域技术实力突出、专利运营活跃

的优质企业；坐落于西安经济技术开发区的合容电气集团有限公司目前已经成为中国输变电装备行业民营企业的领跑者，下辖合容电气股份有限公司、西安合容电力设备有限公司等六家子公司，技术实力突出、专利运营活跃，主要产品覆盖电容器、电抗器、开关等多个领域，成功建设了多项国家级工程，拥有深厚的技术实力基础。高校申请人中，西安交通大学的专利申请量最高，328件。其次是西安理工大学和西安工程大学，分别申请专利29件和20件。

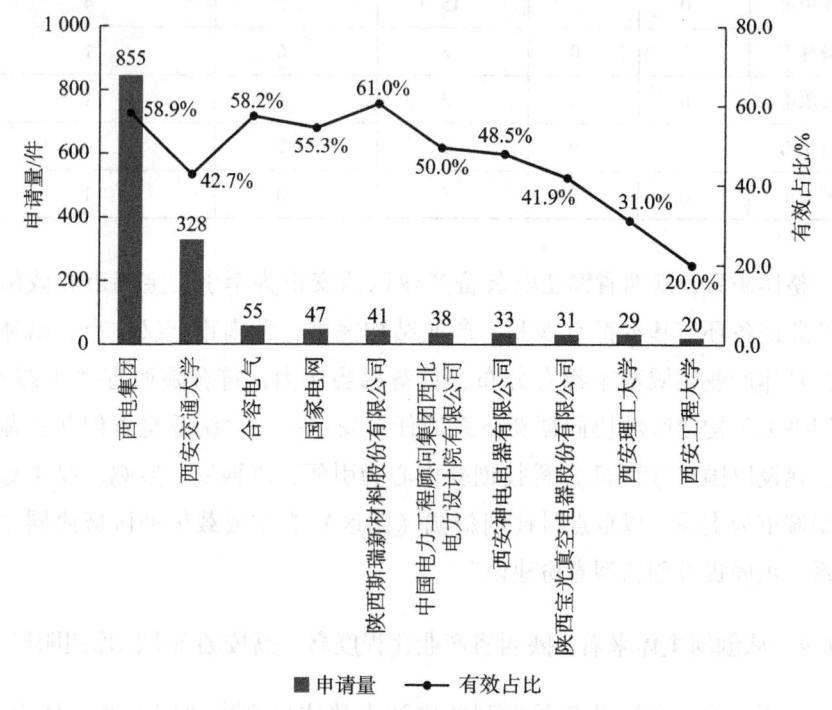

图7.2 陕西省输变电装备创新主体TOP10

7.1.5 从头部企业来看，链主西电集团创新积淀雄厚，西电电气借力资本研发能力突出

7.1.5.1 西电专利申请态势

截至检索日，西电集团公开持有专利申请共896件，占陕西省专利申请总量的三成以上。如图7.3所示，其中，发明专利239件，占比26.7%；实用新型656件，占比73.2%；外观专利1件，占比0.1%。该公司成立于

1959年，自1994年开始有专利申请记录，2011年申请专利量达到历史峰值，为85件。尽管西电集团在1994年就已经开始在输变电装备产业进行专利申请，但在此后的12年间，西电集团的输变电装备产业专利申请量仍处在较低状态。2006年西电集团提出知识产权统一管理模式、知识产权战略管理思路，着手组织制定知识产权系列管理制度。2007年西电集团成立了知识产权管理委员会和办公室，其下属各单位均成立了对应的知识产权管理办公室，建立起两级知识产权管理体系，实现了知识产权的纵向管理。伴随知识产权管理体系的建成与不断完善，西电集团输变电装备相关产业相关专利申请量逐步增加，2009年首次达到峰值71件。随着2010年西电集团知识产权战略的进一步加深，集团旗下科研人员研发热情高涨，西电集团输变电装备产业相关专利申请量于2011年达到顶峰85件，此后西电集团输变电装备产业相关专利申请量趋于平稳。

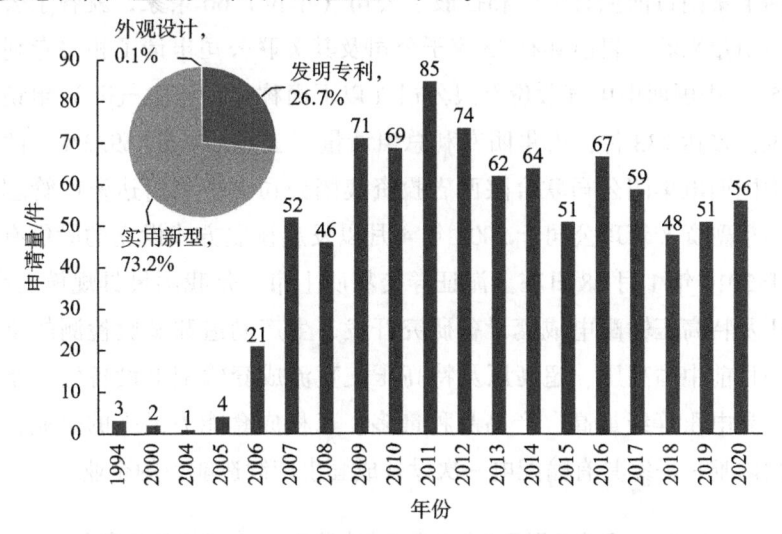

图7.3 西电集团专利申请总体发展趋势

从专利法律状态来看，如图7.4所示，在西电集团公开的896件专利中，有效专利533件，占比59.5%，处于实质审查状态的专利51件，占比5.7%，失效专利共312件，占比34.8%，有效专利与在审专利总量占比仅占不到七成，创新储备仍需加强。

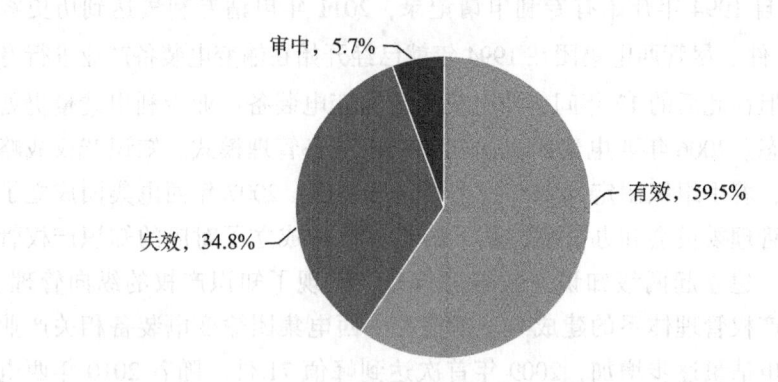

图 7.4　西电集团专利法律状态分布

7.1.5.2　西电集团各子公司专利分布

西电集团目前拥有全资和控股子公司（单位）60 余家，就各子公司的专利申请量来看，目前共有 23 家子公司及其关联公司申请了相关专利（见表 7.5），中国西电电气股份有限公司（以下简称"西电电气"）申请量位居首位，多达 733 件，占集团专利总申请量（去重后）的 69.2%。西电电气是中国西电集团公司联合陕西省投资集团公司、中国信达资产管理公司和中国华融资产管理公司于 2008 年 4 月以发起设立方式设立的股份有限公司，于 2010 年 1 月 28 日在上海证券交易所上市，是我国最具规模的高压、超高压及特高压输配电成套设备研究开发、生产制造和试验检测的重要基地，是目前中国高压、超高压及特高压交直流成套输配电设备生产制造企业中产品电压等级最高、产品品种最多、工程成套能力最强的企业，也是中国国内唯一一家具有输配电一次设备成套生产制造能力的企业。

表 7.5　西电集团下属子公司输变电装备二级分支专利申请量　　单位：件

公司名称	原材料	输电设备	变电核心设备	输变电配套设备	电力系统综合自动化设备	去重后专利量和
中国西电电气股份有限公司	11	0	548	204	7	733
西安高压电器研究院有限责任公司	0	0	54	8	0	62

续表

公司名称	原材料	输电设备	变电核心设备	输变电配套设备	电力系统综合自动化设备	去重后专利量和
西安高压电器研究院常州有限责任公司	0	0	5	1	0	6
西安西电高压开关操动机构有限责任公司	0	0	6	0	0	6
西安西电高压开关有限责任公司	0	0	33	7	0	38
西安西电电力系统有限公司	0	0	16	0	2	18
西安西电开关电气有限公司	0	0	41	1	0	41
天水西电长城合金有限公司	0	0	1	0	0	1
西电宝鸡电气有限公司	0	0	10	1	0	11
西安西变组件有限公司	0	0	0	1	0	1
西安西电变压器有限责任公司	4	0	37	7	0	44
常州西电变压器有限责任公司	0	0	6	2	0	8
西安西电避雷器有限责任公司	0	0	0	18	0	18
上海西电高压开关有限公司	0	0	23	1	0	24
西安西电光电缆有限责任公司	5	0	0	0	0	5
西安西电高压套管有限公司	8	0	7	10	0	16
西电济南变压器股份有限公司	1	0	2	1	0	4
济南西电特种变压器有限公司	0	0	5	0	0	5

续表

公司名称	原材料	输电设备	变电核心设备	输变电配套设备	电力系统综合自动化设备	去重后专利量和
辽宁兴启电工材料有限责任公司	0	0	3	0	0	3
西安西变中特电气有限责任公司	0	0	1	0	0	1
西安西电电力电容器有限责任公司	0	0	9	0	0	9
西安端怡科技有限公司	0	0	4	0	0	4
广州西电高压电气制造有限公司	0	0	2	0	0	2

7.1.5.3 西电技术布局情况

从技术聚焦程度来看，西电集团在输变电装备产业领域各技术分支的专利布局比较全面。由图7.5可见，除了技术已经较为成熟的输电设备方向外，西电集团在其他技术分支均有所涉猎。变电核心设备方向一直是西电集团看重的，无论输变电装备产业如何发展，变电核心设备都是输变电装备产业的核心，也是输变电装备产业发展的重中之重。电力系统综合自动化设备方向尽管目前专利量较少，但其作为新兴的研究技术方向，西电集团对该方向进行了大量研究，随着配套技术的日趋完善，该方向仍有极强的研究价值，未来可持续关注。

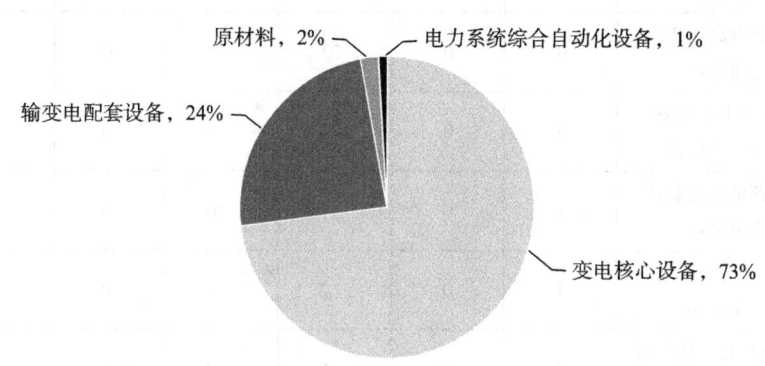

图7.5 西电集团的输变电装备产业中相关专利技术布局

当前，全球范围内，电力系统综合自动化设备是目前技术研究和专利申请的热点方向，全球已有 1 524 家公司（科研机构）在该方向上取得专利研究成果。以中国国家电网（864 件）、西门子公司（88 件）为代表的百余家研究机构（企业）在该领域上已取得超过 50 件专利。西电集团作为国内输变电装备领域的龙头企业，在该技术分支领域的专利成果仅有 7 项，在未来需要将研究重点向电力系统综合自动化设备领域偏移。

7.2 陕西省输变电装备产业发展定位

7.2.1 产业结构定位

产业结构是产业发展在宏观层面的反映，合理的产业结构对产业发展具有重要的作用。本节基于专利视角，从陕西省的专利申请量和申请人数量入手，分析陕西省输变电装备产业中存在的产业结构方面的优势和差距。

7.2.1.1 按专利申请量比较

（1）与全球主要国家/地区比较。

将陕西省的二级分支结构与全球主要国家进行比较，如图 7.6 所示，陕西省输变电装备产业原材料技术的专利申请占比为 6%，远低于日本、韩国、美国等发达国家，且还低于我国总体水平。这说明原材料方面是陕西省的薄弱环节，有待进一步调整提高。在输电设备方面，陕西省总体水平略低于韩国和国内水平，但与全球水平持平，具备一定的竞争力。输变电核心设备、输变电配套设备以及电力系统综合自动化设备在输变电装备领域占据了重要的地位，陕西省在这三个方面均占据了一定优势：变电核心设备占比 64%，仅次于德国的 69%；输变电配套设备占比 25%，与日本持平；而在电力系统综合自动化设备方面占比 5%，略微落后于美国的 6%。综合来看，陕西省在变电核心设备、输变电配套装备和电力系统自动化设备方面均具备较好的竞争力，主要劣势在于原材料。

具体到三级分支，由表 7.6 可见，陕西省在原材料领域的弱势体现在钢材和绝缘材料方面，钢材和绝缘材料的专利申请量占比均不足 1.5%，远落后于其他主要国家，在这两方面较为突出的是韩国和美国。陕西省在变电核心设备、输变电配套装备和电力系统自动化设备方面均具备较好的竞争力，具体而言，主要体现在交流变压器、绝缘部件、避雷器和保护方面，而在电容器方面与德国和美国差距较大。相比之下，开关设备是全球各主要国家关注的重点，占比均超20%，其中德国更是达到41.8%，陕西省以37.1%仅次于德国，具备一定优势。

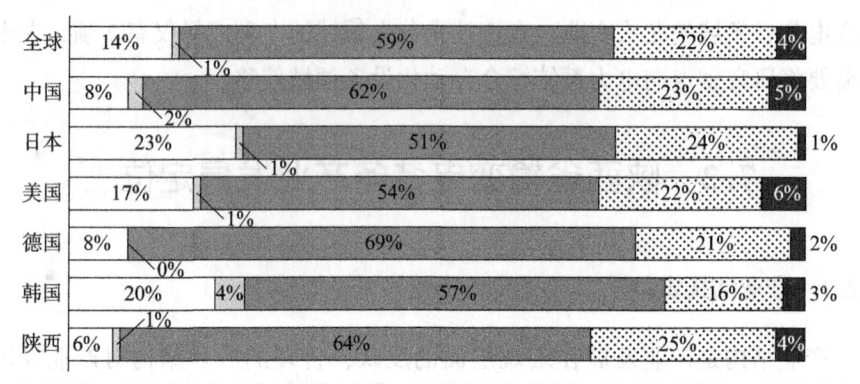

图7.6 陕西省输变电装备二级分支专利申请量结构占比

表7.6 陕西省输变电装备三级分支专利申请量占比　　　单位：%

三级分支	全球	中国	日本	美国	德国	韩国	陕西省
钢材	6.7	4.8	10.1	6.8	2.1	15.7	1.3
铜材	3.7	1.8	8.8	2.4	1.5	1.5	3.1
绝缘材料	3.3	1.2	3.9	7.5	4.2	2.9	1.1
电力电缆	0.6	0.9	0.3	0.3	0.2	0.9	0.3
架线金具	0.8	1.2	0.2	0.3	0.1	3.5	0.7
交流变压器	3.7	5.4	2.3	2.4	1.3	6.8	6.7
电抗器	9.3	10.8	9.2	7.9	5.0	3.8	8.7
电容器	6.4	5.5	2.9	11.1	15.7	4.9	5.4
换流变压器	3.6	2.5	4.5	6.3	3.5	3.3	2.9
换流阀	3.3	3.7	2.1	6.1	2.1	3.1	3.8
开关设备	32.6	34.0	30.0	20.9	41.8	35.0	37.1
绝缘部件	1.6	2.8	0.6	0.7	0.6	2.3	3.3
继电器	1.8	2.6	1.0	2.3	0.4	1.5	1.7

续表

三级分支	全球	中国	日本	美国	德国	韩国	陕西省
熔断器	1.6	0.9	2.4	3.3	0.9	2.8	1.4
互感器	9.3	10.0	9.6	5.6	11.9	4.8	6.4
避雷器	8.1	6.7	11.2	10.5	6.6	4.8	11.5
控制（调度）	1.9	2.4	0.4	3.5	1.3	1.3	1.6
保护	1.7	2.8	0.5	2.1	0.6	1.1	3.0

（2）与国内主要省份比较。

从 7.1.1 节的分析结论可知，陕西省按照全国省份申请量排名位于榜单的二梯队，以 2 624 件位列第 8 位。为此，本部分在二级分支上与位列第一梯队的江苏、浙江和广东进行对比。如图 7.7 所示，陕西在原材料方面占比与浙江相当，占比均达到 6%，仅次于江苏省。在输电设备方面，江苏省以 4% 占比优于其他省份，陕西省与广东省则均以 1% 的占比居后。变电核心设备方面，浙江省、广东省和陕西省的占比较为接近，相比之下江苏的占比略微有所不及。而输变电配套设备方面，四省份占比相当。在电力系统综合自动化设备方面，陕西省与江苏省的占比相同，广东以 8% 的占比优于其他省份。总体而言，陕西省在二级分支结构方面与位列第一梯队的省份结构相当。

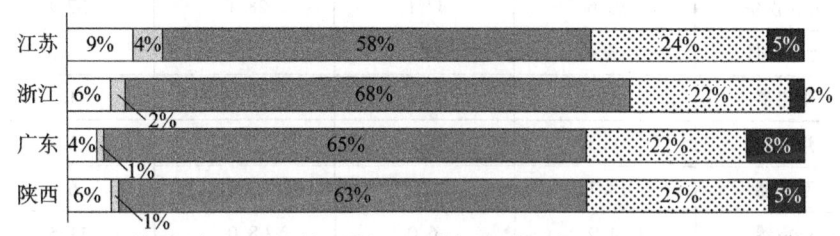

省份	原材料	输电设备	变电核心设备	输变电配套设备	电力系统综合自动化设备
江苏	9%	4%	58%	24%	5%
浙江	6%	2%	68%	22%	2%
广东	4%	1%	65%	22%	8%
陕西	6%	1%	63%	25%	5%

图 7.7 主要省份输变电装备二级分支专利申请量占比

进而从三级分支看，陕西省输变电装备产业的大多数三级分支在主要省份中均处于居中位置，如绝缘部件的申请量占比优于浙江省和广东省但稍逊于江苏省，保护的申请量占比仅次于广东省等。值得注意的是，陕西省在钢材方面劣势明显，申请量占比仅为 1.3%，而其他省份的申请量占比均不低于 1.6%，其中江苏更是以 4.7% 的申请量占比显出绝对优势。相比之下，陕西省在铜材、交流变压器和避雷器方面则展现较优，申请量占比均高于其他省份，其中避雷器的占比更是达到 11.5%，比位列第二的广东省的占比 8.0% 高了 3.5%。江苏省在钢材、电力电缆、架线金具和互感器方面实力强劲，浙江省则在开关设备方面以 47.1% 的申请量占比独占鳌头。广东省侧重于电抗器、电容器、换流变压器、换流阀、控制和保护的发展（见表 7.7）。

表 7.7 主要省份输变电装备三级分支专利申请量占比　　　　单位：%

三级分支	江苏省	浙江省	广东省	陕西省
钢材	4.7	1.9	1.6	1.3
铜材	2.2	2.4	0.8	3.1
绝缘材料	1.7	1.2	1.2	1.1
电力电缆	2.3	0.8	0.4	0.3
架线金具	1.6	0.8	0.8	0.7
交流变压器	5.3	2.1	4.9	6.7
电抗器	11.7	8.6	12.0	8.7
电容器	5.5	7.6	11.7	5.4
换流变压器	1.8	1.1	4.3	2.9
换流阀	3.7	2.4	5.0	3.8
开关设备	30.6	47.1	28.1	37.1
绝缘部件	3.4	1.3	2.5	3.3
继电器	1.5	3.2	2.7	1.7
熔断器	0.5	1.2	0.7	1.4
互感器	13.7	10.4	7.9	6.4
避雷器	4.9	6.0	8.0	11.5
控制（调度）	2.1	1.2	3.4	1.6
保护	2.8	0.7	4.0	3.0

7.2.1.2 按申请人数量比较

（1）与全球主要国家/地区比较。

如图 7.8 所示，陕西省在原材料方面的申请人数量占比仅为全球占比的 1/2，也不及日本、美国、德国等工业大国，由此可以看出，原材料方面技术门槛较高，限制了陕西以及国内创新主体（中国申请量占比为 8%）的进入，导致陕西省以及国内在原材料方面的申请人占比以及申请量占比均低于全球水平。在变电核心设备方面，陕西省以55%的申请人产出了64%（见图7.6）的专利，说明陕西省在输变电核心设备方面申请人相对集中，产业化程度较高。相比之下，陕西在输变电配套设备方面参与申请的创新主体占比远高于其他国家，达到30%，但相应的专利产出仅25%（见图7.6），而日本、美国、德国等国的专利申请量占比均大于相应的专利申请人数量占比（见图7.6），显然陕西省在这一方面人均专利量并不高。这一定程度上说明陕西省在输变电配套设备方面正在持续投入研究，试图突破技术壁垒实现规模化。在输电设备和电力系统自动化设备方面，陕西省与全球保持了相当的水平。

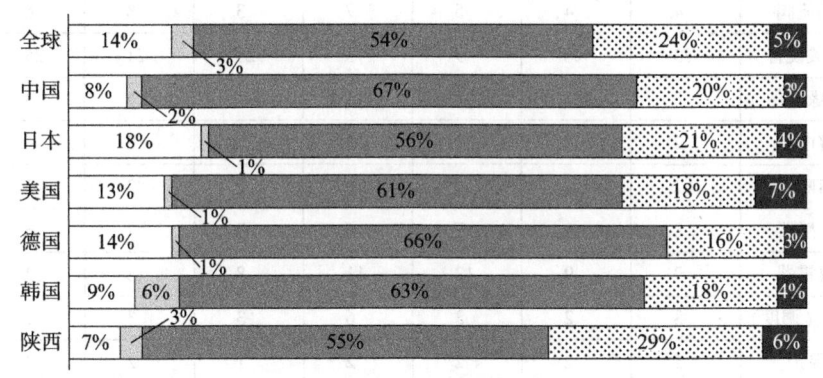

地区	原材料	输电设备	变电核心设备	输变电配套设备	电力系统综合自动化设备
全球	14%	3%	54%	24%	5%
中国	8%	2%	67%	20%	3%
日本	18%	1%	56%	21%	4%
美国	13%	1%	61%	18%	7%
德国	14%	1%	66%	16%	3%
韩国	9%	6%	63%	18%	4%
陕西	7%	3%	55%	29%	6%

图7.8 陕西省输变电装备二级分支专利申请人数量占比

进一步地，从三级分支看陕西省的结构定位，如表7.8所示，表中百分比数字代表了申请人数量占比。从表7.9中可知，并结合表7.7，陕西省钢材方面的申请人数量占比以3%与韩国比肩，然而不同的是，韩国以3%的申请人数量占比产出了15.7%的专利，而陕西省则以3%的申请人数量仅产出了1.3%的专利数量，可见陕西省在钢材方面弱势明显。相类似的还包括换流阀、继电器和熔断器方面，均是投入了较大人力然而专利产出量较其他国家水平来说并不理想，亟须提升研发效率。相比之下，陕西省在铜材、交流变压器、开关设备和绝缘部件方面表现良好，投入产出比相对其他国家而言具备一定优势。其中开关设备是各个国家关注的重点，申请量占比均超20%，但从人均申请量上可以看出，日本和德国在这一方面更具备优势。

表7.8 陕西省输变电装备三级分支专利申请人数量占比   单位：%

三级分支	全球	中国	日本	美国	德国	韩国	陕西省
钢材	5	5	4	5	5	3	3
铜材	4	3	8	3	4	2	3
绝缘材料	5	2	9	8	9	6	1
电力电缆	1	1	1	0	1	1	1
架线金具	1	1	1	1	0	7	1
交流变压器	4	4	5	3	2	10	5
电抗器	10	12	10	9	7	7	12
电容器	8	8	6	10	13	5	7
换流变压器	6	4	10	9	8	5	3
换流阀	4	4	5	7	3	3	6
开关设备	23	26	9	13	23	21	25
绝缘部件	3	3	1	1	1	5	3
继电器	2	2	3	3	1	2	4
熔断器	2	2	3	3	2	3	3
互感器	8	9	7	6	9	7	6
避雷器	9	9	13	11	8	8	12
控制（调度）	3	3	2	6	3	3	2
保护	2	2	2	2	1	2	3

（2）与国内主要省份比较。

将陕西省与江苏、浙江和广东三省在申请人数量上进行对比，如图7.9所示，陕西省在变电核心设备方面具备优势，以55%的专利申请人数量申请了64%（见图7.7）的专利，人均申请量较高，说明陕西省在这一方面正在往规模化、产业化发展。相比之下，陕西省在输变电配套设备方面存在一定的上升空间，人均申请量较其他省份而言偏低。值得注意的是，虽然陕西省在原材料方面的人均申请量较其他省份而言具备一定的优势，然而江苏省在原材料方面拥有14%的创新主体，说明江苏省可能正在试图突破原材料方面的技术壁垒，提升本省输变电装备产业上游的供应链水平，实现全产业链发展。广东省则是在电力系统综合自动化设备方面加大投入，试图有所突破。

第7章 陕西省输变电装备产业定位

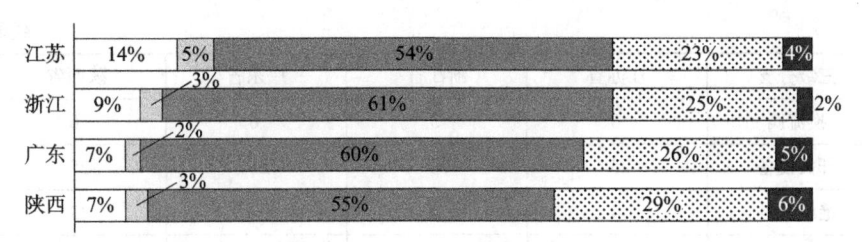

省份	原材料	输电设备	变电核心设备	输变电配套设备	电力系统综合自动化设备
江苏	14%	5%	54%	23%	4%
浙江	9%	3%	61%	25%	2%
广东	7%	2%	60%	26%	5%
陕西	7%	3%	55%	29%	6%

图7.9 主要省份输变电装备二级分支专利申请人数量占比

从三级分支看，如表7.9所示，表中百分比数字代表了申请人数量占比。经对表7.6、表7.9分析可知：陕西省在变电核心设备方面的优势具体体现在换流变压器和开关设备方面，在人均申请量方面优于其他省份，然而在电抗器和换流阀方面劣势也较为明显，参与申请的创新主体数量占优，然而在申请量上并不占据优势。陕西省在输变电配套设备方面的劣势则主要集中在继电器和熔断器方面，人均申请量位列四省份最末，相比而言，陕西省在避雷器方面申请人数量和申请量占比均高于其他三个省份，具备一定的优势。在原材料方面，如上述分析，陕西省较其他省份具备领先优势，具体而言主要在于铜材，而钢材方面依然存在劣势。而在其他省份中，江苏省在电力电缆、互感器方面和保护方面实力突出，浙江省则在继电器方面具备雄厚的基础，广东省在换流变压器和控制方面的产业基础扎实。

表7.9 主要省份输变电装备三级分支专利申请人数量占比　　　单位：%

三级分支	江苏省	浙江省	广东省	陕西省
钢材	6	3	2	3
铜材	4	4	2	3
绝缘材料	3	2	2	1
电力电缆	3	1	1	1
架线金具	2	1	1	1
交流变压器	5	3	3	5
电抗器	11	9	11	12
电容器	8	8	14	7
换流变压器	3	2	6	3

续表

三级分支	江苏省	浙江省	广东省	陕西省
换流阀	3	3	6	6
开关设备	25	38	21	25
绝缘部件	4	2	2	3
继电器	2	2	3	4
熔断器	1	2	2	3
互感器	9	10	9	6
避雷器	7	8	10	12
控制（调度）	2	1	2	2
保护	2	1	3	3

7.2.2 企业实力定位

企业实力是企业在技术和其他各种实践活动领域中不断提供具有经济价值、社会价值、生态价值的新思想、新理论、新方法和新发明的实力。如图 7.10 所示，陕西省共有 382 家企业参与了输变电装备领域的专利申请，企业数量在全国省级行政区中位列第十位，与排名前三的江苏、广东和浙江差距较大，仅约为江苏省的 20%，企业集聚力还有待提高。从 2017—2021 年新增的企业数量来看，陕西省新增 190 家，占比为 49.7%，在企业数量排名前十的省份中排名第八，仅优于上海和北京，与广东省相差近 20 个百分点、1 126 家企业，这说明近年来陕西省创新型企业培育明显不足。相比之下，江苏、广东和浙江三省 2017—2021 年新进创新主体超 900 家，是输变电装备创新型企业培育发展较好的省份。

从企业的专利申请量看，如图 7.11 所示，陕西省企业在输变电装备产业申请的专利量为 1 964 件，在全国省级行政区中排名第十位，与排名在前的江苏、浙江、广东和北京四省份相差较大，仅为江苏省的 27.8%，参与申请的创新主体较少是造成陕西省企业专利申请量排名靠后的主要原因。在企业所持专利占比方面，图中展示的十个省级行政区均超过 74%，说明输变电装备产业发展已较为成熟。陕西省以 74.8% 位列第十，说明陕西省还有相当一部分高校、科研机构和自然人参与了输变电装备产业的创新研

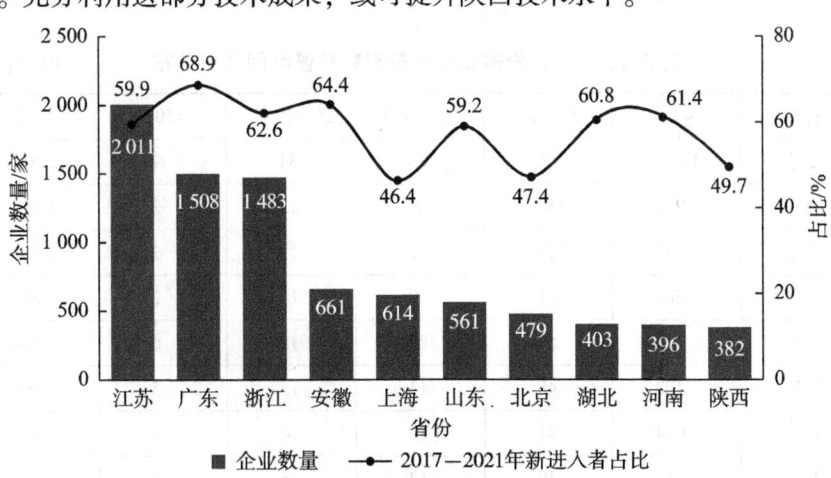

发。充分利用这部分技术成果，或可提升陕西技术水平。

图 7.10　输变电装备企业数量 TOP10 省份

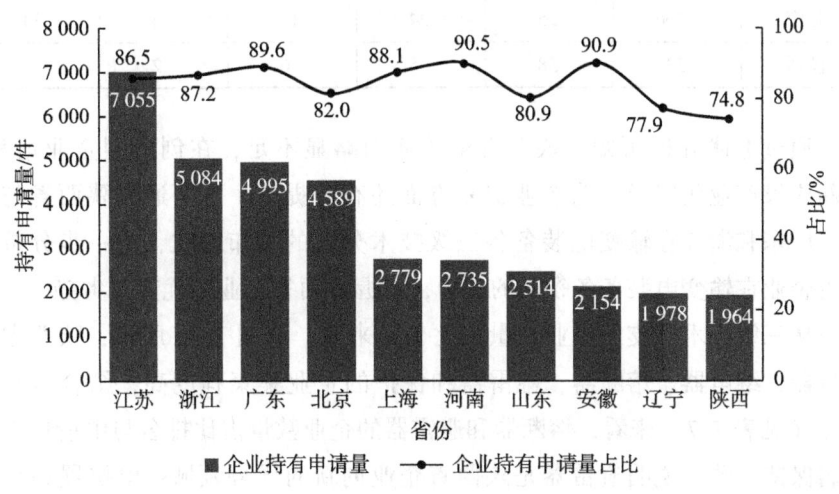

图 7.11　输变电装备企业所持专利量 TOP10 省份

从企业的申请量区间分布来看，如表 7.10 所示，陕西省专利申请量超过 50 件的企业仅 2 家，在 11 个省级行政区中排名靠后，企业数量不及江苏省的 1/2，创新龙头企业尚显不足。而申请量在 20~49 件的企业仅 6 家，在 11 个省级行政区中排名依然靠后，且远落后于排名第一的江苏省。申请量在 10~19 件的企业仅 5 家，尚不及河南、湖北等省份，在 11 个省份中排名最末。由此可见，陕西省的中型企业数量偏少，壮大中型企业数量有助于提升陕西省输变电装备产业实力。

表7.10 11省份输变电装备专利数量区间企业分布　　　　单位：家

省份	1~4件	5~9件	10~19件	20~49件	≥50件	总计
江苏	1 679	206	85	34	7	2 011
浙江	1 218	159	80	23	3	1 483
广东	1 323	119	52	12	2	1 508
安徽	564	61	22	12	2	661
上海	510	51	29	18	6	614
山东	482	48	13	13	5	561
北京	614	41	17	14	3	479
湖北	352	30	13	6	2	403
河南	343	33	11	5	4	396
辽宁	266	25	24	13	6	334
陕西	331	38	5	6	2	382

通过上述分析可知，陕西省整体实力略显不足，在创新型企业培育、创新成果产业化以及龙头企业引领方面还有待提高。下面通过陕西省与江苏、广东和浙江在输变电装备各三级技术分支的分布对比，进一步分析陕西省企业在输变电装备各领域的实力，把握陕西省企业的优势与劣势。

从三级技术分支的企业数量占比分布来看，如图7.12所示，陕西省的电抗器、继电器、熔断器、避雷器和保护的企业集聚程度高，结合申请量占比（见表7.7）来看，熔断器和避雷器的企业数量占比排名与申请量占比排名保持一致，说明避雷器是陕西省企业创新的优势领域；电抗器和继电器的申请量占比相比而言处于劣势，相关企业创新活力还有待激发。另外，从上述分析可知，陕西省在铜材和交流变压器方面的申请量占比上具备优势，然而在企业数量分布上排名靠后，可见陕西省在铜材和交流变压器方面人均申请量较大，呈现龙头企业引领产业创新发展的态势。钢材在专利申请量占比（见表7.8）和企业数量占比上均落后于江苏、浙江二省，属于企业创新主体缺失、技术薄弱的短板领域。

第7章 陕西省输变电装备产业定位

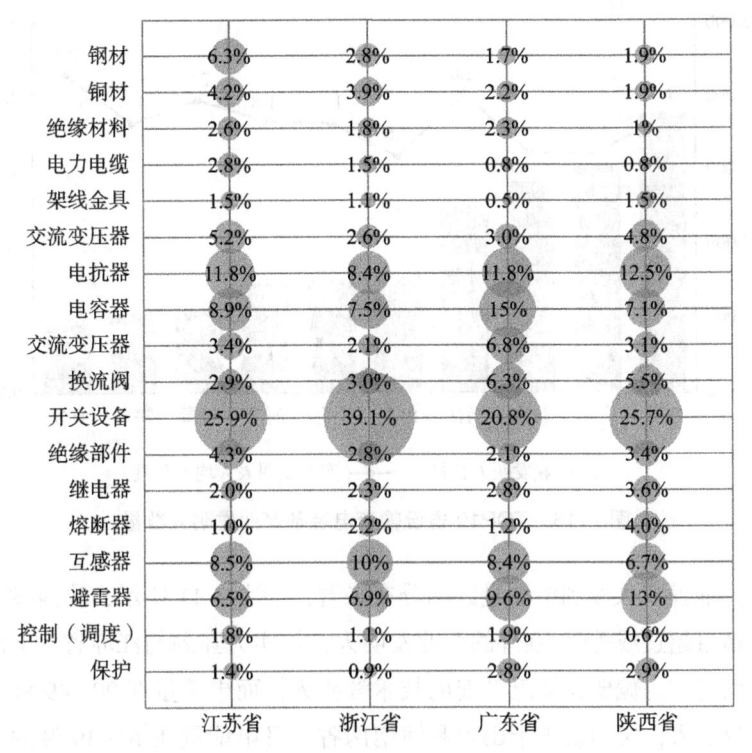

	江苏省	浙江省	广东省	陕西省
钢材	6.3%	2.8%	1.7%	1.9%
铜材	4.2%	3.9%	2.2%	1.9%
绝缘材料	2.6%	1.8%	2.3%	1%
电力电缆	2.8%	1.5%	0.8%	0.8%
架线金具	1.5%	1.1%	0.5%	1.5%
交流变压器	5.2%	2.6%	3.0%	4.8%
电抗器	11.8%	8.4%	11.8%	12.5%
电容器	8.9%	7.5%	15%	7.1%
交流变压器	3.4%	2.1%	6.8%	3.1%
换流阀	2.9%	3.0%	6.3%	5.5%
开关设备	25.9%	39.1%	20.8%	25.7%
绝缘部件	4.3%	2.8%	2.1%	3.4%
继电器	2.0%	2.3%	2.8%	3.6%
熔断器	1.0%	2.2%	1.2%	4.0%
互感器	8.5%	10%	8.4%	6.7%
避雷器	6.5%	6.9%	9.6%	13%
控制（调度）	1.8%	1.1%	1.9%	0.6%
保护	1.4%	0.9%	2.8%	2.9%

图 7.12 主要省份输变电装备三级分支企业数量占比

7.2.3 人才实力定位

在输变电装备产业发展中，要加大人才培养力度，迅速形成人才集聚效应，从而为创新发展提供智力资源支撑，本部分将从产业人才和科研骨干两方面对陕西省人才进行创新实力定位。

7.2.3.1 产业人才

如图 7.13 所示，截至检索日，陕西省输变电装备产业发明人共计 1 000 余人，在全国省级行政区中排名第九，与位列第一梯队的江苏、广东、北京和浙江等省份差距较大，产业人才实力较为薄弱。但发明人人均发明量较高，在发明人数量排名前十的省份中位列第五，说明陕西产业人才的创新活力较好。

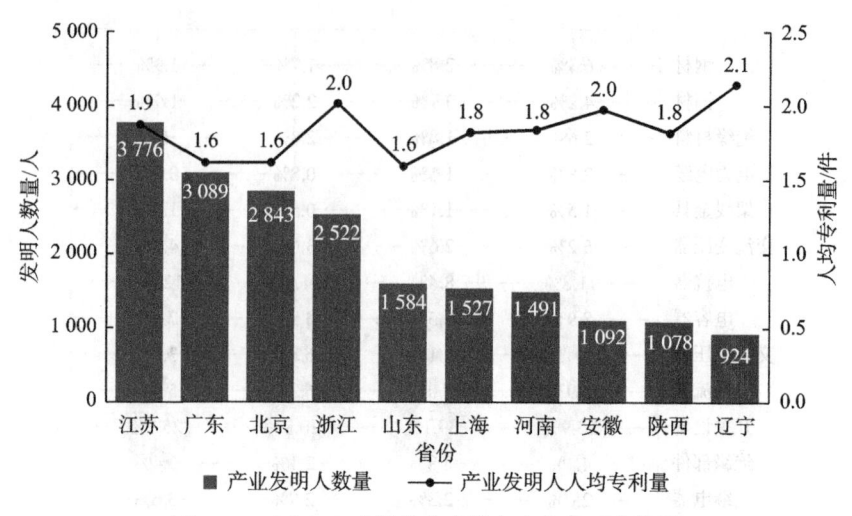

图 7.13 TOP10 省份输变电装备产业发明人数量

从产业发明人专利申请量区间分布来看，如表 7.11 所示，陕西省尚未有专利申请量超过或等于 50 件的产业发明人，较实力强劲的江苏省、上海市和辽宁省而言实力偏弱，缺乏产业的技术领头人。而申请量在 20~49 件的产业发明人仅 2 人，实力仅优于山东和河南两省。且申请量在 10~19 件的产业发明人仅 9 人，在十个省级行政区中排名最末，与浙江及江苏等省实力相差较大。由此可见，陕西省中间层的产业发明人数量较少，实力有待进一步提高。

表 7.11 TOP10 省份输变电装备产业专利申请数量区间发明人分布　　单位：人

省份	1~4 件	5~9 件	10~19 件	20~49 件	≥50 件	总计
江苏	3 529	188	44	14	1	3 776
广东	2 962	106	17	4	0	3 089
北京	2 722	94	23	4	0	2 843
浙江	2 330	132	58	2	0	2 522
山东	1 521	47	15	1	0	1 584
上海	1 438	68	17	3	1	1 527
河南	1 385	87	18	1	0	1 491
安徽	1 014	54	18	5	0	1 091
陕西	1 007	60	9	2	0	1 078
辽宁	858	44	16	4	2	924

在三级分支的产业发明人数量占比上，如图7.14所示，陕西省的产业人才主要集中在开关设备和电抗器等技术领域，占比超过10%，这说明陕西省在这两个领域内人才储备较为丰富。与江苏、浙江和广东三省份相比，陕西省在交流变压器、绝缘部件、熔断器、避雷器等方面存在领先优势，产业发明人数量位列四省份第一，人才数量占比上的优势使得陕西相应领域的发展向好向快。相比而言，陕西省在绝缘材料、电力电缆、电容器、继电器、控制（调度）方面的产业人才数量占比处于弱势，尤其在绝缘材料、电容器和控制（调度）方面与其他省份相比差距较大，是陕西省未来引进、培育人才的重点方向。

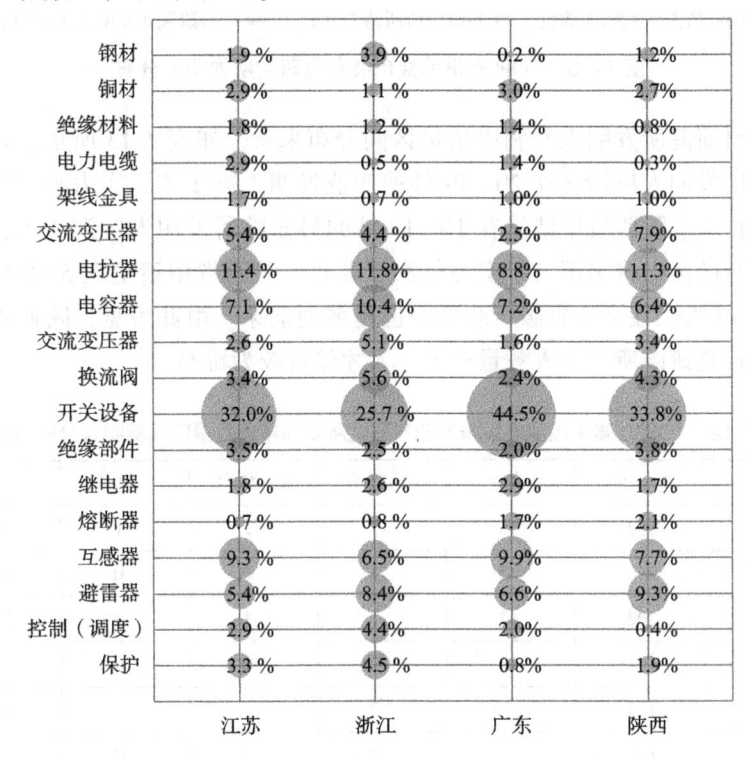

分支	江苏	浙江	广东	陕西
钢材	1.9%	3.9%	0.2%	1.2%
铜材	2.9%	1.1%	3.0%	2.7%
绝缘材料	1.8%	1.2%	1.4%	0.8%
电力电缆	2.9%	0.5%	1.4%	0.3%
架线金具	1.7%	0.7%	1.0%	1.0%
交流变压器	5.4%	4.4%	2.5%	7.9%
电抗器	11.4%	11.8%	8.8%	11.3%
电容器	7.1%	10.4%	7.2%	6.4%
交流变压器	2.6%	5.1%	1.6%	3.4%
换流阀	3.4%	5.6%	2.4%	4.3%
开关设备	32.0%	25.7%	44.5%	33.8%
绝缘部件	3.5%	2.5%	2.0%	3.8%
继电器	1.8%	2.6%	2.9%	1.7%
熔断器	0.7%	0.8%	1.7%	2.1%
互感器	9.3%	6.5%	9.9%	7.7%
避雷器	5.4%	8.4%	6.6%	9.3%
控制（调度）	2.9%	4.4%	2.0%	0.4%
保护	3.3%	4.5%	0.8%	1.9%

图7.14 主要省份输变电装备三级分支发明人数量占比分布

7.2.3.2 科研骨干

如图7.15所示，据统计，陕西省输变电装备产业科研院所发明人约有200余人，仅次于北京和江苏，在省级行政区中位居第三，科研人才储备较为雄厚。同时发明人人均专利申请量与北京并列排名第一，人才技术创新活跃度高。

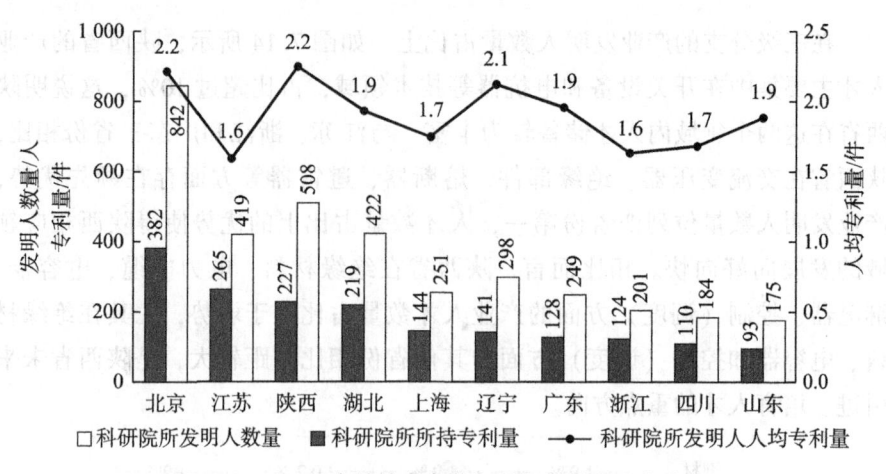

图 7.15 TOP 省份输变电装备科研院所发明人分布

从科研院所发明人专利申请量区间分布来看，如表 7.13 所示，陕西省科研院所发明人申请量在 20~49 件的产业发明人有 1 人，实力与广东、浙江二省持平。陕西省申请量在 10~19 件的科研院所发明人达到 7 人，在十个省级行政区中排名第二，实力仅次于北京。陕西省申请量在 5~9 件的发明人为 17 人，在十个省级行政区中也是名列前茅。由此可见，陕西省中间层的高校科研院所发明人数量充足，人才储备较为雄厚。

表 7.12 TOP10 省份输变电装备产业科研院所专利申请数量区间发明人分布 单位：人

省份	1~4 件	5~9 件	10~19 件	20~49 件	≥50 件	总计
北京	352	16	11	2	1	382
江苏	256	5	4	0	0	265
陕西	202	17	7	1	0	227
湖北	198	19	2	0	0	219
上海	135	7	2	0	0	144
辽宁	130	7	4	0	0	141
广东	123	3	1	1	0	128
浙江	125	1	0	1	0	127
四川	103	6	1	0	0	110
山东	86	4	3	0	0	93

从三级分支的科研院所发明人数量看，如表7.13所示，陕西省的科研骨干人才主要集中在开关设备和避雷器等技术领域，均超过30人，开关设备的科研骨干人才更是达到了61人，这说明陕西省在这两个领域内科研人才储备较为丰富。与江苏、浙江和广东三省份相比，陕西省在开关设备、绝缘部件和避雷器等方面存在领先优势，科研院发明人数量位列四省份第一，创新科研优势明显。

表7.13 主要省份输变电装备各三级分支科研院所发明人数量分布 单位：人

三级分支	江苏省	广东省	浙江省	陕西省
钢材	15	21	7	10
铜材	14	1	7	12
绝缘材料	6	7	2	8
电力电缆	1	0	0	1
架线金具	1	2	2	1
交流变压器	27	11	8	24
电抗器	38	12	17	17
电容器	7	5	2	8
换流变压器	15	7	9	14
换流阀	71	17	25	26
开关设备	30	20	25	61
绝缘部件	2	2	1	7
继电器	11	1	3	7
熔断器	0	0	0	0
互感器	15	5	8	6
避雷器	16	10	10	34
控制（调度）	33	14	9	12
保护	14	7	4	15

7.2.4 协同创新定位

陕西省内输变电装备产业专利的联合申请共计415件，剔除自然人联合申请、公司与内部职工及母子公司间的联合申请情况，剩余不同企业之间（企企之间）、企业与科研院所之间（企研之间）或科研院所之间（研研之间）的联合申请共170件，如图7.16所示。

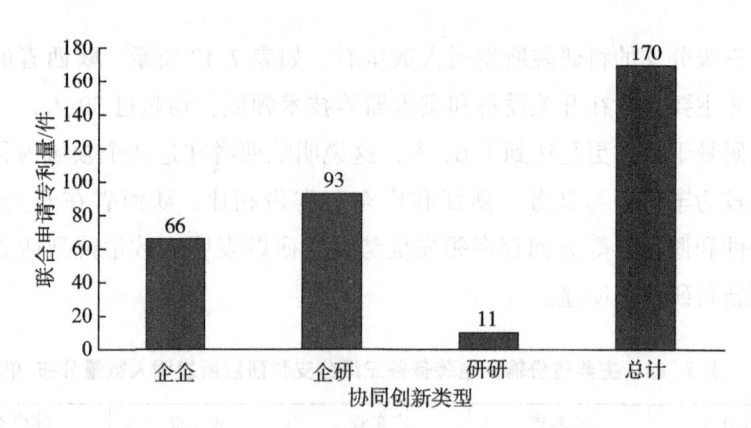

图 7.16 陕西省输变电装备产业协同创新类型分布

7.2.4.1 不同企业之间的专利联合申请

截至检索日，陕西省不同企业间共合作申请了 66 件专利，主要集中在中国西电与国家电网之间，以及中国西电和长江三峡集团之间，部分企业之间的联合专利申请情况如表 7.14 所示。

表 7.14 陕西省输变电装备产业企业之间联合申请专利情况（部分）

申请人	专利量/件
中国西电电气股份有限公司，国家电网公司	9
中国电力工程顾问集团西北电力设计院有限公司，国家电网有限公司直流建设分公司，中国电力工程顾问集团西南电力设计院有限公司，中国电力工程顾问集团中南电力设计院有限公司，中国能源建设集团陕西省电力设计院有限公司，青海省电力设计院	5
中国西电电气股份有限公司，中国长江三峡集团有限公司	4
中国电力工程顾问集团西北电力设计院有限公司，国网青海省电力公司，国网青海省电力公司经济技术研究院	3
中国西电电气股份有限公司，中国电力科学研究院有限公司	3
中国电力工程顾问集团西北电力设计院有限公司，国网青海省电力公司	3
西安西电开关电气有限公司，广东电网有限责任公司广州供电局	2
合容电气股份有限公司，国网湖北省电力公司宜昌供电公司	2
国网陕西省电力公司电力科学研究院，国网陕西省电力公司，中国电力科学研究院有限公司，平高集团有限公司，西安西电高压开关有限责任公司	2
西安供电局，国家电网公司	2

进一步地，从西电集团的联合申请情况来看，如图 7.17 所示，累计涉及 11 家合作单位，其中，与国家电网的联合申请最多，涵盖交流变压器、电抗器、开关设备、避雷器以及互感器等领域，可见国家电网是西电集团重要的合作伙伴，两家企业之间形成了较好的产业中下游间的协同合作。11 家单位中，约有 9 家单位在开关设备方面联合申请了专利，反映出西电集团大力重视开关设备方面的科研攻关。

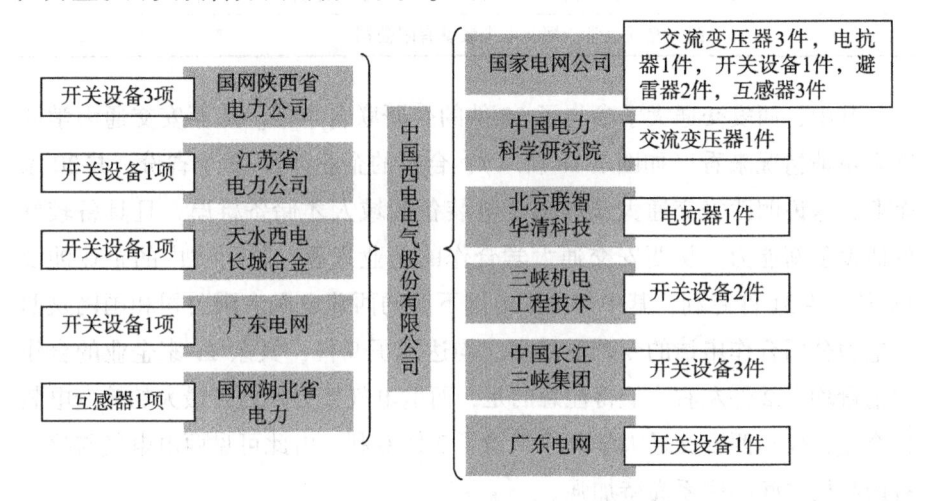

图 7.17　中国西电与企业联合申请专利关系图

7.2.4.2　企业与科研院所之间

截至检索日，陕西省企业与科研院所间共合作申请了 93 件专利，主要是西安交通大学、西安石油大学等西安市本地科研院所与区域内外企业之间的合作，主要涉及开关设备（23 件）、保护（17 件）、交流变压器（11 件）和绝缘部件（7 件）等方面。部分企业与科研院所间的联合专利申请情况如表 7.15 所示。

表 7.15　陕西省企业与科研院所之间联合申请专利量（部分）

申请人	专利量/件
西安交通大学，西北电网有限公司	8
西安石油大学，江苏云才材料有限公司	5
西安交通大学，云南电网有限责任公司电力科学研究院	4

续表

申请人	专利量/件
西安交通大学，国网河南省电力公司电力科学研究院，国家电网公司	4
国网陕西省电力公司电力科学研究院，西安交通大学	3
西安交通大学，中国西电电气股份有限公司	2
西安交通大学，平高集团有限公司	2
西安交通大学，西安交大思源电器有限公司	2
西安交通大学，国网河南省电力公司电力科学研究院	2
西安交通大学，河北电力装备有限公司	2

其中，西安交通大学参与了55件的企研联合申请。从西安交通大学的联合申请情况来看（如图7.18所示），合作的企业涉及12个省份，共30家企业，这说明西安交通大学的输变电装备领域人才储备雄厚，且具备较好的研发创新能力。从西安交通大学合作的企业来看，陕西省内的企业涉及13家，共31件专利，其中与国家电网下属的西北电网有限公司和国网陕西省电力公司合作申请的专利量最多，均达到了9件，其余11家企业的合作申请量均在2件左右。值得注意的是，西电电气作为陕西省最大的输变电装备企业，仅与西安交通大学合作申请了2件专利，由此可见西电电气与陕西省内高校之间的联系尚待加强。

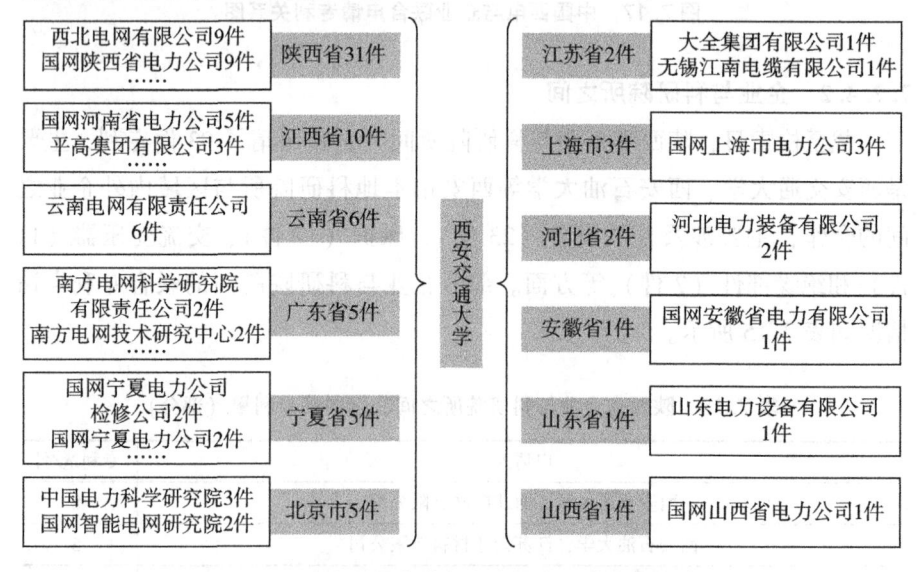

图7.18 西安交通大学与各省份企业联合申请情况

此外，陕西省不同科研院所间共合作申请了 11 件专利，主要是区域内外科研院所间的合作研发。其中西安交通大学作为西部创新强校，在协同创新中发挥了重要作用，参与了其中 10 件专利的合作申请。其与中国电力科学研究院有限公司、湖北大学、华北电力大学等科研机构均保持了良好的合作关系。合作研发的领域主要集中在开关设备方面，涉及 5 件专利，另外还涉及钢材、绝缘材料、避雷器和保护等方面。

总的来看，陕西省依托本地重点高校、科研机构，人才资源与创新要素丰富，产学研用协同创新具备相应的基础与潜力。目前，陕西省专利联合申请主要是企业与科研院所之间的合作研发，特别是西安交通大学与多个省的企业广泛开展了合作，科研成果直接应用于企业生产经营，支撑起输变电装备的技术研发与商业应用，形成了产学研协同创新发展的良好局面。当然，还应看到陕西省产业协同创新仍较少，协同发展成效还不足，特别是科研院所与当地龙头企业之间的联系较少，产业链中下游企业之间虽有联动，但紧密性不强。未来陕西省应强化企业创新主体地位，引导当地企业整合创新资源，促进各类创新要素向企业集聚，进一步加快构建产学研用深度融合的技术创新体系。

7.2.5 专利运营定位

截至检索日，去重后，陕西省共有 358 件输变电装备相关专利进行过专利运营，占陕西省输变电装备产业专利申请总量的 13.6%，运营形式包括转让、许可和质押等，具体分布如图 7.19 所示（未去重）。其中，在转让方面表现最为活跃，占到全部运营专利数量的 70%；其次是许可，占比 33%；质押最少，占比 8%。

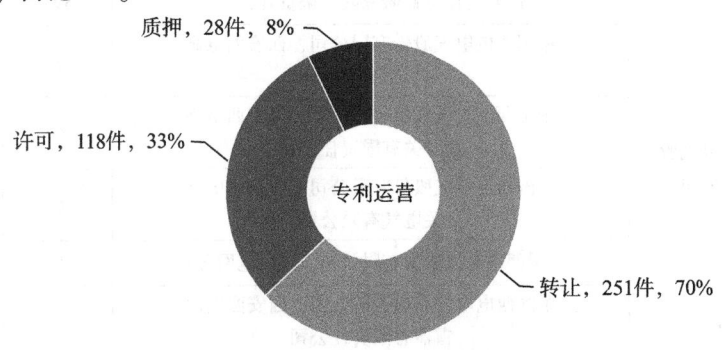

图 7.19 陕西省输变电装备产业专利运营类型分布

与全球、国内总体运营情况相比，由图 7.20 可见，陕西省在转让、许可以及质押方面的申请量占比均优于全球和国内水平，尤其是许可方面的占比，达到 4.5%，远超全球的 0.5% 占比。

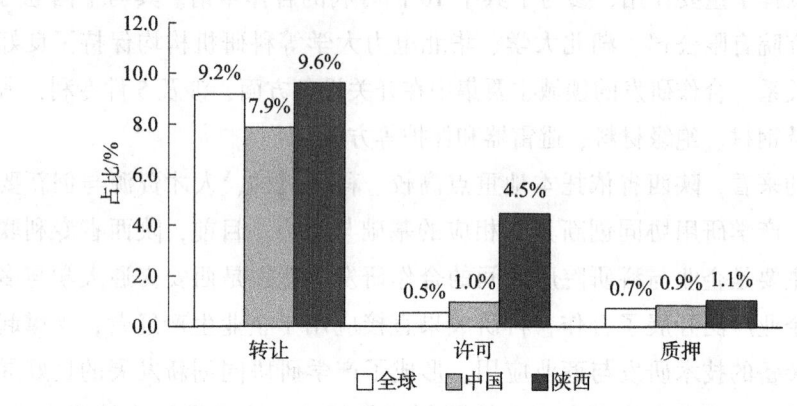

图 7.20 陕西省输变电装备产业专利运营情况对比

转让方面，表 7.16 展示了陕西省输变电装备产业专利转让量排名前六的转让方。可以看出，陕西省专利的转让方主要为高校和企业。西电电气是转让专利数量最多的创新主体，主要受让方是其下属的子公司，如西安高压电器研究院有限责任公司、西安西电高压套管有限公司以及西安西电高压开关有限责任公司等，另外还包括业务上往来密切的国家电网公司。西安交通大学与企业合作密切，西安交通大学转让的 14 件专利中，涉及企业 13 家，其中西安西瑞控制技术股份有限公司受让 4 件。

表 7.16 陕西省输变电装备产业专利转让量 TOP6　　　　单位：件

转让方	主要受让方	专利量	总计
中国西电电气股份有限公司	西安高压电器研究院有限责任公司	59	118
	中国西电电气股份有限公司，西安西电高压套管有限公司	7	
	中国西电电气股份有限公司，西安西电高压开关有限责任公司	6	
	中国西电电气股份有限公司，西安西电开关电气有限公司	6	
	中国西电电气股份有限公司，国家电网公司	5	
	中国西电电气股份有限公司，西安西电避雷器有限责任公司	5	

续表

转让方	主要受让方	专利量	总计
中国西电集团有限公司	中国西电电气股份有限公司	37	43
	中国西电电气股份有限公司，国家电网公司	3	
	中国西电集团有限公司，西电宝鸡电气有限公司	2	
	西安西电光电缆有限责任公司，中国西电集团有限公司	1	
中国西电电气股份有限公司，西安高压电器研究院有限责任公司	西安高压电器研究院有限责任公司	18	20
	西安高压电器研究院有限责任公司，西安高压电器研究院常州有限责任公司	2	
西安交通大学	西安西瑞控制技术股份有限公司	4	6
	西安交通大学，南方电网技术研究中心	2	
陕西合容电力设备有限公司	西安合容电力设备有限公司	11	11
西安高压电器研究院有限责任公司，中国西电电气股份有限公司	西安高压电器研究院有限责任公司	7	7

许可方面，陕西省许可专利的创新主体同样主要为企业和高校。如表7.17所示，在陕西省许可专利数量排名前六的许可方中，有5家企业，1家高校。中国西电同样还是许可专利最多的企业，然而被许可方主要为其下属的子公司。西安交通大学是许可专利最多的高校科研院所，先后将8件专利授权给郑州国测智能科技有限公司、广西盛隆冶金有限公司、沈阳北恒高速铁路器材有限公司等7家企业。

表 7.17　陕西输变电装备产业专利许可方 TOP6　　　单位：件

许可方	被许可方	专利量	总计
中国西电电气股份有限公司	西安西电避雷器有限责任公司	15	89
	西安西电电力电容器有限责任公司	14	
	西安西电高压开关有限责任公司	12	
	西安西电高压套管有限公司	11	
	西安西电开关电气有限公司	10	
	西安西电变压器有限责任公司	7	
	常州西电帕威尔电气有限公司	4	
	西安西电高压开关操动机构有限责任公司	3	
	西安西开中低压开关有限责任公司	3	
	西安高压电器研究院有限责任公司	2	
	西安西电高压电瓷有限公司	2	
	西安西电电力系统有限公司	2	
	上海西电高压开关有限公司	1	
	西安西电自动化控制系统有限责任公司	1	
	西安西变中特电气有限责任公司	1	
	广州西电高压电气制造有限公司	1	
西安交通大学	郑州国测智能科技有限公司	2	8
	广西盛隆冶金有限公司	1	
	沈阳北恒高速铁路器材有限公司	1	
	浙江九康电气有限公司	1	
	中航宝胜电气股份有限公司	1	
	杭州金塔电力线路器材有限公司	1	
	上海电气输配电试验中心有限公司	1	
西安西电变压器有限责任公司	常州西电变压器有限责任公司	3	3
西安伯龙高铁电气有限公司	西安伯龙高速智能电器有限公司	3	3

续表

许可方	被许可方	专利量	总计
西安维能电气有限公司	福建东方电器有限公司	1	2
	广东广特电气有限公司	1	
西安爱博电气有限公司	西安华隆电工器材有限公司	2	2

质押方面，表7.18显示了陕西省质押专利数量排名前六的质押人。可以看出，陕西省通过专利质押融资的创新主体均为企业。陕西斯瑞新材料股份有限公司是质押专利最多的企业。其先后将CN103352137A（用于电力开关弹簧触头的高强高导铜合金及其制备方法）等5件专利进行质押，分别向扶风县农村信用合作联社、西安投融资担保有限公司申请贷款融资。

表7.18 陕西输变电装备产业专利质押人TOP6　　　单位：件

质押人	质权人	专利量	总计
陕西斯瑞新材料股份有限公司	扶风县农村信用合作联社	4	5
	西安投融资担保有限公司	1	
西安前进电器实业有限公司	陕西文化产业融资担保有限公司	2	3
	华夏银行股份有限公司西安分行	1	
西安苏源电器有限公司	西安泰信融资担保有限公司	3	3
德华瑞尔（西安）电气有限公司	西安投融资担保有限公司	1	2
	西安创新融资担保有限公司	1	
德雷希尔（西安）电气有限公司	西安创新融资担保有限公司	1	2
	西安投融资担保有限公司	1	
西安西瑞控制技术股份有限公司	长安银行股份有限公司西安高新科技支行	1	2
	西安创新融资担保有限公司	1	

总的来看，陕西省企业和高校的专利运营活跃度较高，创新成果转化应用较好，特别是专利许可率，优于国内外水平。但就企业层面来看，企业的转让和许可活动多集中在母公司与下属公司，或属于同一母公司的下属公司之间，与外部公司的互动较少。陕西省的运营现状，一方面反映了陕西省高校科研成果产业化、商业化应用具有较大潜力，特别是西安交通

大学，与全国多家企业进行了合作；另一方面也反映了陕西省企业在专利运营供需挖掘、专利价值评估等方面有所欠缺，一定程度上局限了企业与外部企业的专利运营活跃度。未来陕西省应积极挖掘区域内研发主体的专利运营需求，建立开放、流动、多元的公共服务体系，更加有效地激发区域创新活力。

7.2.6 产业发展定位导航的基本结论

陕西省作为中西部省份产业技术突破的标杆，近年来输变电装备产业不断发展、壮大，产业链条不断延伸。本部分通过结合运用专利数据和市场、政策等产业数据，将陕西省输变电装备产业与全球主要国家及国内主要省份进行比较，得到陕西省输变电装备产业发展定位如下：从产业链来看，上游原材料弱势明显，中游变电核心设备、输变电配套装备和电力系统自动化设备具备一定竞争力；从创新链来看，原材料、互感器、电容器、控制（调度）等关键环节创新要素集聚不足，科研储备支撑专利运用活跃。

第 8 章 陕西省输变电装备产业发展路径

基于输变电装备产业整体发展方向和陕西省产业发展现状定位的分析结论，本章从专利视角出发，提出优化产业结构、锻造优势长板、攻克关键技术、补齐弱项短板、强化科技赋能的导航路径，为陕西省输变电装备产业不断延链补链强链，实现链式发展和推行链式招商提供有效支撑。

8.1 优化产业结构，推动产业链式发展

陕西省政府 2021 年 2 月 10 日印发的《陕西省国民经济和社会发展第十四个五年规划和二〇三五年远景目标纲要》明确指出，要围绕装备制造等省内主导产业以及输变电等标志性产业链，编制"卡脖子"关键核心技术清单，组织实施重点产业链创新工程，统筹省内外高校、科研院所和企业研发资源，建立创新联盟和创新联合体。

本书 7.2.1 部分对陕西省输变电装备产业结构进行了定位，由分析可知，在二级分支方面，陕西省具备较好竞争力的领域在变电核心设备、输变电配套装备和电力系统自动化设备方面，主要劣势领域在于原材料。具体到三级分支，在交流变压器、绝缘部件、避雷器和保护技术上具有较大优势，而在钢材、绝缘材料、换流阀、电容器、控制（调度）方面的占比

与其他主要国家/地区相比存在一定差距。综合来看，陕西省输变电装备产业整体偏向于中游变电核心设备、输变电配套设备等领域，上游原材料领域与全球主要国家/地区相比仍有差距，具体表现为创新能力和高端人才聚集水平相对不足，技术布局和创新主体实力亟待完善。

针对陕西输变电产业发展目前存在的问题，建议陕西省强化规划引领、链主带动、企业配套、平台支撑，在推动链式发展上实现新突破，努力打造一批具有核心竞争力的产业链和产业集群。

8.1.1 聚焦本地创新资源长短板，做大做强区域创新链条

一方面，充分发挥本地资源优势，做优本地企业培育。陕西省输变电装备产业的变电核心设备、输变电配套装备等领域创新链条已初具规模，拥有一批活跃度较高的创新主体。随着陕西省输变电装备产业聚集化发展趋势日趋明显，行业内链主企业中国西电仍需进一步发挥带动作用，优质中小企业增强协作配套能力。另一方面，灵活补齐本地弱势短板。陕西输变电装备产业在上游原材料上仍存在较大劣势，钢材和绝缘材料方面落后于其他主要国家/地区，并且在电容器、电压互感器、电流互感器、控制（调度）方面也存在一定差距，创新产出水平不高，企业和人才聚集较弱。建议陕西省抓住本地优势资源，大力推动企业创新、人才创业、政府创优，健全本地企业人才培养机制，提升本地产业链竞争力。与此同时，在原材料、互感器、电容器、控制（调度）技术方向上大力开展精准招商、引智工作，补全劣势产业链条，积极寻求技术合作，为本地产业发展提供优质的人才和创新力支撑，进一步做大做强区域创新链条。

8.1.2 关注产业链重要技术环节，攻克核心关键技术高地

对于陕西省输变电装备产业关键技术环节，要通过研发攻坚、专利布局、对外合作等手段推动产业高端化，增强核心竞争力。根据前文的陕西省本地产业链结构与全国、全球主要国家/地区的对比可知，美国的换流阀技术处于全球领先状态，国内的广东省在该技术上的研发实力靠前，陕西省仍处于技术赶超阶段；开关设备是国内外均在重点布局的技术领域，国内重点省份申请量占比均处于领先水平。其中，陕西省在 GIS 方面的申请数量及申请人数量分布相对而言均处于弱势。因此，建议陕西省不断加强上

述重点领域的研发创新，同时紧跟产业热点技术发展，集聚全球高端科技创新资源，灵活运用专利布局策略，加快GIS成套化发展以及换流阀方面的技术赶超。

8.1.3　统筹资源强化科技赋能，构建产业开放发展新格局

陕西省拥有丰富的输变电装备创新资源储备，具备科研成果转化的良好基础。同时，"秦创原"创新驱动平台所形成的机制，带动陕西全省的科技成果转化水平逐步提升，最强"大脑"作用成效初显。另外，依托京津冀、长三角、粤港澳等区域发展重大战略，陕西省产业链企业开展跨省域、国际产能合作机遇丰富。因此，建议陕西省结合现有资源和优势，合理配置产业链、创新链、资源链，推动科技成果向现实生产力转化，促进各类创新资源与要素向企业聚集，构建协同有序、优势互补、科学高效的创新发展格局。

8.2　锻造优势长板，提升产业链竞争力

8.2.1　做强链主企业

西电集团在2020年提出"成为世界一流智慧电气系统解决方案服务商"的战略目标，为进一步助力其抢抓"碳达峰、碳中和"、新型电力系统建设和千亿级新央企的战略机遇，下面以西电集团的专利数据为基础，对其主营业务的营收及专利匹配度进行探讨分析。

西电集团主营业务分为五类：开关，包括隔离开关、直流场开关以及复合式、组合式开关装备等；变压器，包括发电机变压器、电网用电力变压器、轨道交通用牵引变压器等；电力电子及工程贸易，包括超特高压直流输电晶闸管换流阀、柔性直流输电换流阀、控制保护设备、静止无功补偿装置、静止同步无功发生器等；电容器和避雷器，包括滤波电容器及其成套装置、串联电容器、耦合电容器、±1 100kV及以下电压等级电瓷/复合材料绝缘子、套管等；研发检测及二次设备。其中，除去2020年受疫情影响、变压器业务整体毛利率水平下滑、主营收入及利润明显下降的特殊情况外，西电集团变压器业务平均营收占比稳定在40%左右（见图8.1），年

利润逐步上升。2019年西电集团针对变压器业务加大了技术创新力度，使业务营收额和利润明显增加。从专利申请的角度看，西电集团2018—2020年变压器专利申请量平均占比为19.22%。专利申请占比与业务营收占比的巨大差异，一定程度上反映出西电集团在变压器方向拥有较高价值的核心技术专利，已经成功建立起技术壁垒。

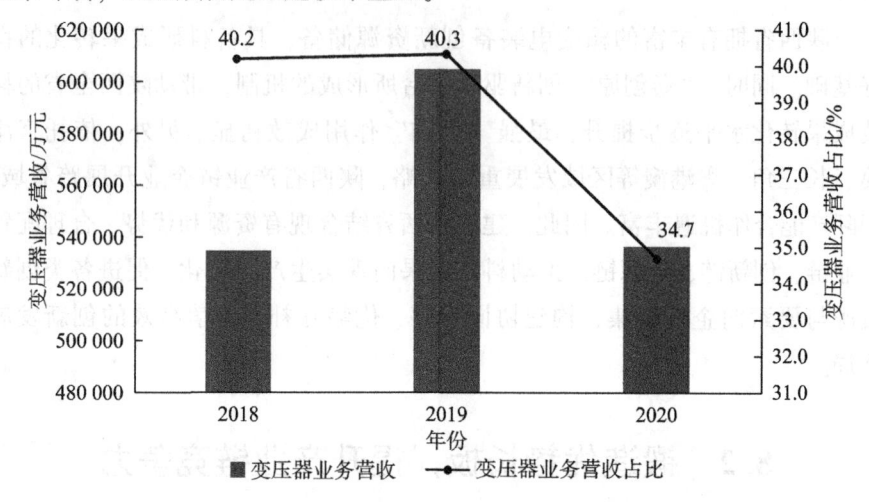

图 8.1　2018—2020 年西电集团变压器业务主营收入及占比

相比之下，开关业务同样作为西电集团的重要业务，2018—2020年的业务营收占比稳定在30%左右（见图8.2）。然而，从专利申请的角度看，2018—2020年西电集团开关方向的专利申请量平均总占比为51.73%，远超其主营收入占比，数值差异较大。2018—2020年西电集团申请的开关类专利共80件，扩展同族被引用专利总数均在5次以下，核心专利严重不足，专利价值较低。

以GIS为例，其具有占地面积小、零电磁污染、设备检修周期长、运行可靠性强等优点，目前被全球变电站广泛使用。尽管GIS作为核心设备，是高压配电装置的重要组成部分，但西电集团2018—2020年对GIS方向的研究明显不足。三年内仅申请专利32件，而其中实用新型专利高达30件，发明专利仅有2件，占比不足7%。这说明西电集团对GIS的重视程度有待提高，未来可以结合重组企业的优势，对GIS进行重点研发，弥补短板。

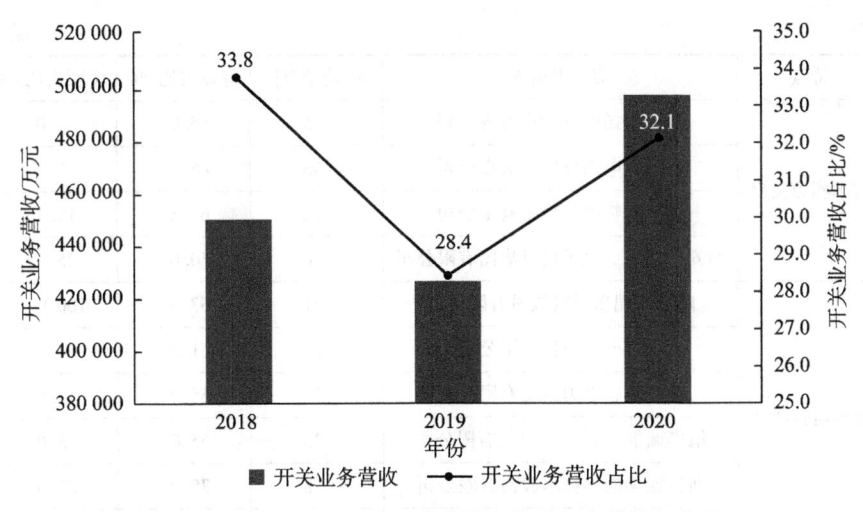

图 8.2　2018—2020 年西电集团开关业务主营收入占比

8.2.2　做大优质企业

综合考虑企业的专利申请量、2017—2021 年专利申请量、有效专利占比与发明专利占比等分析指标，筛选出陕西省本地输变电装备产业重点培育企业名单及专利情况，如表 8.1 所示。

表 8.1　陕西省输变电装备产业推荐重点培育企业名单及专利情况

特点	第一申请人	申请量/件	有效占比/%	发明占比/%
技术实力突出	国家电网	47	58.9	27.3
	陕西斯瑞新材料股份有限公司	41	34.0	55.3
	中国电力工程顾问集团西北电力设计院有限公司	38	63.4	100.0
	西安神电电器有限公司	33	65.8	13.2
	陕西宝光真空电器股份有限公司	31	12.1	51.5
	合容电气股份有限公司	26	61.3	19.4
	西安合容电力设备有限公司	23	61.5	34.6
	德华瑞尔（西安）电气有限公司	20	65.2	13.0

续表

特点	第一申请人	申请量/件	有效占比/%	发明占比/%
技术实力突出	西安中扬电气股份有限公司	15	65.0	5.0
	西安神电高压电器有限公司	13	46.7	6.7
	西安嘉特电气设备有限公司	12	61.5	15.4
	西安市西无二电子信息集团有限公司	10	50.0	25.0
专利运营活跃	陕西斯瑞新材料股份有限公司	41	63.4	100.0
	合容电气股份有限公司	26	61.5	34.6
	西安合容电力设备有限公司	23	65.2	13.0
	德华瑞尔（西安）电气有限公司	20	65.0	5.0
	西安西瑞控制技术股份有限公司	8	75.0	87.5
	西安前进电器实业有限公司	5	80.0	40.0
技术背景深厚	西安许继电力电子技术有限公司	9	66.7	66.7
	陕西正泰电容器技术有限公司	6	83.3	16.7
	陕西正泰智能电气有限公司	4	75.0	50.0
	西安ABB电力电容器有限公司	4	50.0	0.0
	施耐德（陕西）宝光电器有限公司	1	100.0	0.0
新进入者	西安嘉特电气设备有限公司	12	50.0	25.0
	西安神电（泾阳）电器有限公司	8	75.0	25.0
	陕西高嘉电力科技有限公司	7	71.4	28.6
	特变电工西安柔性输配电有限公司	7	57.1	42.9
	西安金叶电力科技有限公司	6	66.7	33.3

结合产业方向、结构与企业定位，建议陕西省从以下两个方面加强本地企业培育。

8.2.2.1 着力构建区域协同创新体系，促进西安市、宝鸡市、咸阳市等地企业产业链环节互补

通过7.1.3部分对陕西输变电装备专利区域布局的分析可知，省会城市西安以极大优势占据首位，宝鸡、咸阳二市分别名列第二和第三位，其余城市专利申请相比而言尚有不足。基于上述结论，表8.2主要对西安、宝鸡、咸阳三市的专利产出主体情况进行了聚焦。

表 8.2 西安、宝鸡、咸阳三市输变电装备领域专利产出主体

城市	申请人	所属行业
西安	中国西电电气股份有限公司	电气机械和器材制造业
	西安高压电器研究院有限责任公司	研究和试验发展
	陕西斯瑞新材料股份有限公司	电气机械和器材制造业
	中国电力工程顾问集团西北电力设计院有限公司	专业技术服务业
	西安西电开关电气有限公司	电气机械和器材制造业
	西安神电电器有限公司	电气机械和器材制造业
	西安西电高压开关有限责任公司	电气机械和器材制造业
	西安西电变压器有限责任公司	电气机械和器材制造业
	合容电气股份有限公司	电气机械和器材制造业
	西安合容电力设备有限公司	科技推广和应用服务业
	德华瑞尔（西安）电气有限公司	电气机械和器材制造业
	中国西电集团有限公司	电气机械和器材制造业
	国网陕西省电力公司电力科学研究院	研究和试验发展
	西安中扬电气股份有限公司	电气机械和器材制造业
	西安西电电力系统有限公司	研究和试验发展
	西安西电避雷器有限责任公司	专用设备制造业
	西安神电高压电器有限公司	电气机械和器材制造业
	西安嘉特电气设备有限公司	零售业
	西北电网有限公司	商务服务业
	西安市西无二电子信息集团有限公司	批发业
宝鸡	陕西宝光真空电器股份有限公司	电气机械和器材制造业
	西电宝鸡电气有限公司	电气机械和器材制造业
	陕西宝光精密陶瓷有限公司	化学原料和化学制品制造业
	宝鸡同步电器有限公司	批发业
	国网陕西省电力公司宝鸡供电公司	电力、热力生产和供应业
咸阳	西安神电（泾阳）电器有限公司	电气机械和器材制造业
	陕西正泰电容器技术有限公司	电气机械和器材制造业
	陕西正泰智能电气有限公司	电气机械和器材制造业
	陕西和硕电气有限公司	批发业

由表 8.2 可以看到，西安市作为陕西省省会城市，其专利产出主体所属行业种类丰富，涉及电气机械和器材制造业、研究和试验发展、专用设备

制造业、科技推广和应用服务业等。据统计，宝鸡、咸阳在输变电装备领域的主要专利产出主体绝大部分均处于生产制造环节，研究和试验发展行业内创新主体几乎空白。

鉴于此，认为陕西省可以通过促进省内城市间处于生产、研发等不同产业链环节企业的交流合作实现产业链环节互补，进而推动区域协同创新体系构建。一方面，要进一步发挥西安市具有的多行业企业的优势，促进对接西安与宝鸡、咸阳市生产制造企业，加强西安在输变电装备领域生产环节的优势。另一方面，要积极引导宝鸡、咸阳等市与西安市研究与试验发展相关企业展开交流，促进合作，弥补其技术研发环节的弱势，完善本市产业链。表8.3列出了可供关注的西安市研究与试验发展行业相关企业的名单专利情况。

表8.3 西安市研究与试验发展行业相关企业名单（部分）

企业名称	专利量/件	相关经营范围
西安高压电器研究院有限责任公司	61	工程和技术研究和试验发展；智能控制系统集成
国网陕西省电力公司电力科学研究院	15	电力科学研究、试验、电力技术开发、电网规划及研究、电网接入服务、电网建设勘察、可行性分析研究
西安西电电力系统有限公司	13	电力行业高效节能技术研发；工程和技术研究和试验发展；输配电及控制设备制造；工业自动控制系统装置制造；工业控制计算机及系统制造；电力电子元器件制造；电工仪器仪表制造
西安热工研究院有限公司	7	热能动力工程装置、工业过程自动控制系统、化学与材料工程、热工计量测试、环保及节能与节水、新能源发电领域的技术研究与开发
西安华伟光电技术有限公司	7	光机电技术产品、电力电器产品
西北有色金属研究院	5	金属材料、无机材料、高分子材料和复合材料及其制品、装备
西安创新能源工程有限公司	5	电力、热力能源的技术开发；高低压开关、输变电成套设备、仪器仪表、石油化工机械设备及零部件

续表

企业名称	专利量/件	相关经营范围
特变电工西安电气科技有限公司	4	智能高低压配电柜、预装式变电站成套设备及其他电力电子装置
西安图玛智能科技有限公司	4	智能控制系统集成；配电开关控制设备制造
西安西能电器新技术发展有限公司	3	高低压电器产品、成套电气产品、配电自动化产品、检测试验设备，成套电气工程、机电产品

8.2.2.2 不断提升省内优质企业黏性，建议推动正泰集团、许继集团、艾波比集团等在陕"落地生根"

陕西省内聚集了众多优质创新资源，输变电装备领域大企业纷纷在陕投资建厂，例如正泰集团在咸阳市投资设立的正泰电容器技术有限公司、正泰智能电气有限公司，其在陕西已经布局了多项专利，涉及包括变电核心设备、输变电配套设备在内的多个技术领域。这部分企业背靠集团往往拥有较强的研发及生产背景，促进这部分企业在本地"落地"的同时更好"生根"，有利于陕西本地输变电装备产业发展。

表8.4统计了省外大企业在陕设立分公司及其专利申请情况，由表可见，国内的国家电网、正泰集团、许继集团及国外的艾波比集团、施耐德等企业已经在陕西省设立了分公司，并且开始进行专利申请与布局。从企业申请总量及本地设立企业占其企业总申请量的占比可以看出，上述企业虽然在输变电装备领域技术实力突出，但是在陕西省投入的研发生产力量明显不足。

建议陕西省积极推动正泰集团、许继集团、艾波比集团等企业在陕西省"落地生根"，包括但不限于借助投资方组织架构关系拓展企业与企业之间的合作途径、吸引集团有关项目落地陕西、推动企业投入生产基地建设等，以此共同推进输变电装备研发进程，持续提升陕西省输变电产业链竞争力。

表8.4 省外大企业在陕西本地设立分公司专利申请情况

企业名称	在陕专利申请量/件	专利申请总量/件	本地申请占比/%
国家电网（中国）	47	7 135	0.66

续表

企业名称	在陕专利申请量/件	专利申请总量/件	本地申请占比/%
正泰（中国）	10	236	4.24
许继（中国）	9	369	2.44
艾波比（瑞士）	4	2 932	0.14
施耐德（法国）	1	670	0.15

8.3 攻克关键技术，抢占产业链制高点

掌握核心技术专利，就意味着占据新材料价值链经济效益的制高点。本部分从产业发展方向和陕西技术实力出发，选取换流阀和开关设备的GIS，通过对两个"卡脖子"关键核心技术进行详细分析，为企业技术创新提供发展思路，以助陕西补齐技术短板，加快输变电装备产业发展。

8.3.1 换流阀

高压直流输电是目前常见的输电方式之一，其中最为关键的设备是换流器。自20世纪20年代起，高压直流输电技术经历了三次技术革新，其主要推动力来自换流器基本元件的重大变化。第一代直流输电技术采用的换流元件是汞弧阀，其换流器拓扑是6脉动Graetz桥，主要应用于20世纪70年代以前。第二代直流输电技术采用的换流元件是晶闸管，其换流器拓扑与第一代直流输电技术相同，主要在20世纪70年代初至20世纪90年代应用。第三代直流输电技术诞生于20世纪90年代初，以电压源换流阀为核心，被命名为"电压源换流器型直流输电"，又称为"轻型直流输电"、"新型直流输电"，我国将此技术命名为"柔性直流输电"。[1]

本部分以检索到的4 573件换流阀专利申请样本进行分析，立足全球换流阀技术的研究现状，从技术壁垒方面分析各国发展现状，为陕西输变电装备产业在相关技术研发层面的提升路径提供参考。

---

[1] 郭铭群. 柔性直流：直流输电技术新变革［J］. 国家电网报，2020-02-25（8）.

8.3.1.1 专利壁垒分析

目前，换流阀的技术来源国主要为中国、日本、美国、德国等。如图8.3所示，上述四国专利申请量分别占换流阀总申请量的47%、17%、13%和5%，合计占全球该领域申请量的82%。整体来看，中国、日本和美国是主要的技术来源国。国内主要供应商有南京南瑞继保电气有限公司（以下简称"南瑞继保"）、中电普瑞电力工程有限公司（以下简称"中电普瑞"）、西电电气股份有限公司（以下简称"西电电气"）、许继电气股份有限公司（以下简称"许继电气"）等，国外供应商主要有瑞士的艾波比、德国的西门子和法国的阿海珐等。西电与许继电气借助国家引进国外艾波比与西门子换流阀技术的东风，成为国内最早开始晶闸管换流阀生产的国内供应商。而后中电普瑞于2010年前后加入，引进了阿海珐的晶闸管换流阀技术。南瑞继保涉足常规直流换流阀是在2015年前后，是国内四家主要供应商中起步最晚的一家，也并未专门引进国外厂商技术，基本依靠自主创新。

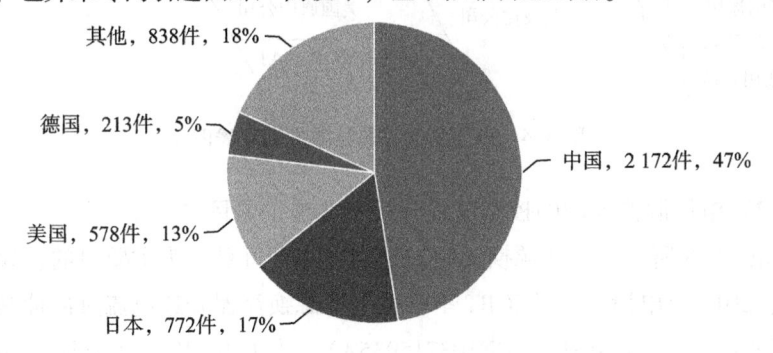

图8.3 换流阀专利来源国/地区及数量、占比

8.3.1.2 技术发展路线

（1）电压源换流阀的技术路线以稳压和易操作为主要目的。

如图8.4所示，电压源换流阀的技术路线以稳压和易操作为主要目的，如美国通用公司于2013年提出了一种电压源转换器（公开号：EP2863534B1），能稳定能量存储装置的电压，减少电压波动；同年，通用公司还申请了另一项电压源型变换器技术（公开号：EP2858231B1），消除了与至少一个能量储存器件的能量水平偏离参考值相关联的问题；2014年，通用公司又提出一种电压源转换器（公开号：EP2916447B1），在成本、大小和重量方面均有提升；艾波比公司在2015年提供了一种改进的电压源换流器（公开号：

CN107580751A），实现直流电压从交流电压中解耦，允许执行无功功率控制；2016年、2017年，通用公司申请了公开号为CN109075699A、CN110366811A的改进型电压源换流器专利；2017年，艾波比公司申请了一项控制直流系统中的电压源变流器（公开号：WO2019024999A1），控制变流器阀以生成至少一个交流波形并减少变流器之间的振荡；2018年，通用公司申请了一种电压源转换器（公开号：CN111566923A），以便于使由至少一个分支分别与直流网络和交流网络交换的直流功率、交流功率平衡，等等。

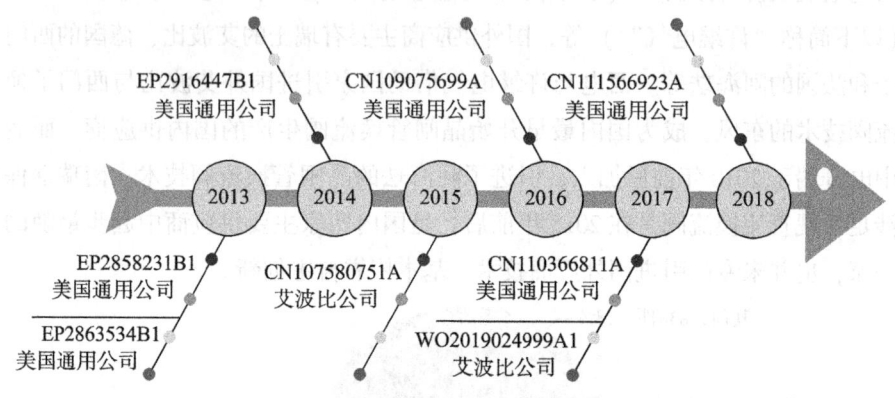

图8.4 电压源换流阀技术发展路线图

（2）电压源换流阀的控制以提升可靠性为主要目的。

如图8.5所示，电压源换流阀的控制以提升可靠性为主要目的，如国家电网于2013年申请了一种IGBT串联型电压源换流器开通电流过冲抑制技术（公开号：CN103326551A、CN103715935A），为IGBT串联型电压源换流器的运行提供了可靠的保障；南瑞继保于2014年申请了一种模块化多电平换流器桥臂电流的控制方法（公开号：CN103812377B），对基本控制方法进行改进，实现减小上下桥臂承受应力差别；2014年，西电电气申请了一种用于模块化多电平换流器的子模块均压方法（公开号：CN103929081A），免去复杂的排序计算的时间，控制周期短，控制过程简单，适应电平数不断增加的模块化多电平换流器的需要；2015年，国家电网申请了一种基于正负序电流内环控制的风电换流器控制方法（公开号：CN104734537A），其具有控制性能好、方法先进等优点；2016年，国家电网申请了一种改进型的电压源换流器技术；2017年，艾波比公司申请了一种用于使用功率同步控制来控制电压源变流器的方法和控制系统（公开号：CN109802442A），其通过有功功率来确定电流分量，可以为强电网提供强健的闭环系统；2017年，南瑞继保申请了一种串联式电压源换流阀组的协调控制方法及装置；2018年，中国矿业大学（北京）申请了一种电压源变流器新型死区补偿方法（公开号：CN108880315B），克服了传统死区补偿方法存在的补偿精度不高、需要复杂的电流极性检测算法等缺点；2018年，艾波比公司申请了一项用于使用功率同步控制来控制电压源变流器的方法和控制系统（公开号：CN110212737A），在电网故障的情况下，可以提供电流限制而不会失去同步性，等等。

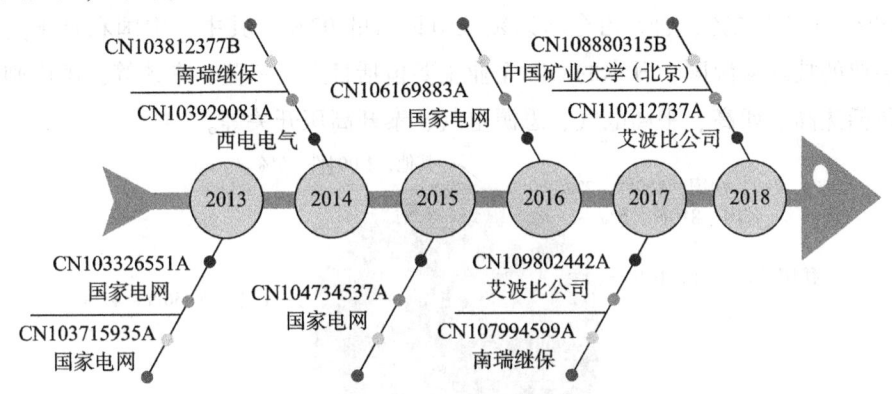

图 8.5　电压源换流阀控制技术发展路线图

8.3.2　气体绝缘全封闭组合电器 GIS

GIS 是将断路器和其他高压电气元件，按照所需要的电气主接线安装在充有一定压力的六氟化硫气体金属壳内所组成的一套变电站设备。GIS 的发展，是伴随着 SF_6 气体的人工合成技术和环氧树脂技术的发展而逐步发展起来的。1900 年，法国两位化学家穆瓦桑（Moissan）和勒布（Lebeau）首次人工合成 SF_6 气体；1936 年，卡斯坦与格林利开发出了制造环氧树脂的方法；1938 年 GE 公司申请 SF_6 气体用于电力设备的专利；1955 年美国西屋公司生产了第一台 SF_6 断路器；1968 年瑞士艾波比公司第一台 GIS 运行。目前，国际上 GIS 的主要制造商有艾波比、西门子、通用、日立、三菱、东芝、现代、晓星等。2019 年，艾波比、西门子和通用在全球市场收入份额中排名前三，占据主导地位。国内 GIS 的发展是伴随着改革开放的步伐逐步与国际接轨，1985 年沈高与日立合作；1985 年西高与三菱合作；1999 年平高与东芝合作；2000年左右伴随着三峡工程，沈高和西高又分别与艾波比合作，将艾波比的GIS技术引进中国。

本部分以检索到的14 023项GIS专利申请样本进行统计分析，立足全球GIS技术的研究现状，为陕西输变电装备产业在相关技术研发层面的提升路径提供参考。

8.3.2.1 专利壁垒分析

目前，GIS的技术来源国主要包括日本、中国、德国、韩国、法国等。如图8.6所示，上述国家专利申请量分别占GIS总申请量的47%、28%、10%、6%和2%，合计占全球该领域申请量的93%。其中，中国和日本是主要的技术来源国，日本的GIS企业主要包括日立、三菱、东芝等，国内则包括沈高、西高、平高电气、思源电气、泰开高压开关等。

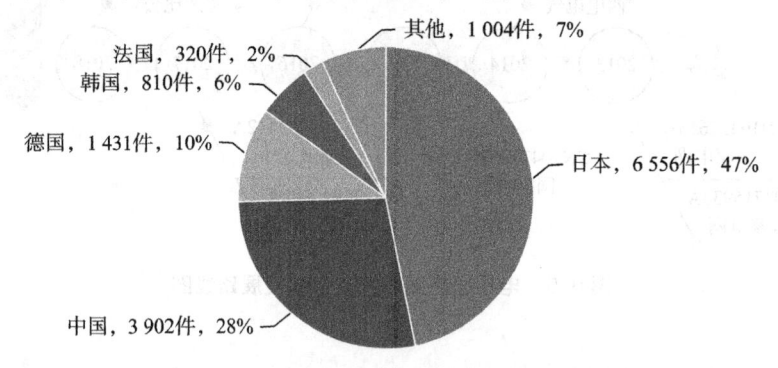

图8.6 GIS专利来源国/地区分布

8.3.2.2 技术发展路线

（1）GIS的控制趋向于智能化。

如图8.7所示，GIS控制方面的技术创新方向在于智能化，如东芝2013年申请了一种局部放电监视系统以及局部放电监视方法（公开号：CN105190331A），通过在监视局部放电的基础上使数据高效地在网络上流通来减轻网络的负荷。2013年，艾波比申请了一种用于检查开关位置的气体绝缘开关装置和摄像机系统（公开号：US20160148762A1），用于拍摄开关或开关的接触位置。西电电气2014年申请了一种GIS设备内部视频监测系统及方法（公开号：CN104320614A），以实现对GIS隔离开关触头、接地开关触头和快速接地开关触头的分合状态的远程监测和集中管理。2014年，阿尔斯通公司也申请了相关专利（公开号：AU2014413585A1）。2015年，西门子申请了一种用于识别故障弧光的设备和电气开关装置（公开号：DE102015217633A1），可以非常可靠地识别电气开关装置的故障弧光。2016年，日本日立公司申请了一个开关设备的工作特性监测装置、具有该开关装置的开关、用于开关的操作特性监测方法（公开号：JP2018032566A），可进一步改善开关设备长期使用的可靠性。2017年，艾波比公司申请了一种开关检测系统。2018年，艾波比公司申请了一种开关柜监控系统（公开号：EP3671997A1），可以从在其他位置获取已确定温度的传感器数据来确定可能难以获得温度的位置处的温度，从而减少高温导致的开关设备故障；2018年，艾波比公司申请了一种电弧故障检测装置及电气开关装置（公开号：DE102018213231A1），可通过两次判断提高检测的可靠性，等等。

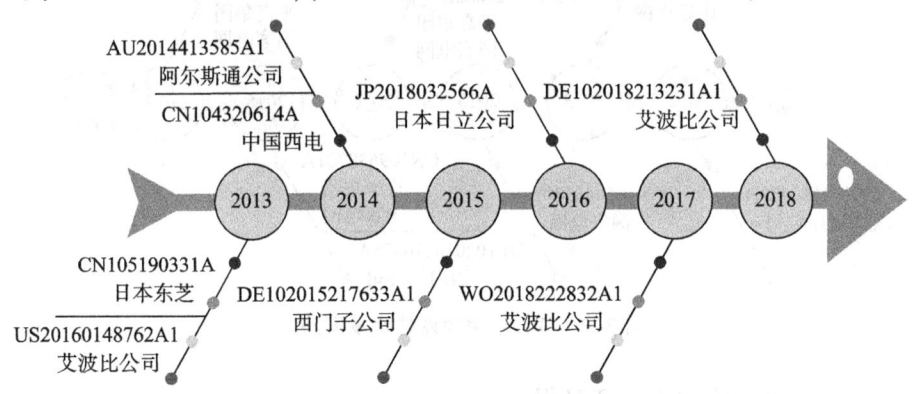

图 8.7　GIS 部件和控制技术发展路线

（2）GIS 的组件趋向于超高压和特高压。

如图 8.8 所示，GIS 组件方面的技术创新方向在于超高压和特高压应用，如美国通用公司 2012 年申请了一种用于高压直流电和超高压的插座式的纯气体绝缘穿壁套管（公开号：CN104160458B），这是一种可用于高压和超高压交流或直流应用的新结构；国家电网 2013 年申请了一种特高压 GIS 配电装置的布置结构（公开号：CN103647225B），这种结构在投资较低的前提下保证了特高压 GIS 配电装置的正常运行温度；2015 年，国家电网针对 1 000kV 的特高压，申请了一种气体绝缘开关装置的新型布置结构（公开号：CN105048330B），其在进线和出线数量相当的情况下，能够有效节约占地面积，提高经济效益；2016 年，平高集团联合国家电网针对特高压输电工程应用领域共同申请了一种母线组件及使用该母线组件的气体绝缘金属封闭开关设备（公开号：CN105529663A），其适用于母线的电流增大至5 000A时的情况，同年，国家电网也有相关专利申请（公开号：CN105932590A）；2018年，许继集团联合国家电网针对高压带电件与绝缘件连接位置处绝缘性较差的问题，提出了一种开关柜（公开号：CN109638701A）；2018年，西门子针对高压开关设备申请了一种带传感器阵列的高压开关柜及其使用方法（公开号：DE102018216475A1）；2019年，平高集团联合国家电网申请了一种GIS设备及其快速暂态过电压抑制装置（公开号：CN109672162A），其特别适用于特高压系统，等等。

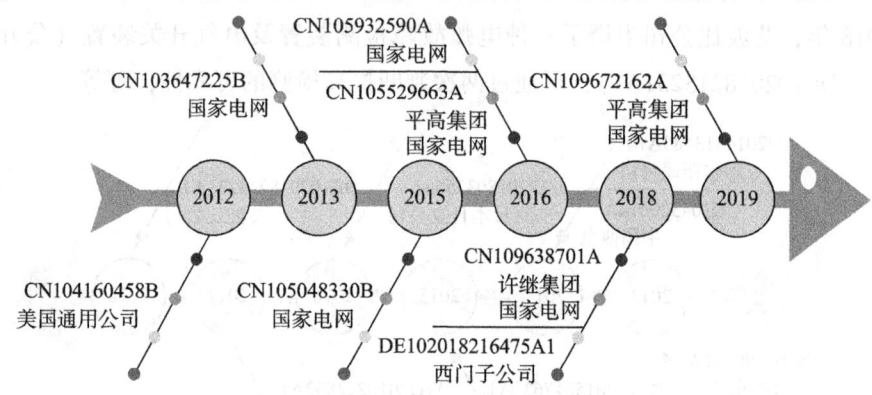

图8.8 GIS适用领域技术发展路线

（3）GIS用气体趋向于环保。

GIS在大多数应用中广泛使用的绝缘气体SF_6，其本身对人体无毒、无害。但它却是一种温室效应气体，其单分子的温室效应是CO_2的2.2万倍。为此，寻求环保无污染的可替代气体成为各创新主体的重要研究方向，如艾波比公司2013年提出了一种用于CO_2绝缘电气设备的水和污染吸收器，用于产生、传输、分配和/或使用电能（公开号：EP3069421A1），其中绝缘气体采用了CO_2；同年，阿尔斯通公司也有相关专利申请（FR3011138A1）；艾波比公司在2015年申请的使用绝缘气体或流体的气体绝缘开关柜及其生产方法（公开号：CN107851977A），绝缘气体具有至多20%的含氟酮$C_5F_{10}O$与空气或氧气以及二氧化碳的混合物；美国通用公司2015年申请了用于填充气体绝缘开关设备的方法和设备包括（CF_3）$_2$CFCN和CO_2的混合物（公开号：EP3174071A1），隔离气体包括全氟异丁腈（（CF_3）$_2$CFCN和二氧化碳的混合物）；2016年，艾波比公司申请了用于生成、传输、分配和/或使用电能的装置或这种装置的组件以及用于这种装置或组件的气体密封件（公开号：CN109074901A），绝缘介质包含选自氟酮、氟腈和它们的混合物的至少一种有机氟化合物，和选自空气、空气组分、CO_2或这些组分的混合物的至少一种组分的载气；2017年，云南电网针对寒冷天气申请了一种用于寒冷地区的六氟化硫-氮气混合气体组配方法（公开号：CN107331442A）；2017年，西门子公司提出了一种带有含碳绝缘气体组分的气体绝缘电气设备（公开号：DE102017206290A1），包括具有含碳第一绝缘气体组分和氧化剂；2018年，阿科玛公司提出了一种三氟乙烯用于绝缘或灭弧的用途（公开号：FR3082993A1）；2018年，阿科玛公司还提出了一种1-氯-2，3，3，3-四氟戊烷在绝缘或消灭电弧中的用途（公开号：FR3079359A1）（见图8.9）。

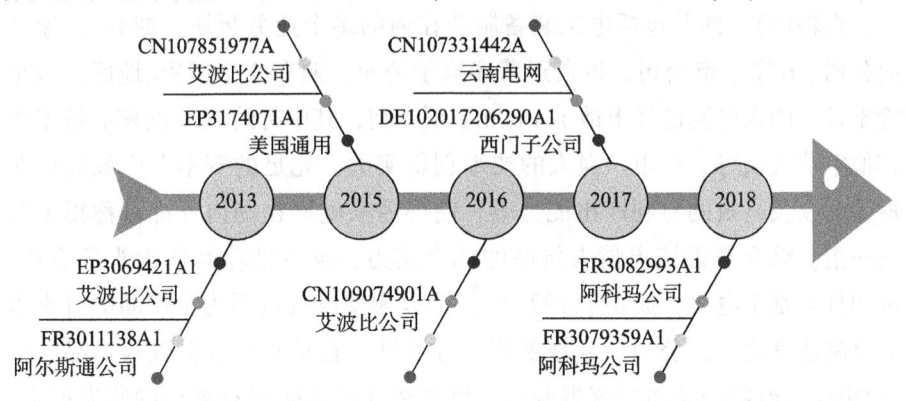

图8.9　GIS用气体技术发展路线

8.4　补齐弱项短板，实施产业链式招引

根据"链长制"要求，陕西省输变电装备产业要在推行链式招商上有新突破，按照"缺什么招什么、什么弱补什么"的原则，聚焦产业链短板弱项，通过专业化手段、市场化方式、规范化操作，实施精准招商、科学招商、定向招商。前述8.1节中，通过对陕西省输变电装备产业结构进行分析，认为陕西省在以钢材、绝缘材料为主的原材料领域，包括电压互感器、电流互感器在内的互感器领域，以及电容器、控制（调度）技术领域的创新主体集聚仍显缺失。因此，本部分将从专利数据出发，深入上述弱项分

支,综合考虑多维度分析指标进行筛选、挖掘各领域内企业、科研机构以及高端人才,最终得到下述推荐引进、合作、关注的创新主体清单。

8.4.1 可对接省外头部企业清单

综合考虑企业技术创新实力、跨国影响力、合作可能性等因素,本部分主要以申请人的专利申请量、PCT申请量、专利高频被引❶量、联合申请量等作为评估指标,对当前申请人类型为企业的创新主体进行分析筛选,得到可供陕西省关注的国外、省外头部企业清单,并通过多项分析指标综合评价,最终划定了重点推荐、推荐、关注三个推荐级别,详见附录1。图8.10为部分头部企业示例。

以国家电网为例,该公司成立于2002年,经营区域覆盖各省(自治区、直辖市),涉及包括电工装备制造在内的多个业务板块;拥有16家产业公司、6家上市公司,投资运营多家子公司,遍布9个国家/地区。截至检索日,国家电网已经申请了1000多项专利,其中有约10%的核心技术为其他申请人认可、引用。强大的技术创新实力,充足的资本,广域的产业覆盖度以及高效的专利产出能力等,使得国家电网在国内外都可称得上首屈一指。综合考虑该申请人雄厚的综合实力,重点推荐其作为头部企业。再如日本富士电机,成立于1923年,是以大型电气机器为主产品的日本重电机制造商之一,公司产品涉及驱动控制器、自动化及仪器仪表产品、低压/中高压电器产品和中核事业等。目前在互感器领域有突出的研发能力,专利申请可观,但其在该领域的跨国影响力一般,核心技术产出能力也不突出,并且与其他申请人的合作意愿也不高,创新活跃能力也相对一般。因此,日本富士电机虽作为头部企业,但建议一般关注。

8.4.2 可引进省外创新企业清单

综合考虑企业技术创新实力、创新活跃度、持续产出能力、技术合作基础等因素,本部分主要针对近三年仍然活跃在输变电装备产业的申请人进行分析,以申请人的年均申请量、近五年申请占比、有效发明专利量等作为评估指标,对当前申请人类型为企业的创新主体进行分析筛选,得到

---

❶ 专利高频被引指该专利被引次数高于平均值,下同。

可供陕西省关注的国外、省外创新企业清单，并通过多项分析指标综合评价，最终划定了重点推荐、推荐、关注三个推荐级别，详见附录2。图8.10为部分创新企业示例。

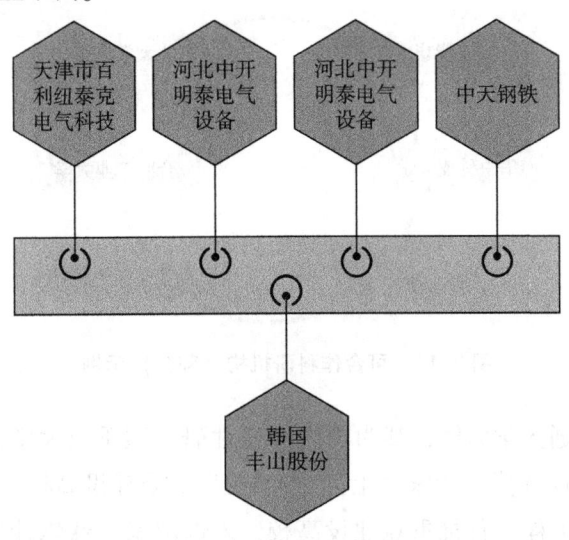

图 8.10　部分创新企业示例

以中天钢铁集团有限公司为例，其坐落在长江三角洲地区中心城市之一的常州市，是一家涵盖钢铁等多元产业的国家级钢铁联合企业，位居国内企业500强。自成立开始，中天钢铁集团就积极引进西门子等国际先进装备，优化产品结构；2009年集团成为"钢铁研究总院研究应用基地"，积极推进产学研合作，成功填补国内700兆帕高强度带肋钢筋的空白领域。该集团于2017年开始布局钢材方面的专利申请，在4年内申请10件，有效发明专利占比近60%，尤其2019—2021年创新活跃度尤甚，且其专利联合申请占比高达50%以上。再如珠海银河智能电网有限公司，该公司成立于2018年，于2020年开始申请专利，并在一年间申请了3项专利，其中有效发明专利1项，因此，该企业可以作为新势力创新企业加以关注。

8.4.3　可合作省内外科研机构清单

企业创新发展需要引进高新技术，充分调动高校、科研院所、企业等各类创新资源，促进技术成果产业化加快步伐。综合考虑科研机构技术创新实力、合作意愿、在华布局等因素，本部分主要以申请人的专利申请量、联合申请量、在华布局量等作为评估指标，对当前申请人类型为科研机构的创新主体进行分析筛选，得到可供陕西省合作的国外、省外科研机构合作清单，详见附录3。图8.11为可合作的科研机构（部分）示例。

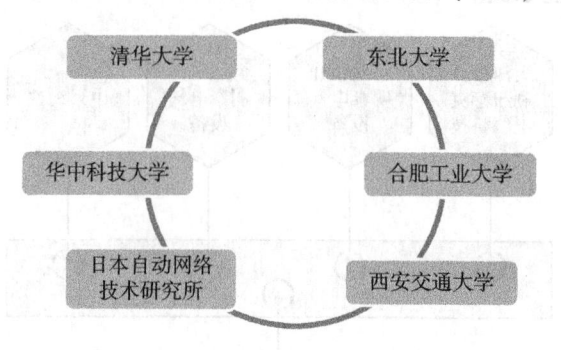

图8.11 可合作科研机构（部分）示例

以西安交通大学为例，其为国内综合性研究型重点大学，位列世界一流大学建设高校A类，国家"七五""八五"重点建设高校，国家"211工程"和"985工程"首批重点建设高校，入选国家"珠峰计划""强基计划""2011计划""111计划"、卓越工程师教育培养计划等。学校设有电力设备电气绝缘国家重点实验室、金属材料强度国家重点实验室、机械制造系统工程国家重点实验室等，建校历史悠久，科研实力雄厚。西安交通大学早在21世纪初就对输变电装备产业积极布局，技术创新实力强大，专利申请量大，并且专利布局广泛，涉及原材料、电容器和控制（调度）多个技术分支。西安交通大学已入驻"秦创原"，与陕西有色金属集团共建了陕西有色金属集团联合创新中心，通过双方联合攻关进口替代、高端制造的核心技术，实现强链、补链、延链，打造企业增长极。综上因素考虑，重点推荐西安交通大学作为陕西省内可合作科研机构。

8.4.4 可关注省内外核心人才清单

综合考虑人才技术创新实力、核心技术产出能力、创新支撑能力等因素，本部分主要以发明人的专利申请量、专利高频被引量、参与发明占比等作为评估指标，对发明人进行分析筛选，得到可供陕西省关注的省内外核心人才清单，并通过多项分析指标综合评价，最终划定了重点推荐、推荐、关注三个推荐级别，详见附录4。图8.12为核心人才（部分）示例。

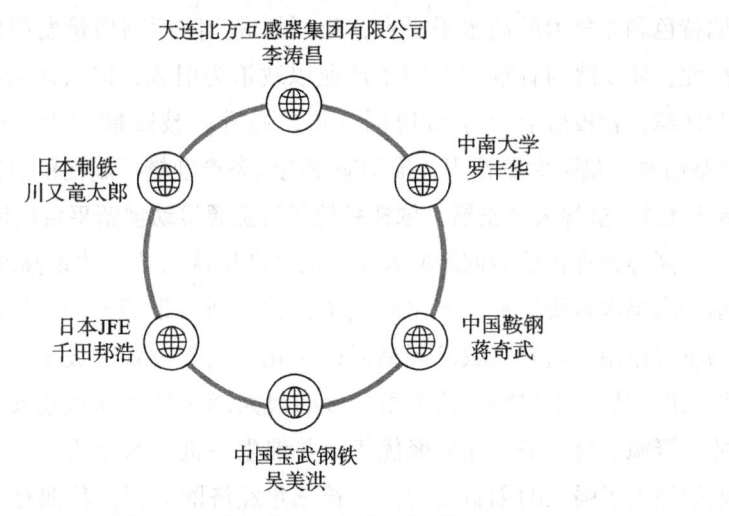

图 8.12　核心人才（部分）示例

以大连北方互感器集团有限公司的李涛昌为例。大连北方互感器集团始建于 1997 年，主要营业互感器，是大连市的"百强企业""高新技术企业"，技术实力雄厚，是陕西省推荐对接的头部企业。集团董事长李涛昌作为知名的互感器专家，专利申请量占企业总申请量高达 90%，兼具技术研发实力和创新支撑能力，因此重点推荐关注李涛昌及大连北方互感器集团有限公司。

8.5　强化科技赋能，促进产业链开放合作

8.5.1　发挥"秦创原"最强大脑作用

为了谱写新时代追赶超越的新篇章，陕西启动了"秦创原"创新驱动平台，作为科技强省、追赶超越的重大战略举措。《陕西省"十四五"知识产权发展规划》中明确，要"依托秦创原创新驱动平台，重点围绕全省航空航天、能源化工、装备制造、电子信息、新材料、生物医药、现代农业等主导产业，集成电路、新能源汽车、输变电、数控机床、煤化工、无人机、工业机器人、3D 打印等标志性产业链，大力培育高价值发明专利，加强关键领域自主知识产权创造和储备。政策的支持，能够加快打造具有鲜

明特色和竞争力的高水平平台,让创新成为陕西高质量发展的强大引擎"。因此,建议陕西省输变电装备产业以政策为引领,以人才为基础,以资金为保障,积极融合产学研协同发展,提升科技赋能效力,最大程度发挥"秦创原"最强大脑作用,推动输变电装备产业链不断向价值链高端迈进。

8.5.1.1 重视人才发展,依托高校科研资源推动创新平台建设

高等教育在培养创新型人才、汇聚高层次人才、建设高水平科研平台、承担高层次科研任务、产出高质量科技创新成果等方面,发挥着无可替代的重要作用。随着区域发展格局的变化,高等教育形成了与之相适应的区域发展布局。京津冀、长三角、粤港澳大湾区经济圈快速发展,形成了人才、资源、科技平台等集聚优势,并催生一批高水平大学,为其经济社会发展注入了强大的创新动力。以长三角经济圈为例,其拥有全国17%的高校❶(见图8.13),"双一流"建设高校占比高达全国"双一流"建设高校总数量的1/4。作为长三角经济圈的一分子,陕西拥有8所"211工程"院校和3所"985工程"院校,以及众多的科研院所,其中国家重点实验室25家、国家工程技术研究中心7家、省级重点实验室89家、省级工程技术研究中心166家,但科技转化水平仍有提升空间。

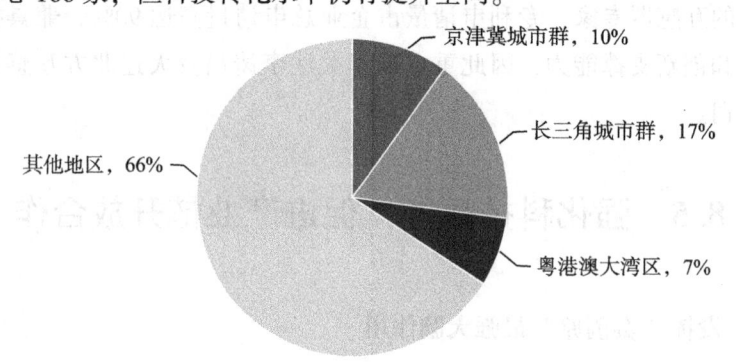

图8.13 国内高校数量区域占比

"秦创原"作为陕西省创新驱动发展总平台和创新驱动发展总源头,应积极依托高校和科研院所建设一批具有国际先进水平的国家实验室等科技创新平台。以输变电装备产业国内领先的浙江省为例,其持续推进杭州、

---

❶ 粤港澳、京津冀、长三角地区高等教育与经济发展报告[R].深圳:粤港澳大湾区高等教育大数据研究中心,2021.

宁波、温州国家自主创新示范区和环杭州湾高新技术产业带建设，着力打造具有全球影响力的"互联网+"科技创新中心和新材料国际创新中心。另外，浙江还制定了新型科研组织"新锐"计划，培育一批在行业细分领域单点突破、具备国际领先水平、"高精尖专特新"的新型科研组织。因此，建议陕西省积极关注人才要素，充分依托西安理工大学、陕西科技大学等科研力量为"秦创原"创新平台建设蓄力，带动输变电装备产业的发展。

8.5.1.2 保障资金投入，有效融合科技金融协同发展

科技创新发展需要强大的资金投入作为支撑，这需要政府和市场等多方统筹协作，积极引导基金注入。例如，欧盟通过实施"地平线2020"战略，有效提高了科研经费的生产总值占比；日本政府也设立了专项调节费，用以支持创新平台基础设施建设；美国硅谷则集聚了200多家风险投资公司，为高科技中小企业提供全生命周期金融产品与服务。国内，北京市的中关村率先实施概念验证支持计划，由政府和企业共同出资建立联合基金或项目启动资金池，精准对接基础研究成果、可市场化成果与技术需求主体。

2021年5月出台的《秦创原创新驱动平台建设三年行动计划（2021—2023年）》提出了关于"秦创原"基金的目标：到2023年，创新生态环境持续优化，建成双创服务平台30个以上，创新基金规模超过100亿元，实现技术合同成交额突破300亿元，专业机构和人才队伍更加完备，形成可复制推广的标志性创新模式。

湖北省毗邻陕西省，近年来积极支持当地创新平台发展，其中武汉市率先在股权激励、知识产权质押贷款、科创企业投贷联动试点等方面探索科技金融改革创新，建立机构设立、经营机制、金融产品、信息平台、直接融资、金融监管"六个专项机制"，为科技型中小企业搭建了全方位信用服务和政银企沟通合作平台，形成科技企业全生命周期金融综合服务"东湖模式"。建议陕西省及西安市借鉴湖北省在科技金融改革创新方面的经验，着力完善自身的科技金融综合服务体系，积极响应金融资金对输变电装备产业的支持。

8.5.1.3 统筹企业科研人才，推动产学研用协同发展

早在2010年12月，北京市就组建中关村科技创新和产业化促进中心（以下简称"首都创新资源平台"）成立，作为进一步完善首都创新资源整合机制的重大举措，通过整合首都高等院校、科研院所、中央企业、高科

技企业等创新资源,加快推进中关村示范区建设,增强首都自主创新能力,推动首都经济率先形成创新驱动发展格局。随着经济全球化和知识经济的不断发展,全球范围的科技创新合作已成为世界科技发展的重要推动力。例如,欧盟依托覆盖27个欧盟成员国和22个非欧盟国家600多个合作组织的技术信息网络,在全球范围内撮合大型企业、中小企业、科研机构、高校和行业协会等技术供需双方开展技术交易与技术合作。

"秦创原"肩负着陕西省促进科技成果转化、建设共性技术研发平台、实现校地校企合作、创新人才教育培养、推进政产研深度融合等重大使命,承担着打通科技创新工作"最后一公里"堵点的重要作用。建议陕西省依托丰富的科教资源,借鉴其他创新平台的发展经验,进一步深化产学研用融合新模式,有效支撑陕西省输变电装备产业链的辐射发展。

8.5.2 积极融入国内大循环格局

《关于进一步提升产业链发展水平的实施意见》指出,要推动产业链开放合作。紧抓共建"一带一路"、新时代推进西部大开发形成新格局、黄河流域生态保护和高质量发展等重大机遇,积极对接京津冀协同发展、长三角一体化、粤港澳大湾区建设等区域发展重大战略,鼓励产业链企业积极开展跨省域及国际产能合作。支持企业充分利用国内外专业展会平台开展合作交流,在开放合作中不断提升产业链水平。

从技术市场生态角度出发,发生过专利转移转化、许可等运营事件的专利成果具有一定价值,通常还可以转化成现实的生产力,增加本地产品的市场份额和产品竞争力。聚焦陕西省专利流入/流出情况,通过专利运营事件发生专利流入或流出的四类情形,分别为通过专利权利转移或专利许可流出/流入陕西,表8.5对上述四种情形下涉及的主要省份专利量分布进行了统计。在通过权利转移流出陕西的情形中,陕西流入北京的专利量最多,其次是江苏、上海、福建等省市,陕西与河南、辽宁等省市的协同活跃度则相对不足。在另外三类情形中,涉及省市的专利量均在3件以下,尤其是通过许可流入陕西的专利明显不足。

表 8.5　陕西省专利转让/许可流出/流入涉及省份专利量　　　　单位：件

省份	涉及专利总量	通过权利转移流出陕西	通过权利转移流入陕西	通过专利许可流出陕西	通过专利许可流入陕西
北京	11	9	2	0	0
江苏	10	7	1	2	0
上海	10	5	3	1	1
福建	6	5	0	1	0
浙江	6	4	0	2	0
广东	5	4	0	1	0
河南	5	1	2	2	0
山东	4	4	0	0	0
辽宁	2	1	0	1	0
河北	2	1	1	0	0
甘肃	1	1	0	0	0
内蒙古	1	1	0	0	0
湖南	1	1	0	0	0
安徽	1	0	1	0	0
西藏	1	0	1	0	0
广西	1	0	0	1	0

由上述分析可见，在输变电装备领域，陕西通过专利运用推动产业发展已具备一定基础，与京津冀城市群、长三角城市群、粤港澳大湾区等地区合作成效初显。但是，通过专利运营流入/流出陕西省内专利量略显不足，与地理位置接近的河南等省份协同相对缺乏，陕西省在通过开放合作推动产业链提升方面仍有较大可为空间。

综上所述，建议陕西省输变电装备产业积极融入国内大循环格局，着力通过开放合作提升产业链水平。

一是巩固已有基础，积极对接区域发展重大战略。陕西与京津冀、长三角城市群、粤港澳大湾区已有一定的协同基础。基于现有基础，应注重巩固已有优势，加强与京津冀协同发展、长三角一体化、粤港澳大湾区建设等区域发展重大战略的对接。建议陕西省进一步深化与上述区域中北京、江苏、上海、浙江、广东等省份的协同合作关系，通过转让、许可、质押等多种运营方式盘活企业的创新资源，形成区域内外双循环。

二是加强地缘合作，重点关注与河南等省份的合作机遇。河南省与陕西省邻近，输变电装备产业专利申请量相近，产业基础相似度较高。由陕西省与河南省发生的专利运营事件来看，两省在转让、许可两种运营方式上虽均有涉及，但数量不高，协同活跃度低于陕西省与北京、上海等省份，合作仍具备一定的提升潜力。特别是结合地缘优势来看，可以预见，随着陕西省与河南省协同创新的加强，其产业链水平还将取得更大提升。

附 录

附录 1 可对接的国外、省外的输变电装备产业头部企业

企业名称	地域	原材料 钢材 硅钢	原材料 钢材 不锈钢	原材料 铜材	原材料 绝缘材料 绝缘气体	原材料 绝缘材料 绝缘油	原材料 绝缘材料 绝缘纸	变电核心设备 电容器	输变电配套设备 互感器 电压互感器	输变电配套设备 互感器 电流互感器	电力系统综合自动化设备 控制（调度）	技术实力	跨国影响力	核心技术产出	合作意愿	推荐级别
株式会社日立制作所	日本		√	—				—			—	▰		▰	▮	重点推荐
三菱集团	日本			√	√		√	√	√	√		▰	▰	▰	▮	重点推荐
艾波比集团公司	瑞典			√	√	√	√	√	√	√	√	▰	▰	▰	▮	重点推荐
西门子股份公司	奥地利			√	√		√	√	√	√	√	▰	▰	▰	▮	重点推荐
通用电气公司	美国			√	√		√	√	√	√	√	▰	▰	▰	▰	重点推荐
日本制铁集团公司	日本	√	√	√		√						▰	▰	▰	▰	重点推荐
住友商事株式会社	日本		√	√								▰	▰	▰	▰	重点推荐
浦项制铁公司	韩国	√										▰	▰	▰	▰	重点推荐
东芝株式会社	日本							√	√	√		▰	▰	▰	▰	重点推荐
松下电器产业株式会社	日本							√	√	√		▰	▰	▰	▰	重点推荐

续表

企业名称	地域	原材料				变电核心设备	输变电配套设备		电力系统综合自动化设备	技术实力	跨国影响力	核心技术产出	合作意愿	推荐级别
			钢材		绝缘材料										
		硅钢	不锈钢	铜材	绝缘气体	绝缘油	绝缘纸	电容器	电压互感器	电流互感器	控制(调度)					
日本钢铁工程控股公司	日本	√	—	—				—			—	◧	◧	◧	◧	重点推荐
神户制钢所	日本		√									◧	◧	◧	◧	重点推荐
古河电气工业株式会社	日本			√								◧	◧	◧	◧	重点推荐
JX金属株式会社	日本			√								◧	◧	◧	◧	重点推荐
日新电机株式会社	日本				√			√	√	√		◧	◧	◧	◧	重点推荐
科蒂埃弗西有限公司	美国							√				◧	◧	◧	◧	重点推荐
罗博特·博世有限公司	德国							√				◧	◧	◧	◧	重点推荐
帝人株式会社	日本					√						◧	◧	◧	◧	重点推荐
施耐德电气有限公司	法国							√		√		◧	◧	◧	◧	重点推荐
TDK株式会社	日本							√		√		◧	◧	◧	◧	重点推荐

续表

企业名称	地域	原材料 钢材 硅钢	原材料 钢材 不锈钢	原材料 铜材	原材料 绝缘材料 绝缘气体	原材料 绝缘材料 绝缘油	原材料 绝缘材料 绝缘纸	变电核心设备 电容器	输变电配套设备 互感器 电压互感器	输变电配套设备 互感器 电流互感器	电力系统综合自动化设备 控制（调度）	技术实力	跨国影响力	核心技术产出	合作意愿	推荐级别
同和金属技术有限公司	日本		—	—				—			—	▪▪▪▪	▪▪▪▪	▪▪▪▪	▪▪▪	重点推荐
同和工业株式会社	日本			√								▪▪▪▪	▪▪▪▪	▪▪▪▪	▪▪▪	重点推荐
明电舍株式会社	日本			√	√				√			▪▪▪▪	▪▪▪▪	▪▪▪▪	▪▪▪	重点推荐
日本碍子株式会社	日本			√						√		▪▪▪▪	▪▪▪▪	▪▪▪▪	▪▪▪	重点推荐
村田制作所	日本							√				▪▪▪	▪▪▪	▪▪▪	▪▪	推荐
埃普科斯科技股份有限公司	德国							√				▪▪▪	▪▪▪	▪▪▪	▪▪	推荐
丰田汽车公司	日本							√			√	▪▪▪	▪▪▪	▪▪▪	▪▪	推荐
阿克玛集团	比利时				√							▪▪	▪▪	▪▪	▪▪	推荐
索尔维公司	比利时				√							▪▪	▪▪	▪▪	▪▪	推荐
出光兴产株式会社	日本					√						▪▪	▪▪	▪▪	▪▪	推荐
东丽株式会社	日本						√					▪▪	▪▪	▪	▪▪	推荐

213

续表

企业名称	地域	原材料 钢材 硅钢	原材料 钢材 不锈钢	原材料 铜材	原材料 绝缘材料 绝缘气体	原材料 绝缘材料 绝缘油	原材料 绝缘材料 绝缘纸	变电核心设备 电容器	输变电配套设备 互感器 电压互感器	输变电配套设备 互感器 电流互感器	电力系统综合自动化设备 控制（调度）	技术实力	跨国影响力	核心技术产出	合作意愿	推荐级别
杜邦帝人先进纸（日本）有限公司	日本			—			√	—				▬	▬	▬	高	推荐
蒂森克虏伯钢铁欧洲股份公司	德国	√										▬	▬	▬	中	推荐
田中贵金属工业株式会社	日本			√								▬	▬	▬	中	关注
藤仓株式会社	日本			√								▬	▬	▬	中	关注
株式会社SH铜业	日本			√								▬	▬	▬	中	关注
昭和电线电缆株式会社	日本											▬	▬	▬	中	关注
LG电子株式会社	韩国							√				▬	▬	▬	中	关注
贵弥功株式会社	日本							√				▬	▬	▬	中	关注
凯米特电子公司	美国							√				▬	▬	▬	中	关注

续表

企业名称	地域	原材料				变电核心设备	输变电配套设备			电力系统综合自动化设备	技术实力	跨国影响力	核心技术产出	合作意愿	推荐级别
		钢材		铜材	绝缘材料			电容器	互感器		控制（调度）					
		硅钢	不锈钢		绝缘气体	绝缘油	绝缘纸		电压互感器	电流互感器						
尼吉康株式会社	日本			—				√				▂	▂	▂		关注
纽茵泰克株式会社	韩国							√				▃	▂	▂	▂	关注
富士电机株式会社	日本					√			√			▅	▂	▂	▂	关注
东金股份有限公司	日本					√			√			▃	▂	▂	▂	关注
日置电机株式会社	日本								√			▂	▂	▂		关注
电力工社	韩国											▂	▂	▂	▂	关注
3M 创新有限公司	美国				√							▂	▂	▂		关注
RAJ PETRO SPECIA-LITIES PVT LTD	印度					√						▂	▂	▂		关注
日本制纸株式会社	日本						√					▂	▂	▂		关注
施魏策尔工程实验公司	美国										√	▂	▂	▂		关注
皇家飞利浦电子股份有限公司	荷兰										√	▂	▂	▂		关注

续表

企业名称	地域	钢材-硅钢	钢材-不锈钢	铜材	绝缘材料-绝缘气体	绝缘材料-绝缘油	绝缘材料-绝缘纸	变电核心设备-电容器	输变电配套设备-电压互感器	输变电配套设备-电流互感器	电力系统综合自动化设备-控制（调度）	技术实力	跨国影响力	核心技术产出	合作意愿	推荐级别
国家电网有限公司	北京	√	√	—	√	√	√	—	√	√	—	▮	▮	▮	▮	重点推荐
中国南方电网有限责任公司	广东	√		√	√	√		√	√	√	√	▮	▮	▮	▮	重点推荐
中国宝武钢铁集团有限公司	上海	√	√									▮	▮	▮	▮	重点推荐
鞍山钢铁集团有限公司	辽宁	√	√									▮		▮	▮	重点推荐
铜陵三佳变压器科技股份有限公司	安徽	√					√			√		▮		▮	▮	重点推荐
保定天威集团有限公司	河北						√					▮		▮	▮	重点推荐

续表

企业名称	地域	原材料						变电核心设备			输变电配套设备		电力系统综合自动化设备	技术实力	跨国影响力	核心技术产出	合作意愿	推荐级别
		钢材			铜材	绝缘材料			电容器			互感器		控制（调度）						
			硅钢	不锈钢		绝缘气体	绝缘油	绝缘纸				电压互感器	电流互感器							
大连北方互感器集团有限公司	辽宁			—				—			√		—	▂▄▆				重点推荐
安徽赛福电子有限公司	安徽							√						▂▃				重点推荐
安徽楚江高新电材有限公司	安徽			√										▂▃				重点推荐
南瑞集团有限公司	江苏										√		√	▂▄▆	▂▃	▂▃	▂▄▆	推荐
首钢集团有限公司	北京	√	√											▂▄▆	▂▃	▂▃	▂▃	推荐
南京钢铁股份有限公司	江苏	√	√											▂▄▆	▂▃	▂▃	▂▃	推荐
马鞍山钢铁股份有限公司	安徽	√												▂▄▆	▂▃	▂▃	▂▄▆	推荐

续表

| 企业名称 | 地域 | 原材料 |||| 变电核心设备 || 输变电配套设备 || 电力系统综合自动化设备 | 技术实力 | 跨国影响力 | 核心技术产出 | 合作意愿 | 推荐级别 |
| | | 钢材 || 铜材 | 绝缘材料 || 电容器 | 互感器 || 控制（调度） | | | | | |
		硅钢	不锈钢		绝缘气体	绝缘油	绝缘纸		电压互感器	电流互感器						
安徽航睿电子科技有限公司	安徽			—				—			—	▂				推荐
上海春黎电子实业有限公司	上海							√				▂	▂		▂	推荐
上海皓月电气股份有限公司	上海							√				▂	▂			推荐
大连华亿电力电器有限公司	辽宁								√			▂	▂	▂		推荐
浙江天际互感器有限公司	浙江									√		▂				推荐
河南森源集团有限公司	河南									√		▂				推荐
江苏靖江互感器股份有限公司	江苏									√		▂		▂		推荐

218

续表

企业名称	地域	原材料 钢材 硅钢	原材料 钢材 不锈钢	原材料 铜材	原材料 绝缘材料 绝缘气体	原材料 绝缘材料 绝缘油	原材料 绝缘材料 绝缘纸	变电核心设备 电容器	输变电配套设备 互感器 电压互感器	输变电配套设备 互感器 电流互感器	电力系统综合自动化设备 控制（调度）	技术实力	跨国影响力	核心技术产出	合作意愿	推荐级别
宁波博威合金材料股份有限公司	浙江			√								▫	▫	▫	▫	推荐
芜湖楚江合金铜材有限公司	安徽			√								▫		▫		推荐
哈尔滨东大高新材料股份有限公司	黑龙江			√								▫		▫		推荐
贵研铂业股份有限公司	云南			√								▫		▫		推荐
安徽晋源铜业有限公司	安徽			√								▫		▫		推荐
绍兴市力博科技有限公司	浙江			√								▫				推荐
中铁建电气化局集团康远新材料有限公司	江苏			√								▫		▫		推荐

续表

企业名称	地域	原材料				变电核心设备	输变电配套设备		电力系统综合自动化设备	技术实力	跨国影响力	核心技术产出	合作意愿	推荐级别
		钢材		铜材	绝缘材料			电容器	互感器		控制（调度）				
		硅钢	不锈钢		绝缘气体	绝缘油	绝缘纸		电压互感器	电流互感器					
中国石油天然气股份有限公司	北京			—		√		—				▫			推荐
安徽嘉旗粮油工程技术有限公司	安徽					√						▫		▫	推荐
江苏微上新材料科技有限公司	江苏					√						▫		▫	推荐
杭州特种纸业有限公司	浙江						√					▫	▫		推荐
南通日芝电力材料有限公司	江苏						√					▫			推荐
常州市英中电气有限公司	江苏						√					▫		▫	推荐

续表

企业名称	地域	原材料 钢材 硅钢	原材料 钢材 不锈钢	原材料 铜材	原材料 绝缘材料 绝缘气体	原材料 绝缘材料 绝缘油	原材料 绝缘材料 绝缘纸	变电核心设备 电容器	输变电配套设备 互感器 电压互感器	输变电配套设备 互感器 电流互感器	电力系统综合自动化设备 控制（调度）	技术实力	跨国影响力	核心技术产出	合作意愿	推荐级别
苏州巨峰电气绝缘系统股份有限公司	江苏			—			√	—			—	▂▃				推荐
江苏智达高压电气有限公司	江苏						√					▂▃	▂▃			推荐
魏德曼电力绝缘科技（嘉兴）有限公司	浙江						√					▂▃				推荐
马钢（集团）控股有限公司	安徽	√										▂▃		▂▃		关注
内蒙古包钢钢联股份有限公司	内蒙古	√										▂▃		▂▃		关注
包头钢铁（集团）有限责任公司	内蒙古	√										▂▃			▂▃	关注
本钢板材股份有限公司	辽宁	√										▂▃		▂▃		关注

续表

企业名称	地域	原材料					变电核心设备	输变电配套设备		电力系统综合自动化设备	技术实力	跨国影响力	核心技术产出	合作意愿	推荐级别
		钢材		铜材	绝缘材料			电容器	互感器		控制（调度）				
		硅钢	不锈钢		绝缘气体	绝缘油	绝缘纸		电压互感器	电流互感器							
包头市威丰稀土电磁材料股份有限公司	内蒙古	√										▂				关注
首钢智新迁安电磁材料有限公司	河北	√										▂	▂	▂	▂	关注
山西太钢不锈钢股份有限公司	山西	√										▂		▂		关注
山东钢铁股份有限公司	山东	√										▂		▂		关注
桂林电力电容器有限责任公司	广西							√				▂	▂	▂	▂	关注
安徽瀚宇电气有限公司	安徽							√				▂				关注
佛山市顺德区创格电子实业有限公司	广东							√				▂		▂	▂	关注

续表

企业名称	地域	原材料				变电核心设备		输变电配套设备		电力系统综合自动化设备	技术实力	跨国影响力	核心技术产出	合作意愿	推荐级别
		钢材		铜材	绝缘材料											
		硅钢	不锈钢		绝缘气体	绝缘油	绝缘纸	电容器	电压互感器	电流互感器	控制(调度)				
上海思源电力电容器有限公司	上海			-				√	-		-	▂				关注
四川省科学城久信科技有限公司	四川							√				▂				关注
大连第二互感器集团有限公司	辽宁								√			▂				关注
江苏思源赫兹互感器有限公司	江苏								√	√		▂				关注
浙江正泰电器股份有限公司	浙江									√		▂		▂	▂	关注
天津市泰莱电力设备技术有限公司	天津									√		▂	▂			关注
山东泰开互感器有限公司	山东									√		▂				关注

续表

企业名称	地域	原材料					变电核心设备	输变电配套设备		电力系统综合自动化设备	技术实力	跨国影响力	核心技术产出	合作意愿	推荐级别
		钢材		铜材	绝缘材料		电容器	电压互感器	电流互感器	控制（调度）					
		硅钢	不锈钢		绝缘气体	绝缘油	绝缘纸									
中广电器股份有限公司	辽宁			-				-	√		-	▮				关注
河北申科电子股份有限公司	河北								√			▮▮				关注

注：√代表企业在三级分支领域有所涉猎；▮中黑色矩形越多说明左侧企业的技术实力（跨国影响力、核心技术产出、合作意愿）越强。

附录2 可引进的国外、省外的输变电装备产业创新企业

企业名称	地域	原材料 - 钢材 - 硅钢	原材料 - 钢材 - 不锈钢	原材料 - 铜材	原材料 - 绝缘材料 - 绝缘气体	原材料 - 绝缘材料 - 绝缘油	原材料 - 绝缘材料 - 绝缘纸	变电核心设备 - 电容器	输变电配套设备 - 互感器 - 电压互感器	输变电配套设备 - 互感器 - 电流互感器	电力系统综合自动化设备 - 控制（调度）	技术实力	创新能力	推荐级别
日铁不锈钢株式会社	日本		√	—				—				▊	▊	重点推荐
丰山股份有限公司	韩国			√								▊	▊	重点推荐
塞米克朗电子有限及两合公司	德国							√				▊	▊	重点推荐
伊凯基电容器有限公司	德国							√				▊	▊	重点推荐
SHT有限公司	日本									√		▊	▊	重点推荐
CHE IL ELECTRIC WIREING DEVICES	韩国									√		▊	▊	重点推荐
株式会社高本技术	韩国								√			▊	▊	重点推荐
法国电力公司	法国										√	▊	▊	重点推荐
安赛乐米塔尔公司	德国	√										▊	▊	推荐
CRS控股公司	美国		√									▊	▊	推荐

225

续表

企业名称	地域	原材料 钢材 硅钢	原材料 钢材 不锈钢	原材料 铜材	原材料 绝缘材料 绝缘气体	原材料 绝缘材料 绝缘油	原材料 绝缘材料 绝缘纸	变电核心设备 电容器	输变电配套设备 互感器 电压互感器	输变电配套设备 互感器 电流互感器	电力系统综合自动化设备 控制（调度）	技术实力	创新能力	推荐级别
世亚BESTEEL株式会社	韩国		√					—			—	▋	▋	推荐
现代制铁株式会社	韩国		√									▋	▋	推荐
山阳特殊制钢株式会社	日本			√								▋	▋	推荐
太阳诱电株式会社	日本											▋	▋	推荐
福特全球技术公司	美国							√				▋	▋	推荐
株式会社田村制作所	日本							√		√		▋	▋	推荐
东亚电器工业株式会社	韩国									√		▋	▋	推荐
胜美达集团株式会社	日本									√		▋	▋	推荐
ZODIAC航空电器	法国										√	▋	▋	推荐
波音公司	美国										√	▋	▋	推荐
霍尼韦尔国际公司	美国				√							▋	▋	推荐
JNC株式会社日本	日本					√						▋	▋	推荐
精工爱普生株式会社	日本		√									▋	▋	关注

续表

企业名称	地域	原材料 钢材 硅钢	原材料 钢材 不锈钢	原材料 铜材	原材料 绝缘材料 绝缘气体	原材料 绝缘材料 绝缘油	原材料 绝缘材料 绝缘纸	变电核心设备 电容器	输变电配套设备 互感器 电压互感器	输变电配套设备 互感器 电流互感器	电力系统综合自动化设备 控制（调度）	技术实力	创新能力	推荐级别
尼克桑斯公司	法国			—				—			—	▂▃	▂▃	关注
花王株式会社	日本			√								▂▃▄	▂▃	关注
哈米尔顿森德斯特兰德公司	美国			√				√				▂▃▄	▂▃	关注
矢崎总业株式会社	日本										√	▂▃▄	▂▃	关注
艾伦伯格及波音郡公司	德国					√					√	▂▃	▂▃	关注
卡吉尔公司	美国					√						▂▃▄	▂▃	关注
浩升科技有限公司	韩国						√			√		▂▃	▂▃	关注
KOLONDJOVSKI ZLATKO	卢森堡											▂▃▄	▂▃	重点推荐
中天钢铁集团有限公司	江苏	√	√									▂▃▄	▂▃	重点推荐
北京首钢股份有限公司	北京	√										▂▃▄	▂▃	重点推荐
上海梅山钢铁股份有限公司	江苏	√										▂▃▄	▂▃	重点推荐
宝武集团鄂城钢铁有限公司	湖北	√										▂▃▄	▂▃	重点推荐
日照钢铁控股集团有限公司	山东	√										▂▃▄	▂▃	重点推荐

续表

企业名称	地域	原材料					变电核心设备	输变电配套设备		电力系统综合自动化设备	技术实力	创新能力	推荐级别
			钢材		铜材	绝缘材料		电容器	互感器		控制(调度)			
		硅钢	不锈钢		绝缘气体	绝缘油	绝缘纸		电压互感器	电流互感器				
武钢集团昆明钢铁股份有限公司	云南	√		-				-			-			重点推荐
东莞市大忠电子有限公司	广东	√		√										重点推荐
北京北冶功能材料有限公司	北京	√		√										重点推荐
河钢股份有限公司承德分公司	河北	√												重点推荐
莱芜钢铁集团银山型钢有限公司	山东	√												重点推荐
华能国际电力股份有限公司	北京	√	√											重点推荐
长兴友畅电子有限公司	浙江							√						重点推荐
安徽铜峰电子股份有限公司	安徽							√						重点推荐
佛山市欣源电子股份有限公司	广东							√						重点推荐

续表

企业名称	地域	原材料				变电核心设备	输变电配套设备		电力系统综合自动化设备	技术实力	创新能力	推荐级别
			钢材		绝缘材料			电容器	互感器		控制（调度）			
			硅钢	不锈钢	铜材	绝缘气体	绝缘油	绝缘纸		电压互感器	电流互感器				
铜陵市新洲电子科技有限责任公司	安徽			-				-				▆	▁	重点推荐
浙江七星电子股份有限公司	浙江							√				▆	▁	重点推荐
深圳京昊电容器有限公司	广东							√				▆	▁	重点推荐
无锡市电力滤波有限公司	江苏							√				▆	2	重点推荐
安徽麦特电子股份有限公司	安徽							√				▆	▁	重点推荐
珠海格力电器股份有限公司	广东										√	▆	▁	重点推荐
大连第一互感器有限责任公司	辽宁								√			▆	▁	重点推荐
广东四会互感器厂有限公司	广东									√		▆	▁	重点推荐
河北中开明泰电气设备有限公司	河北									√		▆	▁	重点推荐

续表

企业名称	地域	原材料					变电核心设备	输变电配套设备		电力系统综合自动化设备	技术实力	创新能力	推荐级别
		钢材		铜材	绝缘材料			电容器	互感器		控制(调度)			
		硅钢	不锈钢	—	绝缘气体	绝缘油	绝缘纸		电压互感器	电流互感器				
江阴市星火电子科技有限公司	江苏										—	▂		重点推荐
河南平高通用电气有限公司	河南		√						√			▄	▂	重点推荐
信承瑞技术有限公司	江苏		√									▂	▂	重点推荐
浙江杭机新型合金材料有限公司	浙江											▂	▂	重点推荐
瑞安复合材料(深圳)有限公司	广东						√					▂	▂	重点推荐
山东聚芳新材料股份有限公司	山东						√					▂	▂	重点推荐
江苏展宝新材料有限公司	江苏					√			√			▂	▂	重点推荐
中互电气(江苏)有限公司	江苏								√	√		▂	▂	重点推荐

续表

企业名称	地域	原材料						变电核心设备	输变电配套设备		电力系统综合自动化设备	技术实力	创新能力	推荐级别
		钢材		铜材	绝缘材料			电容器	互感器		控制（调度）			
		硅钢	不锈钢		绝缘气体	绝缘油	绝缘纸		电压互感器	电流互感器				
昆明电力交易中心有限责任公司	云南			-				-			√	▅	▅	重点推荐
新万鑫（福建）精密薄板有限公司	福建	√										▅	▅	推荐
新疆八一钢铁股份有限公司	新疆	√										▅	▅	推荐
舞阳钢铁有限责任公司	河南	√										▅	▅	推荐
天津荣程联合钢铁集团有限公司	天津	√										▅	▅	推荐
湖南华菱湘潭钢铁有限公司	湖南	√										▅	▅	推荐
江阴兴澄特种钢铁有限公司	江苏	√	√									▅	▅	推荐
邯郸钢铁集团有限责任公司	河北	√										▅	▅	推荐
江苏沙钢集团有限公司	江苏	√										▅	▅	推荐
唐山钢铁集团有限公司	河北	√										▅	▅	推荐

续表

企业名称	地域	原材料					变电核心设备	输变电配套设备		电力系统综合自动化设备	技术实力	创新能力	推荐级别
		钢材		原材料			电容器	互感器		控制（调度）			
			铜材	绝缘材料								
		硅钢	不锈钢	-	绝缘气体	绝缘油	绝缘纸	-	电压互感器	电流互感器	-		
南阳汉冶特钢有限公司	河南	√										▂▃	▂▃	推荐
湖南华菱涟钢特种新材料有限公司	湖南	√										▂▃	▂▃	推荐
邢台钢铁有限责任公司	河北	√										▂▃▅	▂▃	推荐
张家港宏昌钢板有限公司	江苏	√										▂▃▅	▂▃	推荐
甘肃酒钢集团宏兴钢铁股份有限公司	甘肃	√										▂▃	▂▃	推荐
铜陵源丰电子有限责任公司	安徽							√				▂▃▅	▂▃	推荐
无锡宏广电容器有限公司	江苏							√				▂▃▅▆	▂▃	推荐
中铝洛阳铜加工有限公司	河南			√								▂▃	▂▃	推荐
宁波金田铜业（集团）股份有限公司	浙江			√								▂▃	▂	推荐
芜湖航天特种电缆厂	安徽			√								▂▃	▂	推荐

232

续表

企业名称	地域	原材料 钢材 硅钢	原材料 钢材 不锈钢	原材料 铜材	原材料 绝缘材料 绝缘气体	原材料 绝缘材料 绝缘油	原材料 绝缘材料 绝缘纸	变电核心设备 电容器	输变电配套设备 互感器 电压互感器	输变电配套设备 互感器 电流互感器	电力系统综合自动化设备 控制（调度）	技术实力	创新能力	推荐级别
烟台民士达特种纸业股份有限公司	山东						√							推荐
株洲时代华先材料科技有限公司	湖南						√							推荐
浙江全端木科技股份有限公司	浙江								√					推荐
珠海银河智能电网有限公司	广东									√				推荐
贵州乌江水电开发有限责任公司	贵州										√			推荐
安徽省禹坤自动化科技有限公司	安徽										√			推荐
安阳钢铁股份有限公司	河南	√												推荐
浙江迪贝电气股份有限公司	浙江	√												关注

续表

企业名称	地域	原材料 钢材 硅钢	原材料 钢材 不锈钢	原材料 铜材	原材料 绝缘材料 绝缘气体	原材料 绝缘材料 绝缘油	原材料 绝缘材料 绝缘纸	变电核心设备 电容器	输变电配套设备 互感器 电压互感器	输变电配套设备 互感器 电流互感器	电力系统综合自动化设备 控制（调度）	技术实力	创新能力	推荐级别
广东韶钢松山股份有限公司	广东	√										▫▫	▫	关注
江苏新华合金有限公司	江苏		√									▫▫	▫	关注
河北五维航电科技股份有限公司	河北		√									▫▫	▫	关注
惠州豪特金属科技有限公司	广东		√									▫▫▫	▫	关注
石家庄钢铁有限责任公司	河北		√									▫▫▫	▫	关注
无锡市法兰锻造有限公司	江苏		√									▫▫	▫	关注
河南黎明重工科技股份有限公司	河南											▫▫	▫	关注
江苏兄弟合金有限公司	江苏		√									▫▫	▫	关注
沈阳大陆激光工程技术有限公司	辽宁		√									▫▫	▫	关注

续表

企业名称	地域	原材料					变电核心设备		输变电配套设备		电力系统综合自动化设备	技术实力	创新能力	推荐级别
		硅钢	钢材	不锈钢	铜材	绝缘材料			电容器	互感器		控制（调度）			
					绝缘气体	绝缘油	绝缘纸		电压互感器	电流互感器				
铜陵有色金神耐磨材料有限责任公司	安徽		√						-			-	▥	▥	关注
仪征亚新科双环活塞环有限公司	江苏		√										▥	▥	关注
云南新铜人实业有限公司	云南			√									▥	▥	关注
常州易藤电气有限公司	江苏			√									▥	▥	关注

注：√代表企业在三级分支领域有所涉猎；▥中黑色矩形越多说明左侧企业的技术实力（创新能力）越强。

附录3 可合作的国外、省外的输变电装备产业科研机构

机构名称	地域	原材料 钢材 硅钢	原材料 钢材 不锈钢	原材料 铜材	原材料 绝缘材料 绝缘气体	原材料 绝缘材料 绝缘油	原材料 绝缘材料 绝缘纸	变电核心设备 电容器	输变电配套设备 互感器 电压互感器	输变电配套设备 互感器 电流互感器	电力系统综合自动化设备 控制（调度）	技术实力	在华布局	合作意愿	推荐级别
株式会社自动网络技术研究所	日本			-				-			-	▮▮▮	▮	▮	重点推荐
加利福尼亚大学董事会	美国			√				√		√	√	▮	▮	▮	推荐
独立行政法人物质·材料研究机构	日本			√				√	√			▮▮▮	▮	▮	关注
哈尔滨理工大学	黑龙江	√					√	√	√	√	√	▮▮▮	▮▮▮	▮▮▮	重点推荐
华中科技大学	湖北	√							√	√	√	▮▮▮	▮▮▮	▮▮	重点推荐
华北电力大学	北京	√			√				√	√	√	▮▮	▮▮	▮▮	重点推荐
清华大学	北京	√							√	√	√	▮▮▮	▮▮▮	▮▮▮	重点推荐
重庆大学	重庆	√			√					√	√	▮▮▮	▮▮	▮▮	重点推荐
上海交通大学	上海	√								√	√	▮▮	▮	▮	重点推荐
浙江大学	浙江	√		√						√	√	▮▮	▮	▮	重点推荐

续表

机构名称	地域	原材料					变电核心设备	输变电配套设备		电力系统综合自动化设备	技术实力	在华布局	合作意愿	推荐级别
^	^	钢材		铜材	绝缘材料		电容器	互感器		控制（调度）	^	^	^	^
^	^	硅钢	不锈钢	^	绝缘气体	绝缘油 绝缘纸	^	电压互感器	电流互感器	^	^	^	^	^
天津大学	天津	√			√					-	▇▅	▇▅	▇	重点推荐
燕山大学	河北	√	√	√						√	▇▅	▇▅	▇	重点推荐
山东大学	山东	√	√	√					√	√	▇▅	▇▇	▇	重点推荐
南京工程学院	江苏	√	√	√						√	▇▇	▇▇	▇	重点推荐
北京	北京	√	√	√							▇▅	▇▇	▇	重点推荐
钢铁研究总院	辽宁	√	√	√							▇▇	▇▇	▇	重点推荐
北京科技大学	北京	√	√	√							▇▅	▇▅	▇	重点推荐
河南科技大学	河南	√	√	√					√		▇▇	▇▇	▇	重点推荐
上海大学	上海	√		√							▇▇	▇▇	▇	重点推荐
江西理工大学	江苏	√		√						√	▇▅	▇▅	▇	重点推荐
哈尔滨工业大学	黑龙江	√		√						√	▇▅	▇▅	▇	重点推荐
四川大学	四川	√		√							▇▅	▇▅	▇	重点推荐
合肥工业大学	安徽	√		√							▇▅	▇▅	▇	重点推荐

续表

机构名称	地域	原材料 - 钢材 - 硅钢	原材料 - 钢材 - 不锈钢	原材料 - 铜材	原材料 - 绝缘材料 - 绝缘气体	原材料 - 绝缘材料 - 绝缘油	原材料 - 绝缘材料 - 绝缘纸	变电核心设备 - 电容器	输变电配套设备 - 互感器 - 电压互感器	输变电配套设备 - 互感器 - 电流互感器	电力系统综合自动化设备 - 控制（调度）	技术实力	在华布局	合作意愿	推荐级别
大连理工大学	辽宁	√										▋		▋	重点推荐
西安交通大学	陕西	√									√	▋	▋	▋	重点推荐
攀钢集团攀枝花钢铁研究院有限公司	四川	√	√								√	▋	▋	▋	推荐
江苏省沙钢钢铁研究院有限公司	江苏	√										▋	▋	▋	推荐
有研工程技术研究院有限公司	北京			√								▋	▋	▋	推荐
北京有色金属研究总院	北京	√		√								▋	▋	▋	推荐
东北大学	辽宁	√	√								√	▋	▋	▋	推荐
福州大学	福建	√	√	√							√	▋	▋	▋	推荐
东南大学	江苏								√	√	√	▋	▋	▋	推荐
河海大学	江苏								√	√	√	▋	▋	▋	推荐
攀钢集团研究院有限公司	四川	√										▋	▋	▋	推荐

238

续表

机构名称	地域	原材料 钢材 硅钢	原材料 钢材 不锈钢	原材料 铜材	原材料 绝缘材料 绝缘气体	原材料 绝缘材料 绝缘油	原材料 绝缘材料 绝缘纸	变电核心设备 电容器	输变电配套设备 互感器 电压互感器	输变电配套设备 互感器 电流互感器	电力系统综合自动化设备 控制（调度）	技术实力	在华布局	合作意愿	推荐级别
内蒙古电力（集团）有限责任公司内蒙古电力科学研究院分公司	内蒙古	√		-				-			-	▫	▫	▫	推荐
江南大学	江苏	√		√			√					▪	▫	▫	推荐
广西大学	广西	√		√			√					▪	▫	▫	推荐
陕西科技大学	陕西	√						√				▪	▫	▫	推荐
广东省材料与加工研究所	广东	√	√									▪	▫	▫	推荐
广东省科学院材料与加工研究所	广东	√	√									▪	▫	▫	推荐
中国科学院电工研究所	北京							√			√	▪	▫	▫	推荐

注：√代表科研院所在三级分支领域有所涉猎；▪ 中黑色矩形越多说明左侧科研院所的技术实力（核心技术产出、在华布局、合作意愿）越强。

附录 4 可关注的省内外输变电装备产业核心人才清单

申请人	发明人	地域	变电核心设备-原材料	变电核心设备-电容器	输变电配套设备-电压互感器	输变电配套设备-电流互感器	电力系统综合自动化设备-控制（调度）	技术实力	核心技术产出	在华布局	推荐级别
鞍山钢铁集团有限公司	蒋奇武	辽宁	√								重点推荐
东北大学	刘海涛	辽宁	√								重点推荐
鞍山钢铁集团有限公司	高振宇	辽宁	√								重点推荐
中国宝武钢铁集团有限公司	张峰	上海	√								重点推荐
中国宝武钢铁集团有限公司	刘自成	上海	√								重点推荐
中南大学	罗丰华	湖南	√								重点推荐
安徽裕宇电气有限公司	宋仁祥	安徽		√							重点推荐
安徽航睿电子科技有限公司	袁静	安徽		√							重点推荐
上海春黎电子实业有限公司	平国辉	上海		√							重点推荐
四川省科学城久信科技有限公司	欧依杰	四川		√							重点推荐
大连北方互感器集团有限公司	李涛昌	辽宁			√	√					重点推荐
中山市古互科技有限公司	袁子鸿	广东			√						重点推荐
成都市兴名源电器有限公司	程波	四川			√						重点推荐

续表

申请人	发明人	地域	原材料	变电核心设备 电容器	输变电配套设备 互感器 电压互感器	输变电配套设备 互感器 电流互感器	电力系统综合自动化设备 控制（调度）	技术实力	核心技术产出	在华布局	推荐级别
大连北方互感器集团有限公司	王仁素	辽宁	—	—	√		—	▍	▍	▍	重点推荐
中广电器股份有限公司	隋广君	辽宁			√	√		▍	▍	▋	重点推荐
中山市泰峰电气有限公司	何泽坚	广东			√	√		▍	▍	▋	重点推荐
广东四会互感器厂有限公司	张树华	广东			√	√		▋	▍	▋	重点推荐
常州欧瑞电气股份有限公司	胡定波	江苏				√		▋	▍	▍	重点推荐
北京微能汇通电力技术有限公司	黎明	北京						▍	▍	▍	重点推荐
浙江天际互感器有限公司	祝顺峰	浙江						▍	▍	▍	重点推荐
国家电网有限公司	王文林	北京					√	▍	▍	▍	重点推荐
华中科技大学	莫莉	湖北					√	▍	▍	▍	重点推荐
华中科技大学	周建中	湖北					√	▍	▍	▍	重点推荐
南京大司儆能电气有限公司	张海永	江苏						▍	▍	▍	重点推荐
中国宝武钢铁集团有限公司	石文敏	上海	√					▍	▍	▋	推荐
北京科技大学	梁永峰	北京	√					▍	▍	▋	推荐
济南大学	冷金凤	山东	√					▍	▍	▍	推荐

续表

申请人	发明人	地域	原材料	变电核心设备 电容器	输变电配套设备 互感器 电压互感器	输变电配套设备 互感器 电流互感器	电力系统综合自动化设备 控制（调度）	技术实力	核心技术产出	在华布局	推荐级别
上海皓月电气股份有限公司	张自魁	上海	-	-			-	▂	▂	▂	推荐
无锡市联达电器有限公司	郭耀文	江苏		√				▂	▂	▂	推荐
安徽赛福电子有限公司	周峰	安徽		√				▂	▂	▂	推荐
宁波高云电气有限公司	周陆	浙江		√				▂	▂	▂	推荐
佛山市欣源电子股份有限公司	谢志懋	广东		√				▂	▂	▂	推荐
长兴友畅电子有限公司	罗学民	浙江		√				▂	▂	▂	推荐
池州市容大电气有限公司	郑国祥	安徽		√				▂	▂	▂	推荐
浙江双峰电气股份有限公司	林宗春	浙江		√				▂	▂	▂	推荐
佛山市顺德区巨华电力电容器制造有限公司	何锦鹏	广东		√				▂	▂	▂	推荐
深圳京昊电容器有限公司	贺裕犟	广东		√				▂	▂	▂	推荐
铜陵市新洲电子科技有限责任公司	王金兵	安徽		√				▂	▂	▂	推荐
安徽省宁国市海伟电子有限公司	宋仁祥	安徽		√				▂	▂	▂	推荐

续表

申请人	发明人	地域	原材料	变电核心设备 电容器	输变电配套设备 互感器 电压互感器	输变电配套设备 互感器 电流互感器	电力系统综合自动化设备 控制（调度）	技术实力	核心技术产出	在华布局	推荐级别
广东蓝宝石实业有限公司	查先平	广东	-	√				▫	▫	▫	推荐
铜陵市新泰电容电器有限责任公司	孔祥新	安徽		√				▫	▫	▫	推荐
无锡市电力滤波有限公司	孙晓武	江苏		√				▫	▫	▫	推荐
江苏永佳光电科技有限公司	朱俊	江苏			√			▫	▫	▫	推荐
安徽互感器有限公司	张孝俊	安徽				√		▫	▫	▫	推荐
苏州市精益开关有限公司	毕风雷	江苏				√		▫	▫	▫	推荐
金华市奥凯电器有限公司	李慢来	浙江				√		▫	▫	▫	推荐
南京正方电气有限公司	吕航	江苏				√		▫	▫	▫	推荐
天津光信光电科技有限公司	刘勇权	天津				√		▫	▫	▫	推荐
衡阳华瑞电气有限公司	曾祥顺	湖南				√		▫	▫	▫	推荐
保定天威集团有限公司	张伟明	河北				√		▫	▫	▫	推荐
北京恒源力创电力技术有限公司	马广岩	北京				√		▫	▫	▫	推荐
江阴市星火电子科技有限公司	徐振德	江苏				√		▫	▫	▫	推荐

续表

申请人	发明人	地域	原材料	变电核心设备 电容器	输变电配套设备 电压互感器	输变电配套设备 电流互感器	电力系统综合自动化设备 控制（调度）	技术实力	核心技术产出	在华布局	推荐级别
安徽华能集团电器有限公司	陶成法	安徽	—	—			—	▂	▂	▂	推荐
天津市泰来电力设备技术有限公司	李泽凯	天津	—	—			—	▂	▂	▂	推荐
陕西西特电器有限公司	王胜善	陕西			√	√		▂	▂	▂	推荐
清华大学	吴文传	北京					√	▂	▂	▂	推荐
苏州工业园区科佳自动化有限公司	俞奕	江苏					√	▂	▂	▂	推荐
燕山大学	杨丽君	河北					√	▂	▂	▂	推荐
国家电网有限公司	赵家庆	北京					√	▂	▂	▂	推荐
中国南方电网有限责任公司	王玲	广东					√	▂	▂	▂	推荐
马鞍山佳夫尼电气科技有限公司	孙光明	安徽					√	▂	▂	▂	推荐
深圳供电局有限公司	林志贤	广东					√	▂	▂	▂	推荐
国家电网有限公司	王巍	北京					√	▂	▂	▂	推荐
国家电网有限公司	朱炳铨	北京					√	▂	▂	▂	推荐

续表

申请人	发明人	地域	原材料	变电核心设备 电容器	输变电配套设备 互感器 电压互感器	输变电配套设备 互感器 电流互感器	电力系统综合自动化设备 控制（调度）	技术实力	核心技术产出	在华布局	推荐级别
中国南方电网有限责任公司	赵瑞锋	广东	—	—				√	√	√	推荐
江苏智达高压电气有限公司	虞育号	江苏	√					√	√	√	关注
天津市百利纽泰克电气科技有限公司	孙世元	天津			√			√	√	√	关注
陕西斯瑞新材料股份有限公司	王聪利	陕西	√					√	√	√	关注
陕西斯瑞新材料股份有限公司	刘凯	陕西	√					√	√	√	关注
陕西斯瑞新材料股份有限公司	王小军	陕西	√					√	√	√	关注
陕西科技大学	杨斌	陕西	√					√	√	√	关注
陕西斯瑞新材料股份有限公司	王文斌	陕西	√					√	√	√	关注
陕西斯瑞新材料股份有限公司	李鹏	陕西	√					√	√	√	关注
西安交通大学	宋忠孝	陕西	√					√	√	√	关注
西北有色金属研究院西安九洲生物材料有限公司	董龙龙	陕西	√					√	√	√	关注
南京钢铁股份有限公司	姜在伟	江苏	√					√	√	√	关注

245

续表

申请人	发明人	地域	原材料	变电核心设备 电容器	输变电配套设备 互感器 电压互感器	输变电配套设备 互感器 电流互感器	电力系统综合自动化设备 控制（调度）	技术实力	核心技术产出	在华布局	推荐级别
舞阳钢铁有限责任公司	邓建军	河南	—	—			—	▯	▯	▯	关注
中国宝武钢铁集团有限公司	杨佳欣	上海	√					▯	▯	▯	关注
东北大学	沙玉辉	辽宁	√					▯	▯	▯	关注
攀钢集团研究院有限公司	李正荣	四川	√					▯	▯	▯	关注
北京工业大学	符寒光	北京	√					▯	▯	▯	关注
河南科技大学	张毅	河南	√					▯	▯	▯	关注
中国宝武钢铁集团有限公司	储双杰	上海	√					▯	▯	▯	关注
中国宝武钢铁集团有限公司	高洋	上海	√					▯	▯	▯	关注
中国宝武钢铁集团有限公司	吕黎	上海	√					▯	▯	▯	关注
中天钢铁集团有限公司	豆乃远	江苏	√					▯	▯	▯	关注
马鞍山钢铁股份有限公司	古云高	安徽	√					▯	▯	▯	关注

注：√代表发明人在三级分支领域有所涉猎；▮ 中黑色矩形越多说明左侧发明人的技术实力（核心技术产出、在华布局）越强。

附录5 术语缩略语表

缩略语	英文全称	中文
ACAP	adaptive computing acceleration platform	自适应计算加速平台
ADC	analog-to-digital converter	模拟数字转换器
AI	artificial intelligence	人工智能
Al-Pad PVD	Al-pad physical vapor deposition	铝衬垫物理气相沉积
ASIC	application specific integrated circuit	专用集成电路
BiCMOS	bipolar complementary metal oxide semiconductor	双极互补金属氧化物半导体
CMP	chemical mechanical polishing	化学-机械抛光
CPLD	complex programmable logic device	复杂可编程逻辑器件
CPU	central processing unit	中央处理器
CSP	chip scale package	芯片级封装
CVD	chemical vapor deposition	化学气相沉积
DFN	dual flat no-lead package	双边扁平无引脚封装
DMOS	double-diffused metal oxide semiconductor	双扩散金属氧化物半导体
DRAM	dynamic random access memory	动态随机存取存储器
DVD	digital video disc	数字视频光盘
EDA	electronic design automation	电子设计自动化
	fan-out	扇出，扇出型
Fo-WLCSP	fan-out wafer-level chipsize package	扇出型晶圆级芯片封装
FPGA	field programmable gate array	现场可编程逻辑门阵列
GaN	gallium nitride	氮化镓
GIS	gas-insulated metal-enclosed swichgear and controlgear	气体绝缘金属封闭开关设备
GPU	graphics processing unit	图形处理器

续表

Hardmask PVD		硬掩膜物理气相沉积
HVPE	hydride vapor phase epitaxy	氢化物气相外延
IBM	international business machines corporation	国际商业机器公司
IC	integrated circuit	集成电路
IDM	integrated design and manufacture	垂直整合制造
IGBT	insulated gate bipolar transister	绝缘栅双极型晶体管
IP	intellectual property	知识产权
ISA	industry standard architecture	工业标准结构
LED	light-emitting diode	发光二极管
LPCVD	low pressure CVD	低压化学气相沉积
MCu	mirco controller unit	微控制器
MEMS	micro-electro-mechanical system	微机电系统
Mini LED	mini light emitting diode	次毫米发光二极体
MOS	metal olide semiconductor	金属氧化物半导体
MOSFET	metal-oxide-semiconductor field-effect transistor	金属氧化物半导体场效应晶体管
MRAM	magnetoresistive random access memory	磁性随机存储器
NEC	nippon electronic company	日本电气股份有限公司
OSAT	outsourced semiconductor assembly and test	半导体封装与测试代工
PCI	peripheral component interconnect	外部设备互连
PCT	patent cooperation treaty	专利合作条约
POR	power-on reset	上电复位
PVD	physical vapor deposition	物理气相沉积

续表

QFB（QFN）	quad flat no-lead package	方形扁平无引脚封装
SBD	Schottky barrier diode	肖特基二极管
SeDRAM	stacked embedded dynamic random access memory	异质集成嵌入式动态随机存取存储器
SiC	sillicon carbide	碳化硅
SiP	system in package	系统级封装
SoC	system on a chip	片上系统/系统级芯片
SOI	sillion-on-insulator	绝缘衬底上的硅
SVC	voltage source converter	电压源转换器
TMV	through molding Via	塑封胶通孔
TSSOP	thin shrink small outline package	薄收缩型小尺寸封装
TSV	through silicon via	硅通孔
VCSEL	vertical-cavity surface-emitting laser	垂直腔面发射激光器
	etch	蚀刻
	fabless	无晶圆工厂半导体企业
	memory	存储器
NAND Flash		NAND 型闪存

附录6 机构缩略语表

阿尔特拉公司	阿尔特拉
阿斯麦公众股份有限公司	阿斯麦
艾波比集团公司	艾波比
爱思开海力士有限公司	SK 海力士
安徽省投资集团控股有限公司	安徽投资集团
安徽长飞先进半导体有限公司	长飞先进半导体
安靠科技有限公司	安靠
鞍山钢铁集团公司	鞍钢
北京北方华创微电子装备有限公司	北方华创
北京华大九天科技股份有限公司	华大九天
北京时代民芯科技有限公司	北京时代民芯科技
北京小米科技有限责任公司	小米集团
北京亦庄国际投资发展有限公司	亦庄国投
北京兆易创新科技股份有限公司	兆易创新
博通公司	博通
超威半导体公司	超威
成都海威华芯科技有限公司	海威华芯
戴乐格半导体英国有限公司	戴乐格半导体
东部高科株式会社	东部高科
东京电子股份有限公司	东京电子
东京应化工业株式会社	东京应化
东芝株式会社	东芝
法国阿海珐集团	阿海珐
丰田汽车公司	丰田
富士电机控股公司	富士电机
富士胶片株式会社	富士胶片
高塔半导体有限公司	高塔
高通股份有限公司	高通
格罗方德半导体股份有限公司	格罗方德
古河电气工业株式会社	古河电工

续表

广东赛昉科技有限公司	广东赛昉科技
硅源公司	硅源公司
国家电网有限公司	国家电网
国开金融有限责任公司	国开金融
杭州紫光通信技术股份有限公司	杭州紫光
合容电气股份有限公司	合容电气
合容电气集团有限公司	合容集团
河北京华创新集团	京华创新
河南平高电气股份有限公司	平高电气
河南平高电气股份有限公司	平高集团
红杉投资公司	红杉资本
华灿光电股份有限公司	华灿光电
华灿光电股份有限公司	华灿光电
华海清科股份有限公司	华海清科
华虹集团全称上海华虹（集团）有限公司	华虹集团
华进半导体封装先导技术研发中心有限公司	华进半导体
华润上华科技有限公司	华润上华
华天慧创科技（西安）有限公司	华天慧创
华天科技（西安）有限公司	华天西安
华芯投资管理有限责任公司	华芯投资
华羿微电子股份有限公司	华羿微电
佳能株式会社	佳能
嘉兴斯达半导体股份有限公司	斯达半导体
江苏国芯科技有限公司	江苏国芯科技
江苏能华微电子科技发展有限公司	江苏能华微电子
江苏长电科技股份有限公司	长电科技
江苏长晶科技股份有限公司	长晶科技
江苏卓胜微电子股份有限公司	卓胜微
京微齐力（北京）科技有限公司	京微齐力
京元电子股份有限公司	京元电子

续表

晶能光电（江西）有限公司	晶能光电
晶瑞电子材料股份有限公司	晶瑞股份
精工爱普生公司	爱普生
聚灿光电科技股份有限公司	聚灿光电
君联资本管理股份有限公司	君联资本
楷登电子科技有限公司	楷登电子
莱迪思半导体公司	莱迪思
莱芜钢铁集团有限公司	莱钢集团
浪潮集团有限公司	浪潮集团
力成科技股份有限公司	力成科技
力晶积成电子制造股份有限公司	力积电
力威科技有限公司	力威科技
利科光学（苏州）有限公司	利科光学
联发科技股份有限公司	联发科
联合科技控股有限公司	联合科技
联华电子股份有限公司	联华电子
联想集团有限公司	联想创新
联咏科技股份有限公司	联咏科技
隆基绿能科技股份有限公司	隆基绿能
美光科技有限公司	美光科技
美满电子科技公司	美满电子
眸芯科技（上海）有限公司	眸芯科技
南京南瑞继保电气有限公司	南瑞继保
南茂科技股份有限公司	南茂科技
南瑞集团有限公司	南瑞集团
尼康株式会社	尼康
顾邦科技股份有限公司	欣邦科技
日本电气股份有限公司	日本电气
日本钢铁工程控股公司	日本钢铁
日本胜高科技株式会社	日本胜高

续表

日本制铁集团公司	日本制铁
日月光半导体制造股份有限公司	日月光
日照钢铁控股集团有限公司	日照钢铁
瑞昱半导体股份有限公司	瑞昱半导体
赛灵思公司	赛灵思
三安光电股份有限公司	三安光电
三菱集团	三菱
三星（中国）半导体有限公司	西安三星
三星电子株式会社	三星电子
厦门乾照光电股份有限公司	乾照光电
山东电工电气集团有限公司	山东电工电气集团
山东浪潮华光光电子股份有限公司	浪潮华光
山东泰开高压开关有限公司	泰开高压开关
陕西斯瑞新材料股份有限公司	斯瑞新材
上海安其威微电子科技有限公司	安其威微电子
上海贝岭股份有限公司	上海贝岭
上海壁仞智能科技有限公司	壁仞科技
上海国盛（集团）有限公司	上海国盛
上海华虹（集团）有限公司	华虹集团
上海集成电路产业投资基金股份有限公司	上海集成电路产业基金
上海蓝光科技有限公司	蓝光科技
上海韦尔半导体股份有限公司	韦尔股份
沈高阀门集团有限公司	沈高
盛合晶微半导体有限公司	盛合晶微
盛美半导体设备（上海）股份有限公司	盛美半导体
施耐德电气有限公司	施耐德
世界先进积体电路股份有限公司	世界先进
思源电气股份有限公司	思源电气
松下电器产业株式会社	松下
苏州晶方半导体科技股份有限公司	晶方科技

续表

索尼株式会社	索尼
拓荆科技股份有限公司	沈阳拓荆
台湾积体电路制造股份有限公司	台积电
台湾嘉晶电子股份有限公司	台湾嘉晶
特变电工股份有限公司	特变电工
天津中环半导体股份有限公司	中环半导体
天水华天科技股份有限公司	华天科技
通富微电子股份有限公司	通富微电
通用公司	通用
威盛电子股份有限公司	盛威电子
闻泰科技股份有限公司	闻泰科技
稳懋半导体股份有限公司	稳懋
西安高压开关厂（现更名为"西安西电高压开关有限责任公司"）	西高
西安合容电力设备有限公司	合容电力
西安华晶电子技术股份有限公司	华晶电子
西安交通大学	西安交大
西安利科光电科技有限公司	西安利科光电
西安翔腾微电子科技有限公司	翔腾微电子
西安奕斯伟材料技术有限公司	西安奕斯伟
西安智多晶微电子有限公司	智多晶
西安智盛锐芯半导体科技有限公司	西安智盛锐芯
西安紫光国芯半导体有限公司	西安紫光国芯
西门子股份公司	西门子
现代汽车股份有限公司	现代
晓星集团	晓星
协鑫（集团）控股有限公司	协鑫集团
芯成半导体有限公司	芯程半导体
芯创智（北京）微电子有限公司	芯创智
芯海科技（深圳）股份有限公司	芯海科技

续表

芯盟科技有限公司	芯盟科技
信越化学工业株式会社	信越
许继电气股份有限公司	许继电气
许继集团有限公司	许继集团
应用材料公司	应用材料
英特尔公司	英特尔
英伟达公司	英伟达
映瑞光电科技（上海）有限公司	映瑞光电
长江存储科技有限公司	长江存储
长沙景嘉微电子有限公司	景嘉微
浙江集迈科微电子有限公司	集迈科微电子
浙江晶盛机电股份有限公司	晶盛机电
正泰集团股份有限公司	正泰集团
中电普瑞电力工程有限公司	中电普瑞
中国电子科技集团有限公司	中国电科
中国高新投资集团公司	中国高新投
中国农业银行	中国农业银行
中国人寿保险（集团）公司	中国人寿
中国西电电气股份有限公司	西电电气
中国西电集团公司	西电集团
中国烟草总公司	中国烟草
中国移动通信集团有限公司	中国移动
中金资本运营有限公司	中金资本
中微半导体（深圳）股份有限公司	中微半导体
中芯国际集成电路制造有限公司	中芯国际
株式会社日立制作所	日立
株洲中车时代半导体有限公司	中车时代半导体
住友商事株式会社	住友
佐臻股份有限公司	佐臻股份